▶ 财政部和农业农村部：国家现代农业产业技术体系（项目编号：CARS-28）

▶ 江苏省本科高校产教融合型品牌专业建设项目

▶ 南京农业大学市场营销专业建设项目

知名梨区域公用品牌

典型案例研究

耿献辉 等◎著

A Study on Typical Cases of
Well-Known Regional
Collective Brands of Pears

经济管理出版社

ECONOMY & MANAGEMENT PUBLISHING HOUSE

图书在版编目（CIP）数据

知名梨区域公用品牌典型案例研究 / 耿献辉等著.
北京：经济管理出版社，2024. -- ISBN 978-7-5096
-9893-8

Ⅰ．F326.13

中国国家版本馆 CIP 数据核字第 20243MT712 号

组稿编辑：曹　靖
责任编辑：郭　飞
责任印制：许　艳
责任校对：蔡晓臻

出版发行：经济管理出版社
　　　　　（北京市海淀区北蜂窝 8 号中雅大厦 A 座 11 层　100038）
网　　址：www. E-mp. com. cn
电　　话：（010）51915602
印　　刷：唐山玺诚印务有限公司
经　　销：新华书店
开　　本：787mm×1092mm/16
印　　张：16. 25
字　　数：328 千字
版　　次：2024 年 11 月第 1 版　　2024 年 11 月第 1 次印刷
书　　号：ISBN 978-7-5096-9893-8
定　　价：88. 00 元

自　序

产业振兴是乡村振兴的重中之重，2023 年中央一号文件对乡村产业高质量发展做出了具体部署，重点是发挥三次产业融合的乘数效应，贯通产加销，着力强龙头、补链条、兴业态、树品牌。

我国梨产业以高质量发展为目标，坚持质量兴农、品牌强农、营销富农，推进梨产业全产业链科技创新，满足消费者美好生活的需求，为乡村产业振兴和提升梨产业竞争力提供有力支撑。

为了做好"2023 年国家梨产业品牌建设与市场营销大会"，国家梨产业技术体系于 2023 年 6 月发布《关于寻访发布 2023 年"十佳梨区域公用品牌典型案例"的通知》，各综合试验站组织申报 17 个梨产业区域公用品牌，经国家梨产业技术体系执行专家组研究，选出 10 个品牌进入寻访发布活动名单。

围绕十大品牌案例，国家梨产业技术体系产业经济研究室组织近百名团队师生，从 2023 年 6 月开始，耗时 5 个月，行程 2 万多公里，跑遍十大品牌案例所在产区，在全国深入调研"十佳梨区域公用品牌典型案例"，在占有大量访谈与调研资料的基础上进行扎实的数据分析与案例研究，最终形成 20 万字的《2023 年国家梨产业十佳区域公用品牌典型案例研究报告》。

通过实地寻访与调查研究，挖掘出一批发展理念新、产品质量优、经营效益好、技术水平高、带动能力强的知名梨区域公用品牌，充分发挥榜样示范作用，引领全国梨产业高质量发展。

国家梨产业技术体系产业经济研究室

2023 年 11 月

主要课题组成员

耿献辉	教授	南京农业大学
葛继红	教授	南京农业大学
严斌剑	教授	南京农业大学
王艳	副教授	南京农业大学
尹燕	副教授	南京农业大学
周德	副教授	南京农业大学
刘珍珍	钟山青年研究员	南京农业大学
甘宇	硕士研究生	南京农业大学
牛佳	博士研究生	金陵科技学院
吴虹	硕士研究生	南京农业大学
徐懿	硕士研究生	南京农业大学
武夏雨	硕士研究生	南京农业大学
赵倩	硕士研究生	南京农业大学
孙佳颖	硕士研究生	南京农业大学
陈梓怡	硕士研究生	南京农业大学
蒋敬轩	硕士研究生	南京农业大学
孙晓雪	硕士研究生	南京农业大学
姜曼婷	硕士研究生	南京农业大学
张嵘浩	硕士研究生	南京农业大学
吴思璇	硕士研究生	南京农业大学
王梓	硕士研究生	南京农业大学

舒琦	硕士研究生	南京农业大学
王猛	博士研究生	南京农业大学
刘静	硕士研究生	南京农业大学
刘薇	硕士研究生	南京农业大学
李仟莹	硕士研究生	南京农业大学
李娅闻	硕士研究生	南京农业大学
沙雨晨	博士研究生	南京农业大学
李小宁	博士研究生	南京农业大学
李烨	博士研究生	南京农业大学
潘超	博士研究生	南京农业大学

目　　录

1 百里洲砂梨^①

1.1 一地砂泥养砂梨，一口砂梨透心甜

1.1.1 百里洲砂梨的前世今生

1.1.1.1 黎姓农艺师跟梨较上劲，砂梨进入百里洲人视线

百里洲，有着2730多年的可考历史，是湖北宜昌地区古代种植业较发达的地区之一。梨作为一种水果美食，是古代历史长河中不可或缺的品种。经过多年研究证明：梨起源于中国的西南部，已有3000多年的栽培历史。关于百里洲砂梨的栽培，虽然很难找到史料证明何时落户百里洲，但百里洲早就有梨，已是个不争的事实。最早见诸文字记录的是光绪二十四年（1898年）的《湖北通志》中载："百里洲，其上平广，土沃人丰，湖泽所产，足穰俭岁。又特宜五果，甘奈梨蔗，於此是出。"

"梨史"归历史，真正现代意义上的百里洲砂梨种植，故事还得从1959年说起：这年，冯口果园场有个高级农艺师，叫黎宗应，他从朋友处弄来1株梨树苗，栽到了冯口果园场。之后，黎宗应又从荆州引进梨树苗300株，一下子定植了8亩地；1966年，黎宗应又从外地引进了60多个品种共131株梨树苗，栽种近3亩地，进行对比试验。这近3亩地的梨树，第二年收梨30公斤，第三年收梨700公斤，第五年收获5000公斤，收入颇丰。经过5年的选育，最后选育"湘南"等3个适宜百里洲种植的当家品种。从此，百里洲砂梨开始进入当地农民的视线，作为特色产业被当地政府给予高度重视。

---

① 本案例由南京农业大学经济管理学院副教授周德及硕士研究生吴虹、徐懿根据调研材料共同撰写。

1.1.1.2 一石激起千层浪，百里洲变成砂梨洲

在以"粮棉为纲"的年代发展水果，是要担风险的，黎宗应的规模化梨树种植试验，让一些有经营头脑的村干部看到了趋势。1975年，指南村支部书记张发春、建华村支部书记张万显、爱民村支部书记张春兰，率先调出500亩砂土地，种上了梨树，并聘用当时的百里洲农牧站技术人员进行全程技术指导，三年后，这500亩梨树收获满满。1979年，百里洲砂梨正式参与湖北全省水果评比。在湖北省优质水果鉴定会上，指南村梨农龚传寿选出了10个大梨参展，最大的梨单果重达0.9公斤，引起轰动，并夺得大奖。

砂泥养砂梨，农民增收益。从此，百里洲开始把砂梨作为水果生产的主攻方向。1980年，百里洲在建华村建成了第一个砂梨种植试验基地，全村800亩沙地全部栽上砂梨苗。1985年，这800亩砂梨树产梨果120万公斤，创收96万元，种植效益相当于当时种棉花的6倍。在当年，96万元是个天文数字，轰动枝江市内外。丰厚的经济效益激发了百里洲人的浓厚兴趣和种梨积极性。1986年，百里洲农村产业结构调整全面启动；1989年，涌现了一批致富典型，如建华村梨农吕正禹，通过种植的2.1亩梨树创收5000多元。

典型引路，共寻财富。百里洲的砂梨种植，由政府引导转为群众的自发行动，连续三年，百里洲砂梨种植面积以每年5000～10000亩的速度递增。1988年后，随着砂梨种植面积逐年增加，产量也直线上升。为给农民种植砂梨提供技术支撑，1993年，百里洲组建了水果研究所，砂梨生产由规模开发向科技开发转变，在稳定栽培面积的前提下，重点引进新品种，创优质名牌，提高单产，增加总产。1996年，日本农学博士川俣惠利先生来到百里洲考察讲学，1997年将百里洲确定为中日高优质梨基地，同年，湖北农学院在百里洲建立水果生产研究基地，宜昌市将百里洲砂梨纳入全市农业金山工程项目。

产业发展离不开乡村能人的带动，百里洲坚持培育培训科技带头人，涌现了以刘传松、李绍军、吕正禹、黄必炎等为代表的科技生产能人2000名，到1998年底，百里洲的砂梨种植面积已逼近10万亩，也就是说，有一半以上耕地已种上了砂梨。

百里洲的砂梨种植浪潮，不仅在国内引起反响，在国外也荡起涟漪。1998年11月，砂梨种植大户刘传松应日本农学博士川俣惠利邀请，到日本东京农业试验场学习考察，成为百里洲第一名出国考察的农民。

1.1.1.3 打响砂梨品质品牌保卫战，"地标"助力砂梨声名远播

市场的竞争和起伏有它的自然规律。砂梨种植持续高热之后，市场出现了萎缩和反弹。1998年，由于品种良莠不齐、品牌创建不力、销售渠道不畅等原因，百里洲砂梨开始出现滑坡，种植面积缩小。

为了扭转被动局面，一项旨在提升百里洲砂梨品质、实行品牌保护、拓展销售市场的工作被提上了议事日程。自1998年下半年开始，枝江市和百里洲镇两级党委、政府及农业部门加强了砂梨品种改良工作。他们挑选优良品种，免费向农民发优良品种枝条，帮助梨农实行高接换优，经过长达8年的不懈努力，到2006年，百里洲基本完成了砂梨老树的品种改良工作，市场也渐渐走上了良性轨道。此间，砂梨接二连三获得各项荣誉，有力提升了百里洲砂梨的知名度和美誉度。2000年6月，百里洲被评为"中国砂梨之乡"；2007年，百里洲砂梨通过了农业部无公害产地认定和无公害产品认证；2010年，"百里洲砂梨"地理标志商标注册成功；与此同时，农业部也将百里洲砂梨列入了农产品国家重点区域规划；2012年，百里洲砂梨获得农业部地理标志农产品登记保护；2014年，国家质检总局批准对"百里洲砂梨"实施地理标志产品保护。百里洲砂梨地理标志的认证，使"百里洲砂梨"品牌得到了有效保护，为果农增收带来了新的活力。如今，砂梨销售市场进一步完善，基本实现了"沿海有窗口，内地有点线，省内有渠道"的销售网络格局，扭转了砂梨种植面下滑的局面，稳定了农民收入。

1.1.1.4 小气候和砂性土，让百里洲砂梨占尽天时地利

水果以顾客的"好吃"称赞为最高要求。一些优良的梨品种，为什么一到百里洲，口味甜度就明显上升、产量增加呢？据悉，砂梨是一种喜阳植物，尤其是在砂质壤土地上，生长良好，优质丰产。在百里洲，梨树一般2~3年便开始结果，盛果期可维持50年以上。百里洲海拔在100米以下，梨根系可周年生长，无休眠期。梨树是先开花，后生发枝叶，因此，梨花开放时，大地一片雪白，美丽壮观，"忽如一夜春风来，千树万树梨花开"。百里洲梨花盛开时，也是百里洲一年中最耀眼的时节。由于四面环水，江水流动，庞大的水体加之海拔较低，形成了百里洲独特的小气候。这里四季分明，日照充足，气候温和，平均气温16℃~18℃，平均日照2145小时；雨量充沛，年均降雨量1200毫米；无霜期长达270天以上；主导风向为北风和东北风。该种气候让砂梨占尽"天时"。

砂性土壤是百里洲土地的又一大特色：作为万里长江的第一大洲、中国的第二大冲积岛，属典型的冲积地貌。整个百里洲滩涂湿地广布，沟槽发育充分，淤泥地质多样。土壤由长江长期冲积而成，母质为河流冲积沉淀的砂壤土。肥沃深厚的土壤，极其充沛的水源，良好的自然生态，百里洲无疑是上天赐给当地百姓的福地。经检测，百里洲的土壤pH值为6.5~7.5，有机质含量相当丰富，是最适合种植砂梨的土质。百里洲北有长江川流不息，南有松滋河绵延而过，境内布满人工河、主干渠共65条，干流支渠总长度达92公里，使百里洲全境河网密布、沟渠纵横，家家临水、户户见塘。良好的水系大大提高了百里洲砂梨抵御自然灾害的能力，保证了砂梨生产遇旱能灌，遇涝能排，年年可以丰产。独特的自然生

态，使百里洲砂梨的生产占尽"地利"。

1.1.2 品牌的现状

1.1.2.1 基本情况

枝江市地处湖北省南部，为长江中游北岸的港口城市，因长江在这里分枝而得名；枝江市雨量充沛，日照充足，土壤为沙壤土，土壤肥沃，地势平坦，四面环水，非常适宜种植砂梨，是南方砂梨重点核心产区。

百里洲砂梨栽培面积 3.6 万亩，2022 年产量为 4.2 万吨，产值为 4 亿元。主栽品种有翠冠、黄金、园黄、苏翠 1 号、翠玉、鄂梨 2 号、黄花等；栽培树形有开心形、圆柱形、"3+1"树形、"双臂顺行式新型棚架"等。砂梨是百里洲镇支柱产业，全镇 41 个村中有 22 个村种植砂梨。2022 年平均产量为 1800 公斤/亩，商品果率为 95%，优质果率为 85%，均价为 8 元/公斤，亩产值为 13600 元/公斤。

1.1.2.2 组织形式

以合作社为主，共有 12 家规模主体合作社，共计 4000 多亩地，占总面积的 10%~20%。其中比较有代表性的是禾润果蔬专业合作社、双红砂梨专业合作社、红新果蔬专业合作社、龙广果蔬专业合作社。合作社被授权之后可以使用"百里洲砂梨"区域公共品牌，品牌梨价格比其他散户梨价格高 1 元/斤。合作社之间销售价格统一，但可以拥有不同的消费群体；合作社之间可以调货。以下是四家代表合作社的具体介绍：

（1）禾润果蔬专业合作社。

起初，鲍老板为了带动砂梨产业发展，以示范园模式种植砂梨；但由于当地人口老龄化问题，示范园的带动效果并不显著。后来，鲍老板发动村集体合作社，于 2015 年成立禾润果蔬专业合作社，逐渐得到了稳定发展。目前合作社占地面积为 203 亩，栽种新品种砂梨达 11000 株，主要品种为翠玉、翠冠、鄂梨二号、黄金、圆黄；最高产量曾达 1500 公斤/亩。

好的产量离不开完善的设施建设和生产管理。禾润果蔬专业合作社建有 3 个冷库，储存技术过关，目前黄金梨可以储存长达 1 年，一般在鲜果摘完之后全部进冷库，之后再等合适的价格慢慢销售。合作社建立水肥一体化设施，建设了沼液储存池；引进大鹅进行生物除草，利用黄板诱虫、诱虫灯杀虫等生物技术进行生态种养；除此以外，全园覆盖铺设防鸟网，以保障梨果正常采收。劳动力主要以村民为主，上班签到，通过打卡机计时，其中固定员工的工资是 11 元/小时，遇到高温、加班等情况会有额外补贴，一年累计工作天数达 200 天会发奖励，工人的平均工资可达 130~140 元/天；鲍老板亲力亲为带着工人们一起干活，既是监督，也是以身作则，提高工人的积极性与标准度。

禾润果蔬专业合作社拥有多方销售渠道。第一，10%通过"禾润果蔬"公众号进行线上销售，委托专门的传媒公司运营公众号，主要售卖精品礼盒装；第二，30%由工会采购，这部分主要销售地在市外（以武汉为主），通过乡贤介绍销售渠道，或者给单位（员工福利发放）供货；第三，30%通过当地的"桔缘合作社"进行销售，主要销售礼盒之外的散果；第四，30%储藏在冷库中，在春节期间销售。

好的销量离不开到位的品牌宣传与品牌管理。在产品礼盒上印有"禾润果蔬"公众号二维码，每个礼盒内部都附有一份产品宣传单，每个梨上都贴有产品溯源码；鲍老板还会给公众号上的回头客一定力度的优惠。

目前对于禾润果蔬专业合作社来说，最大的难题在于套袋质量不统一，翠冠梨常出现花皮现象，影响产品的美观程度，不利于销售。

（2）双红砂梨专业合作社。

双红砂梨专业合作社于2016年成立，李老板在20世纪90年代就从事过砂梨销售，将枝江百里洲砂梨运出江心岛，销往广州、福建沿海一带，并积累了一定的市场口碑。合作社在百里洲镇坝洲村和三洲村有流转土地1000亩，建设砂梨"三新"集成技术示范基地。合作社建有100吨冷库2座，50吨冷库1座，500吨冷库1座，冷储能力达750吨。合作社租赁园区内农民土地种植砂梨，租金500元/亩·年；农民可以以土地经营权入股，入股的第五年开始按保底1000元/亩·年兑现分红，超过保底标准的按实际收益兑现分红，农民入股的土地享有年收益30%的分红权。合作社现有社员262户，入社低收入户58户，梨农自愿加入合作社，合作社与社员签订8元/公斤的保底收购合同，收购社员按标准生产精品砂梨，积极发展"互联网+"现代农产品电子商务，充分发挥网络平台以及市场优势，将百里洲精品砂梨销往全国，有力带动了当地经济发展，保证了农民收入稳定增长。

合作社与坝洲村、三洲村签订了帮扶协议，紧密配合增收致富，与低收入户签订了长期务工合同，让低收入户在家门口就业。如今，10余户低收入户已成为园区田间技术管理的生力军，从刻芽、撑枝到疏花、疏果、套袋，从梨果采摘到冬季修剪，已经形成了一支技术骨干队伍。2017年，双红砂梨专业合作社被百里洲镇党委政府授予"助农增收示范合作社"称号。

园区内主要品种按照成熟的时间划分为"洲梨1号""洲梨2号""洲梨3号""洲梨4号"。合作社的线上销售官方平台"越天然"，是主要的线上销售渠道；此外，合作社设立"梨树认养"机制，认养人享有游览梨园、梨树冠名、砂梨礼盒回馈等权利。此举独具特色，吸引了一大批消费者的目光。在品牌宣传与管理方面，合作社注重"一箱一码，一梨一码"，礼盒上有公众号二维码，礼盒内部有产品宣传单，每颗梨上都贴有溯源二维码。除此以外，合作社积极参加梨花文化节等宣传活动；按照"四统一"标准进行管理，统一种植标准（统一品种、统一模式、统一田间管理、统一品质要求）、统一购销、统一品牌、统一全国销售定价。2021年和2022年，合作社连续两年获得"百里洲砂梨销售突出贡献单位"称号。

合作社在百里洲镇党委、政府和职能部门的支持下，通过"一创新二探索三服务"的模式，利用现代农业高新技术，把砂梨生态农业建设作为合作社项目的出发点和立足点，打造一个集绿色农业、旅游休闲和科研教育为一体的现代化、集约化和全方位多层次宽领域产业。依托百里洲"生态岛"的建设规划，政府与合作社合力将此地打造成春赏花、夏纳凉、秋摘果、冬度假的绿色综合田园体，可供人们一年四季观赏游玩，形成农业休闲旅游特色，发展"农业＋乡村旅游"，让农民参与到砂梨种植及乡村旅游建设中，在砂梨种植、旅游发展过程中带动农民共同建设美丽幸福乡村。

目前对于双红砂梨专业合作社来说，还存在一些难题：第一，劳动力多为工人转农业，技术不够熟练，且工人易松懈，管理水平不高，效率较低；第二，缺乏与知名品牌、大型超市的对接渠道；第三，授粉导致的产量不稳定。

（3）红新果蔬专业合作社。

红新果蔬专业合作社于2016年成立。合作社有两种入股方式，耕地流转和耕地入股。合作社共450亩土地，其中400亩左右为农户耕地入股。社员共有70余人，其中5人为主要股东，68户农户通过流转耕地入股，但未全部作为劳动力投入。合作社按照1∶3∶6进行收益分红，即10%为技术人员，30%为入股社员的分红比例，60%属于村集体。

合作社主要通过线上线下相结合的渠道进行销售。在品牌宣传与管理方面，合作社注重"一箱一码，一梨一码"，礼盒上有公众号二维码，礼盒内部有产品宣传单，每颗梨上都贴有溯源二维码。除此以外，合作社在发展砂梨种植的同时，同步发展乡村休闲旅游，体现梨花、梨果、梨园、梨产品加工、梨品种培育研发、梨文化特色主题，融入百里洲万亩砂梨生态园旅游项目，成为百里洲生态旅游岛的有机组成部分和突出亮点，实现生产生活生态同步改善，促进一二三产业深度融合。

在设施建设和生产管理方面，红新果蔬专业合作社是目前百里洲镇唯一一家拥有智慧农园和溯源信息登记站的合作社。智慧农园建于2023年上半年，在种植管理方面发挥了很大的作用；溯源信息登记站于2023年8月投入使用，可以用于农药监测等。此外，合作社养殖了鹅、鸭等家禽进行生态灭虫、除草。合作社里劳动力的工资按临时工算，工资为130～140元/天。

对红新果蔬专业合作社来说，目前最大的问题仍然是由于套袋质量不统一而产生的梨果花皮现象，这对销售情况产生了较大的负面影响。

（4）龙广果蔬专业合作社。

龙广果蔬专业合作社于 2015 年成立。张老板是合作社老板里最年轻的一位。合作社位于百里洲镇白马寺村二组，占地 173 亩，栽种新品种砂梨 12000 株，主要品种为：苏翠一号、翠冠、圆黄。龙广果蔬专业合作社是一家集砂梨苗木繁育、种植、加工、销售、冷藏、生态旅游观光为一体的现代农业经济实体，拥有绿色无公害砂梨基地 125 亩。该园区砂梨成熟时间是百里洲镇最早的，提前 7 天上市。年产量 30 万~40 万斤，其中商品果率超过 90%。

合作社下辖 1 个砂梨交易市场、1 个砂梨电商团队。合作社主要推行"市场+基地+农户"三位一体的经营模式。目前已吸纳会员 159 户，服务砂梨面积 2000余亩。与会员合作模式为紧密合作方式，统一开发产品、统一技术、统一标准化生产、统一定价格、统一品牌销售。合作社规范管理，健全财会制度，真正做到了共同合作、共同抗击风险实体单位。

从 2020 年开始，龙广果蔬专业合作社对接了武汉的盒马鲜生（华东地区），将其作为主要市场。目前其"百里洲砂梨"在盒马鲜生的价格在梨产品中排名第二，仅次于库尔勒香梨；在对接过程中，果品损失率达到了 5%~6%，主要是由于果柄挫伤所致。合作社还对接了中石化易捷连锁等，产地直发进行销售。此外，客户散购的价格为 6 元/公斤。

在品牌宣传与管理方面，龙广果蔬专业合作社同样注重"一箱一码，一梨一码"，在礼盒上有公众号二维码，礼盒内部有产品宣传单，每颗梨上都贴有溯源二维码。龙广果蔬专业合作社的梨果品质得到了市场的认可，在销售过程中实现了免检。

在设施建设与生产管理方面，合作社的盈利多用于基建投入，发展设施农业。园区模式是高杆密植，株距×行距为 1 米×3 米，亩栽 220 株，这种模式对管理要求较高，结合多年经验与实践，张老板认为 2.5 米×4 米是最适合百里洲砂梨的种植模式，开心形，产量高，机械化程度高，节省劳力，亩栽 66 株，树形通风透光，亩产 5000 斤以上优果，亩产值 15000 元以上，适合推广。主要劳动力是当地村民，按小时发工资，薪酬为 10 元/小时。

对于龙广果蔬专业合作社来说，目前的主要问题是套袋质量不统一，从而导致果型不一致。

1.1.2.3 品牌建设成就

经过连续多年的"百里洲砂梨"品牌打造，品牌创建取得了显著成效。1995 年，"百里洲梨"商标成功注册；1997 年，百里洲砂梨被评为中国名牌水果；2000 年，百里洲被授予"中国砂梨之乡"称号、百里洲砂梨被湖北省农业厅评为

"湖北十大名果"；2010 年，"百里洲砂梨"地理标志商标在国家工商总局成功注册；2012 年，"百里洲砂梨"获得农业部"地理标志农产品"称号；2014 年，"百里洲砂梨"取得国家质检总局地理标志保护产品证书；2015 年，百里洲砂梨被评为"宜昌市知名商标"和"湖北省名牌产品"，并通过了农业部绿色食品认证；2016 年，被评为"湖北省著名商标"和"全国名优果品区域公用品牌"；2017 年，获得"全国果菜特色产业绿色发展百佳地标品牌"和"全国十佳果品地标品牌"荣誉称号；2019 年，被评为最受欢迎的梨区域公用品牌 10 强；2020 年，百里洲被农业农村部认定为"全国一村一品示范村镇"，同年被评为最受欢迎的果品区域公用品牌 100 强；2021 年，枝江市荣获国家梨体系"一县一业"示范样板县，同年入选"枝江三宝"，即"百里洲砂梨""枝江酒""雪花牛肉"，同年百里洲砂梨还荣获第四届湖北地理标志大赛暨品牌培育创新大赛金奖，百里洲砂梨品牌价值达到 18.48 亿元。

1.1.3　品牌的发展

1.1.3.1　品牌建设初期（1995~2001 年）

枝江市百里洲镇 20 世纪 80 年代开始规模化种植砂梨，90 年代中期砂梨成为百里洲镇的主导产业，年均产梨 15 万吨，梨果批发价格为 2.8 元/公斤，梨农获得了丰厚的回报，带动了砂梨产业的高速发展，2000 年，砂梨种植面积达 10 万亩。枝江市政府为了保护百里洲砂梨产业，1995 年开始了品牌建设工作。1995 年，注册了"百里洲梨"商标；1997 年，参加中国农科院果蔬研究所组织的鉴评会，被评为中国名牌水果；2000 年，被中国特产名乡宣传推荐活动组织委员会授予"中国砂梨之乡"称号，被湖北省农业厅评为"湖北十大名果"；2001 年，"百里洲砂梨"被认定为中国国际农业博览会湖北省名牌产品。

1.1.3.2　品牌建设低谷期（2002~2009 年）

2002 年，随着国内砂梨产量剧增，产销矛盾日益加剧，主栽品种湘南、黄花等品质较差，砂梨鲜果销售价低至 0.60~0.80 元/公斤，种植面积逐渐萎缩，到 2009 年减少到 6000 亩，且品牌建设工作相对落后。

1.1.3.3　品牌建设逐步恢复期（2010~2014 年）

2009 年国家梨产业技术体系启动，武汉综合试验站与枝江市对接，振兴"百里洲砂梨"行动拉开序幕，砂梨栽培面积逐渐恢复到 1.2 万亩。2010 年，在国家工商总局成功注册"百里洲砂梨"地理标志商标；2012 年，获得农业部"地理标志农产品"称号；2014 年，"百里洲砂梨"取得国家质检总局地理标志保护产品证书。自此，"百里洲砂梨"成为我国地理标志保护最齐全的梨类品牌。

1.1.3.4　品牌建设快速发展期（2015 年至今）

枝江市与湖北省农业科学院、国家梨产业技术体系加强了产学研合作，逐步搭建了"专家大院""国家梨产业技术体系示范县""湖北省乡村振兴科技创新示范基地""湖北省专家工作站""国家梨产业技术体系成果转移转化中心"等平台，促进了砂梨新品种新模式新技术推广应用，产业快速恢复发展。

1.1.4 品牌打造的重要举措

1.1.4.1 科学规划

枝江市和百里洲镇政府制定了《枝江市百里洲砂梨产业综合发展规划》和《万亩砂梨精品产业园工程实施方案》。百里洲的土壤是砂壤土，土层肥沃，水源充足，种出来的梨个大、肉脆、汁多、味甜，深受市场欢迎。但并不是百里洲所有的土地都适合砂梨种植，湖北省农业科学院果树茶叶研究所砂梨专家团队结合百里洲土壤气候条件开展深入调研，提出合理化建议，经充分论证后科学合理规划，决定在上百里洲围绕十里长堤打造砂梨核心示范区，主要集中在三洲、坝洲、沿江、和爱等村，建设高标准规模化砂梨园 333 公顷，示范引领百里洲砂梨恢复性发展。

1.1.4.2 政策支持

枝江市委、市政府高度重视百里洲砂梨商标和品牌的维护与提升工作。近年来，市财政每年安排 40 万元专项资金，用于举办"百里洲梨花节""开园节""鉴评会""百里洲砂梨"论坛等节庆活动，并且组织双红、禾润、龙广等砂梨经营主体参加农超对接、农博会、农展会、农交会、砂梨鉴评等活动进行品牌宣传，争创全国和湖北优质水果品牌。

2022 年，政府投入项目资金 100 万元，帮助双红砂梨专业合作社、禾润果蔬专业合作社等 4 家主体建设砂梨精品果园 67 公顷，辐射带动发展 133 公顷；同时投入项目资金 45 万元支持经营主体新建高标准梨园 20 公顷，其中，羊子庙农业专业合作社新建 10 公顷，和爱果蔬专业合作社新建 6.7 公顷，葵兴农业专业合作社新建 3.3 公顷，目前已完成项目验收和资金拨付。

1.1.4.3 科技支撑

枝江市与湖北省农业科学院签订"揭榜制"项目合作协议，定期组织专家到标准化基地开展农业科技共建工作，增强了科技服务的目的性和实效性，推动产学研深度融合发展。此外，枝江市组建了"一县一业"示范样板县创建技术专家组，专家团队定期到百里洲开展技术指导，解决技术难题。同时，该市要求专家团队多开展技术骨干培训活动，为每一个经营主体培养 2~3 名技术骨干，增强主体自身技术管理能力，从上到下形成完善的科技推广服务体系。

1.1.4.4 优化结构

（1）优化砂梨品种结构。

过去，百里洲砂梨主要种植黄花梨和湘南梨，不但品种较老，且成熟期较接近、不耐贮存，市场竞争力较弱。2014年，湖北省农业科学院果树茶叶研究所砂梨专家团队在百里洲镇建立专家大院砂梨示范基地，开始引进翠冠、圆黄等砂梨新品种在百里洲试验种植，新品种砂梨个大、肉脆、汁多、味甜，表现出较强的市场竞争优势，取得了较好的经济效益，得到了梨农的普遍认可。近年来，百里洲镇陆续引进了翠玉、鄂梨二号、苏翠一号等新品种，均取得了较好的经济效益和社会效益。当前，百里洲镇砂梨新品种种植面积近1333公顷，梨园收购价均在5元以上，创造了每667平方米纯收入过万元的喜人成绩。

（2）优化砂梨种植模式。

百里洲砂梨传统种植模式基本上是采用疏散分层修剪、宽行稀植等种植和修剪模式。在砂梨专家团队的指导下，百里洲镇试验了宽行密株、深沟高厢等种植模式，在修剪上示范了圆柱形、"3+1"、双臂顺行等省力化修剪模式，颠覆了许多传统砂梨的种植认知，不仅省工省力，而且早产丰产，取得了良好的经济效益，有力地推动了砂梨恢复性发展。

（3）优化砂梨经营模式。

砂梨传统种植基本上是一家一户的分散经营，属典型的单打独斗经营方式。在政产学研通力合作下，一场破解产业转型升级桎梏的自我革新正带给梨农新的经营理念，很多砂梨经营主体应势而生，探索规模生产、股份合作的道路，强化了利益链接，带动了社员共同富裕，取得了合作共赢的效果。同时，百里洲镇创新地建立了"村社一体式"合作社模式，这种合作社以村集体以股份制的形式参与，其持股比例在30%~50%。合作社盈利时，按照各村集体的持股比例将收益纳入村集体的收入。较典型的是沿江村的红新果蔬专业合作社，村集体占股50%，4年后，村集体每年的占股分红收入可以达10万元以上，有力地破解了村集体增收难的瓶颈问题。

1.1.4.5 提升品质

一是创建标准化基地。近两年，当地政府制定砂梨标准化基地建设奖补措施，采取先建后补方式，对规模化发展的标准园，按照1500元/亩的标准进行奖补。近两年，市政府投入资金500多万元，创建标准化梨园3000余亩，示范带动农户发展标准化梨园5000余亩。争取项目资金410万元，打造精品梨园1000余亩，建设智慧梨园400亩。二是推进绿色化发展。主推"三减三增"绿色种植技术，科学用药、减施化学农药及化肥，增施有机肥，机械耕整、减少用工，提升品质，增产增收。

1.1.4.6 融合发展

当地政府积极谋划建设砂梨主题公园。砂梨主题公园既是砂梨文化的展示中心，也是砂梨主题农旅融合的枢纽。经过反复酝酿，2022年当地政府已将砂梨主题公园纳入百里洲镇乡村休闲旅游专项规划，项目规划用地面积13000平方米，主题公园配套建设包括砂梨仓储基地、梨猫电商孵化中心、梨猫砂梨交易中心等。在新一轮永久基本农田划定中，政府并没有将百里洲砂梨主题公园配套建设区内20公顷耕地划入基本农田，为以后建设砂梨主题公园及配套设施预留了空间。

此外，政府还将砂梨主题公园与"洲头景观""南河沙滩"等景观连片，结合"环岛自行车赛"，打造以"百里洲砂梨"为主题的"洲上一日游"生态休闲旅游线路；连续5年举办百里洲梨花节、开园节暨砂梨鉴评活动，通过旗袍秀、现场品鉴、现场颁奖、现场拍卖、认养梨树、扫码抽奖、现场直播带货等活动环节，"引客入枝"，营造浓厚的品牌文化氛围，集"人气"，聚"财气"，提升"百里洲砂梨"的知名度。

1.1.5 结语

从20世纪就种下的"百里洲砂梨"树苗，在"天时""地利"的自然条件滋养下，在"人和"的各方力量培育下，如今已经长成一棵棵硕果累累的大树。建立一个品牌不容易，维持一个品牌更不容易。"百里洲砂梨"经历了建设初期的兴盛，也经历了从低谷而来的渐渐恢复，如今正处于快速发展时期，应乘胜追击，勇于面对新时期的挑战，抓住新时期的机会，争取更大的进步。在下文中，将基于"百里洲砂梨"品牌建设的现状与问题，结合相关理论进行分析，并进一步提出优化策略，以期助力品牌的长久发展。

1.2　"百里洲砂梨"案例分析

1.2.1 引言

湖北省枝江市百里洲镇是长江第一大江心洲，四面环水，土地肥沃，气候适宜，有生产优质砂梨的良好生态环境条件，被称为"中国砂梨之乡"。百里洲镇从20世纪80年代开始规模化种植砂梨，种植面积曾经达到8000公顷，砂梨产业成为当地农民增收致富的支柱产业。打造特色农产品品牌优势，建设农产品区域公共品牌，实现农产品品牌溢价，助力农产品走出去，是实现乡村振兴战略的重要保障。自1995年开始品牌建设工作以来，"百里洲砂梨"品牌建设经历了建设初期、低谷期、逐步恢复期和快速发展期，2022年，"百里洲砂梨"品牌价值达到了18.48亿元。

元一智库农研中心主任铁丁在2020年的中国农业品牌政策研讨会上提到：打造农产品区域公用品牌的本质就是构建全域农业高质量发展"生态圈"，良好的品牌生态圈是一个可以自我调整、自我定位修补的系统，可以进行"造血"和更新，实现品牌的可持续发展。这也是目前农产品区域公用品牌建设中亟须解决的问题。借鉴铁丁主任提出的"品牌囤"逻辑图，本文将从一个主体、两个机制、三个世界、四个支柱、五像合一这五大维度出发，基于"百里洲砂梨"品牌建设现状，分析其存在的问题并提出改进和优化的建议，以促进"百里洲砂梨"品牌实现更好的发展。

1.2.2　一个主体

一个主体指的是聚焦新型农业经济主体，这是核心。从农产品区域公用品牌建设可持续性来说，谁投资谁受益，这是基本的品牌建设逻辑。

1.2.2.1　组织形式

"百里洲砂梨"品牌的组织形式以合作社为主，由合作社负责对接政府、销售端，通过合作社带动农户生产。百里洲目前共有12家规模主体合作社，共计4000多亩地，占百里洲砂梨栽培总面积的10%~20%，其中比较有代表性的是禾润果蔬专业合作社、双红砂梨专业合作社、龙广果蔬专业合作社、红新果蔬专业合作社。合作社经政府授权之后可以使用"百里洲砂梨"区域公共品牌，所有合作社的销售价格统一，使用区域公共品牌的梨的价格比其他散户梨的价格平均贵1元/斤；不同的合作社可以拥有不同的消费群体；合作社之间可以根据各自的销售量与库存量情况进行调货。

根据《中华人民共和国农民专业合作社法》的界定，农民专业合作社"是在农村家庭承包经营基础上，同类农产品的生产经营者或者同类农业生产经营服务的提供者、利用者，自愿联合、民主管理的互助性经济组织"。其主要业务是向社员提供"农业生产资料的购买，农产品的销售、加工、运输、贮藏以及与农业生产经营有关的技术、信息等服务"。农民专业合作社是农民出于生产经营上共同的或相似的需求，自发组成的一种内部成员之间地位平等、资源共享、互助合作、具有非竞争性关系，并且排斥非合作社成员享受合作社提供的产品（和服务）、分享收益的一种合作组织，是一个典型的"俱乐部"。

与农民的单独作业模式相比，农民专业合作社可以产生规模经济效应——"合作盈余"，即合作的收益会大于单独行动收益的总和。这种合作盈余主要表现在成本降低和收入增加两个方面。

（1）成本降低。

合作社成立节省了总成本。合作社对总成本的影响是双向的：一方面，合作社成立后，一些之前由农户个人做出的决策需要集体协商，这可能会导致协调成本、决策成本等的增加；另一方面，合作社统一采购、统一生产、统一谈判、统一销售，又可带来采购成本、生产成本、销售成本以及谈判成本、交通成本等交易成本的降低。由于合作社内部成员高度的同质性和信息对称性，成员之间可以比较顺畅地进行协调与沟通，前者成本的增加可以基本忽略不计，因此，总体看来，成立合作社后成本的节约大于增加。以 $C=C(x,n)$ 表示总成本，它是俱乐部产品规模（x）、合作社社员规模（n）的增函数。合作的总成本小于不加入合作社时社员个人成本（c）之和，即 $C<\sum c_i=nc$。

成本分摊降低了社员个人成本。合作社的总成本相对于个人成本而言无疑是高的，但社员规模将这一成本摊薄，落实在每个成员身上的成本相对于未入社前是降低的。假设成本均摊，对公式 $C<\sum c_i=nc$ 进行变形，可得 $C(x,n)/n<c$，即社员分摊的成本小于入社前农民个人承担的成本。同时注意到 $C(x,n)/n$ 是 n 的减函数，即在达到拥挤点之前，合作社规模越大，其社员分担的成本越小；达到拥挤点后，则成员规模的扩大所带来的分摊成本的好处不能弥补规模扩大所造成的拥挤成本的上升。由于现实中农民专业合作社一般都限定在某一村庄或局部地区以内，规模普遍偏小，尚未达到拥挤点，因此，农民加入合作社可以充分享受合作社在提供"俱乐部产品"上由规模扩大所带来的成本降低的优势，从而获得规模效益。

政府扶持降低了总成本。出于扶持农业发展、增加农民收入的考虑，在农民合作社成立并达到一定规模后，政府往往给予一定的资金或政策扶持。一般而言，合作社规模越大，受益面越广，争取到的扶持金额越多，即补贴（S）是社员规模（n）的增函数。假设合作社从政府得到现金补贴 S，则合作社的成本降低，变为 $[C(x,n)-S(n)]$，有 $[C(x,n)-S(n)]<C<\sum c_i=nc$，变形后可得 $[C(x,n)-S(n)]/n<c$。政府补贴使社员承担的成本进一步降低，这是分散的农民个人不能享受到的特殊优惠。

（2）收入增加。

议价优势。合作社拓宽了销售渠道，提高了谈判能力。以往农民个人受知识水平和信息不对称的限制，销售渠道有限，且单个农户生产规模小，与购买者相比谈判能力较低，在议价方面处于被动地位。农民加入合作社后，个人小规模、分散的销售转变为合作社大规模、统一的销售，形成了一个比单个农民更有实力和谈判能力的组织。合作社可利用统一销售的规模优势，拓宽更广的销售渠道，提高谈判能力，争取更有利的价格，使农民从中获益。

品牌效应。当前开放式的农业大田生产模式排他成本低，十分容易模仿，因此，合作社成立前，由于无法有效解决外部性问题，即使部分农民因生产某种农产品获益，也不愿去注册商标或品牌。合作社的成立可以将少数人的优势迅速扩大到整个合作社内部，实现外部性的内部化。由于统一生产、统一管理、统一技术标准，生产出的农产品在形成一定规模的同时可以达到相对统一的品质水平，可以进行农产品认证或注册商标、品牌。通过认证或注册品牌可以提高产品的美誉度，进一步提升合作社的市场谈判能力，大幅提高产品价格，扩大市场份额，增加合作社收益和社员收入（I）。收益（收入）的增加又反过来激励了社员的积极性，有助于生产规模的扩大和品质的提升。随着时间的推移，品牌效应使得合作社的发展具有了良性循环的特征和效果。

包销策略。合作社包销能够抚平市场波动，降低风险，使社员收入更加稳定。有些合作社对内以包销的方式购买农民手中的农产品，然后统一对外销售。对社员而言，由于包销价格相对固定，因此不论市场供求状况如何，他们的收入都有保障。

1.2.2.2 组织化程度有待提高

虽然"百里洲砂梨"品牌的组织形式以合作社为主，但目前百里洲生产砂梨的散户仍大量存在，由于其缺乏冷库，以鲜销为主，当梨果过熟时则选择倾销，使得梨的市场价格不统一，对"百里洲砂梨"品牌建设存在一定的影响，组织化程度有待提高。

1.2.3 两个机制

两个机制指的是政策机制和市场机制：政策机制是通过政府相关政策的有效实施来提供保障的；市场机制是通过市场的自发调节来保障相关利益的实现。

1.2.3.1 政策机制

政府大力支持"百里洲砂梨"品牌发展，实施科学规划，同时给予品牌经营主体政策、资金、科技等方面的支持。枝江市和百里洲镇政府制定了《枝江市百里洲砂梨产业综合发展规划》和《万亩砂梨精品产业园工程实施方案》，规划以百里洲镇三洲村、沿江村、坝洲村、和爱村等地区为核心，建成"百里洲砂梨"区域公共品牌核心示范区，高标准规模化发展砂梨精品园10000亩，示范带动周边砂梨产业高质量发展。近年来，枝江市财政每年安排40万元专项资金，用于举办"百里洲梨花节""开园节""鉴评会""百里洲砂梨"论坛等节庆活动。除此以外，政府组织双红、禾润、龙广等砂梨经营主体参加农超对接、农博会、农展会、农交会、砂梨鉴评等活动，一方面进行品牌宣传，另一方面能够促进百里洲砂梨品质提升，争创全国和湖北优质水果品牌。除此以外，枝江市政府定期组织专家开展技术指导、技术骨干培训等活动，完善科技推广服务体系。

1.2.3.2 市场机制

枝江市政府注重品牌管理，坚持产品溯源，保障"百里洲砂梨"品牌质量，促进"百里洲砂梨"品牌在市场上持久发展。但还存在一些问题，影响了品牌建设的稳步发展。

（1）果品质量不统一。

在梨的生长过程中，通常要在疏果后至果点锈斑出现前进行套袋。套袋这一技术不仅可以改变梨果实的外观品质，也可以改变梨果实的口感品质和营养品质。套袋会降低可溶性糖、VC 含量，蛋白质也会略高。

图 1-1　百里洲砂梨

在百里洲多家合作社的种植情况中，较为突出的问题是，翠冠梨这一品种都出现了由于套袋环节的技术不稳定而导致的梨果花皮现象，这一问题影响产品的美观程度；就消费者市场而言，目前消费者普遍对花皮的梨的接受程度不及果皮颜色均匀的梨。从四个合作社的栽培情况来看，套袋的技术目前未形成一个可以执行的标准。此外由于授粉技术的不稳定，导致每年梨的产量也不稳定。这些问题均带来了果品质量的不统一。

（2）市场不统一。

"百里洲砂梨"品牌中的不同主体对接了不同的市场。在合作社中，有的对接了较大的销售市场，如武汉"盒马鲜生"；但大部分合作社反映缺少与知名品牌、大型市场的对接。在合作社之外，存在大量的散户，较多在农贸市场、小型水果超市等市场销售。

（3）价格不统一。

目前"百里洲砂梨"品牌组织形式以合作社为主，但合作社的总栽培面积仅占百里洲砂梨栽培总面积的 10%~20%，散户仍大量存在。由于散生产成本有限，缺乏冷库设施，因此散户主要选择鲜销，当梨果过熟时则选择倾销，这样就扰乱了百里洲砂梨的市场价格。

1.2.4 三个世界

三个世界指的是品质美味（好吃）、历史人文、绿色生态。任何一个品牌一定要有这三个世界，才能是一个品牌。

1.2.4.1 品质美味

百里洲砂梨平均单果重 200 克以上，果皮薄，果肉雪白细而脆，汁多化渣，石细胞少，味甜清香，风味独特，品质极佳，被湖北省农业厅命为"湖北十大名果"。百里洲砂梨主要品种有丰水梨、圆黄梨、黄金梨、翠冠梨、黄花梨、金水梨等，百里洲砂梨含有果糖、葡萄糖、苹果酸、有机酸，并含脂肪、蛋白质、钙、磷、铁、维生素、胡萝卜素、烟酸等营养物质。丰水梨果皮呈翠绿色，果大、质优、美观，被誉为"水晶梨"；圆黄梨果大形正，果皮色黄光亮，成熟较早；黄金梨果面金黄、晶莹剔透、果大核小。

高于市场平均水平的梨果品质，是百里洲优越的地理位置和自然条件所带来的。百里洲镇位于湖北省枝江市，地处长江中游上端，是长江上第一大的江心洲，四面环水，海拔在 100 米以下，属亚热带季风气候，四季分明，日照充足，气候温和，年平均气温 16℃~18℃，年平均日照 2145 小时；雨量充沛，年均降雨量 1200 毫米左右；无霜期在 270 天以上；主导风向为北风和东北风。气候十分适宜喜阳的砂梨生长。百里洲北依长江与枝江城区隔江相望，南靠松滋河与松滋市相邻，境内布满人工河、主干渠共 65 条，干流支渠总长度达 92 公里，使百里洲全境河网密布、沟渠纵横，家家临水、户户见塘。良好的水系大大提高了百里洲砂梨抵御自然灾害的能力，保证砂梨生产遇旱能灌，遇涝能排，年年可以丰产。

砂性土壤是百里洲的一大特色自然条件。作为万里长江的第一大洲、中国的第二大冲积岛，百里洲是典型的冲积地貌，土壤肥沃，水源充沛。百里洲上滩涂湿地广布，沟糟发育充分，淤泥地质多样，土壤都是由长江长期冲积而成的，母质为河流冲积沉淀的砂壤土。经检测，百里洲的土壤 pH 值为 6.5~7.5，有机质含量相当丰富，是砂梨种植最适合的土质。

1.2.4.2 历史人文

百里洲作为湖北宜昌地区古代种植业较发达的地区之一，一直以来以砂梨种植著称。百里洲砂梨的栽培，最早记载于光绪二十四年（1898 年）的《湖北通志》："百里洲，其上平广，土沃人丰，湖泽所产，足穰俭岁。又特宜五果，甘柰梨蔗，於此是出"。百里洲种梨史可上溯至楚汉，1968 年在百里洲出土的青铜器中有梨籽残核。古丹阳城遗址发现有棠梨枝残余，说明当时已有棠梨栽植。相传元朝末年（1367年），农民起义军领袖吴王张士诚与吴国公朱元璋因王号而大战，张士诚兵败，其妻携二子投火自焚，小儿子张豆为仆人所救，隐姓埋名，逆长江而上，逃难求生，至现百里洲杨家河，疾病缠身。一杨姓农夫收留二人，以棠梨叶煮茶，配棠梨服用后医治痊愈，后张豆为感谢收留之恩，修建杨家庵以馈谢养母，现存杨家庵遗址。

1.2.4.3 绿色生态

为提升病虫防控的针对性和及时性，农业部门会及时进行病虫害的预测预报，并提供绿色防控措施。为减少果期用药，百里洲着重做好冬季清园消毒和幼果保护工作，把病虫基数降至最低。同时，根据害虫生物学特征，采取投醋液、挂黄板、树干缠草绳和置放频振杀虫灯等方法诱杀害虫；人工释放赤眼蜂，利用昆虫性诱剂诱杀或干扰成虫交配；助迁或保护瓢虫、草蛉、捕食螨等天敌昆虫。百里洲大力提倡使用生物源和矿物源农药，广泛应用微生物及其代谢产物防治病虫。

在种植管理方面，百里洲采取深沟高厢、通风透光、生草免耕、覆盖保墒、节水灌溉，创造了有利于砂梨生长结果、不利病虫滋生的环境条件，减轻了病虫危害，提高了水果品质。与此同时，百里洲大力推广"猪—沼—果"生态种植模式，以有机肥为主，控施化肥，配施生物菌肥和微量元素肥，通过平衡施肥，不断修复改良土壤，提高砂梨糖度。

这些做法保证了百里洲砂梨在市场上的热销度。梨农的绿色种植，既是对品牌的保护，也是对品质的尊重，更是对消费者的负责。

1.2.5 四个支柱

四个支柱是指品牌与渠道战略、平台与金融战略、科技与人才战略、融合与协同战略。农业怎样才能持续发展？平台金融战略是未来可以探讨的方向。

1.2.5.1 品牌与渠道战略

（1）品牌战略。

农产品区域公用品牌作为一个集体产品不可避免地会引致"搭便车"问题，这是因为农产品具有经验品和信任品的特征。由于信息不对称，消费者在农产品的消费过程中无法识别单个企业（农户）生产的农产品质量，往往依据农产品所属行业或地区的农产品集体声誉（由该行业或地区所有生产者的农产品质量共同决定）进行选购。这就会诱发一些企业（农户）产生"搭便车"的动机，私下降低自己的产品质量，进而导致区域公用品牌声誉受损。由于"百里洲砂梨"品牌在市场极具知名度和认可度，常常出现品牌被其他未经授权的砂梨产品盗用的现象，如仿造品牌包装、盗用名称等，以次充好。这种组织外部的"搭便车"现象，以劣质、低价的农产品驱逐优质、高价的农产品，易形成无效率的"柠檬市场"。

"搭便车"问题产生的根源是信息不对称，因此需要运用基于数字化追溯、透明和保证（Traceability, Transparency and Assurances, TTA）体系的"搭便车"治理机制，通过供应链上的信息供给向消费者提供农产品生产过程中的信息，以便解决由信息不对称产生的产品质量信任问题。因此，枝江市政府一方面组织多次打假活动，直击盗用品牌的现场，维护品牌权益；另一方面更注重产品溯源与品质保障。百里洲镇设有农民专业合作社联合会，简称农合联，是"百里洲砂梨"品牌持有者，同时负责技术对接。"百里洲砂梨"品牌的包装由政府统一授权，合作社需要交品牌维护费、会费共计2000元；同时建立质量追溯体系，每颗梨上都贴有产品溯源码，坚持"一梨一码"，并由农业农村部门统一监管，培育和维护"百里洲砂梨"品牌；合作社在政府的引导下，积极接受专家的技术指导，并要求社内农户按照统一的技术标准进行生产，保障产品质量。

（2）渠道战略。

"百里洲砂梨"品牌下的各家合作社都有各自的销售渠道。禾润果蔬专业合作社拥有多方销售渠道。第一，10%通过"禾润果蔬"公众号进行线上销售，委托专门的传媒公司运营公众号，主要售卖精品礼盒装；第二，30%由工会采购，这部分主要销售地在市外（以武汉为主），通过乡贤介绍销售渠道，或者给单位（员工福利发放）供货；第三，30%通过当地的"桔缘合作社"进行销售，主要销售礼盒之外的散果；第四，30%储藏着冷库中，在春节期间销售。双红砂梨合作社设有一个线上销售官方平台——"越天然"，是主要的线上销售渠道。龙广果蔬专业合作社对接了武汉的盒马鲜生（华东地区），从2020年开始，市场以盒马鲜生为主，目前其"百里洲砂梨"在盒马鲜生的价格在梨产品中排名第二，仅次于库尔勒香梨。

1.2.5.2 平台与金融战略

（1）平台战略。

百里洲的各家合作社都在拓展各类电商平台，如双红砂梨合作社的线上销售官方平台——"越天然"，以及龙广果蔬专业合作社对接的大型的线下销售渠道——盒马鲜生。

（2）金融战略。

枝江市农业农村局及百里洲镇人民政府通过政策支持、项目支持、金融创新等手段培育示范主体示范带动砂梨产业发展，一方面积极向上争取项目和本级财政资金，另一方面鼓励民间资本、外地企业等社会资本投入砂梨产业，构建多渠道、多层次、全方位的融资体系。2020年枝江市农业局安排400万元砂梨发展资金对经营主体进行奖补，主要用于规模化标准化建园、老梨园品种改良、砂梨精品果园示范园建设；健全科技培训体系；品牌宣传、维护，拓展销售渠道；质量防伪追溯体系建设；试行砂梨保险，2020 年砂梨参保面积 334.7 公顷，667 平方米保费 60 元，砂梨合作社、种植大户承担 40% 的保费，即 24 元，市财政承担 60% 的保费；完善金融扶持体系，对百里洲镇各砂梨生产、经营主体及种植大户提供金融创新担保贷款，对符合条件的进行 50% 利息补贴。

1.2.5.3 科技与人才战略

枝江市政府与湖北省农业科学院签订"揭榜制"项目合作协议，定期组织专家到标准化基地开展农业科技共建工作，增强了科技服务的目的性和实效性，推动产学研深度融合发展。枝江市组建了"一县一业"示范样板县创建技术专家组，专家团队定期到百里洲开展技术指导，解决技术难题。同时，要求专家团队多开展技术骨干培训活动，为每一个经营主体培养 2~3 名技术骨干，增强主体自身技术管理能力，从上到下形成完善的科技推广服务体系。在湖北省农业科学院专家指导下，引进了 20 余个砂梨新品种在百里洲试验种植，从中筛选出个大、肉脆、汁多、味甜的翠玉、翠冠、鄂梨二号等优良品种进行推广种植。根据砂梨新品种栽培特性，试验推广宽行密株、深沟高厢等适宜机械化耕作的种植模式；采用圆柱形、"3+1"、双臂顺行等省力化修剪技术。省力省工高效种植模式的推广，激发了广大农户的种梨热情，有力推动了砂梨恢复性发展。

此外，百里洲砂梨在栽培过程中运用科技不断提升梨果品质。第一，创建标准化基地。近两年，当地政府制定了砂梨标准化基地建设奖补措施，采取先建后补方式，对规模化发展的标准园，按照 1500 元/亩的标准进行奖补。市政府投入资金 500 多万元，创建标准化梨园 3000 余亩，示范带动农户发展标准化梨园 5000 余亩；争取项目资金 410 万元，打造精品梨园 1000 余亩，建设智慧梨园 400 亩。第二，推进绿色化发展。主推"三减三增"绿色种植技术，科学用药、减施化学农药与化肥，增施有机肥，机械耕整、减少用工，提升品质、增产增收。推进绿色生产，养殖鹅、鸭等家禽进行生物除草、生态灭虫，利用黄板诱虫、诱虫灯杀虫等生物技术进行生态种养。

在人才战略上，"百里洲砂梨"相对欠缺，新型农业主体对农业生产的参与不足。在采访四家合作社中，具有代表性的是龙广果蔬专业合作社和红新果蔬专业合作社。龙广果蔬专业合作社的法人是张小龙，1989 年出生的他跳出传统的销售渠道，对接了武汉的盒马鲜生（华东地区），成功开拓了线上线下市场，目前其"百里洲砂梨"在盒马鲜生的价格在梨产品中排名第二，仅次于库尔勒香梨。

红新果蔬专业合作社是目前百里洲镇唯一一家拥有智慧农园和溯源信息登记站的合作社，法人是周金山，智慧农园建于 2023 年上半年，在种植管理方面发挥了很大的作用；溯源信息登记站于 2023 年 8 月投入使用，可以用于农药监测等。

此外，合作社养殖了鹅、鸭等家禽进行生态灭虫、除草。实现了数字化、生态化种植。

外部人才的流入能够直接提高产品质量，也能改善传统的商业模式。而农业劳动者的人才断层使许多地方农业产业发展出现问题，其中一个原因就是区别于二三产业部门一般有的培训体系，劳动密集型的农业产业更分散孤立，新进入的劳动者可能并不知道农业产业的运营模式和利润，问题的关键在于许多外部人员不知道产业发展的信息。在利润能够保证的时候，外部从业者具有进入该行业的需求，一旦打通这一外部进入者的阻点，就能够提升本地产业发展的竞争力。所以百里洲镇政府应当积极进行宣传，可以首先在乡村精英人才的基础上建立一个信息沟通平台，发掘有意向来百里洲种梨的人才。

1.2.5.4 融合与协同战略

（1）融合战略。

"百里洲砂梨"品牌在融合发展方面经验丰富。将砂梨主题公园与"洲头景观""南河沙滩"等景观连片，结合"环岛自行车赛"，打造以"百里洲砂梨"为主题的"洲上一日游"生态休闲旅游线路。连续5年举办百里洲梨花节、开园节暨砂梨鉴评活动，通过旗袍秀、现场品鉴、现场颁奖、现场拍卖、认养梨树、扫码抽奖、现场直播带货等活动环节，"引客入枝"，营造浓厚的品牌文化氛围，集"人气"聚"财气"，提升"百里洲砂梨"品牌知名度和影响力。

（2）协同战略。

协同治理是指在整个社会系统中，管理者和各利益相关方通过合作治理协同参与到公共管理的实践管理中，从而实现治理主体的多元化，实现治理效能最大化，最大限度地维护和增进公共利益。农产品地理标志品牌建设需要区域地方政府、政府相关职能部门等行政主体与行业组织、从事农业生产经营的企业和农户等市场主体共同运营与管理，那么协同治理将在农产品地理标志品牌建设过程中起到十分重要的作用，它也不可或缺。在农产品地理标志品牌建设过程中，单纯的多中心协同治理，容易出现"群龙无首"、相互依赖和"等靠要"式的协同配合等问题，而具有中国特色的多元协同治理体系，能较好地解决前述相关问题，它明确了政府在农产品区域公用品牌建设过程中的主导地位和作用，具有中国特色的多元协同治理体系与农产品地理标志品牌建设的耦合表现为政府在政策制定、资源配置、工作统筹、协同治理上占据主导地位，发挥着主导作用。

由于套袋标准不统一、授粉不稳定，导致百里洲砂梨品质不一，存在梨果花皮、产量波动等影响销量的问题，影响了"百里洲砂梨"在市场上的口碑。在这一问题上，政府应当积极引导科研机构与生产合作社进行生产实验，确定套袋标准与稳定可操作的授粉技术，并进行技术推广，发挥主导作用；主体合作社协同政府将技术标准落实，最大程度增进集体利益。

1.2.6 五像合一

五像合一是指所有商品一定具备这五个特征：定位、品质、代言、包装、气质。

1.2.6.1 定位

"百里洲砂梨"总体上来说属于中高端农产品品牌，其主要收益来源是精品礼盒的销售。

1.2.6.2 品质

百里洲砂梨平均单果重200克以上，果皮薄，果肉雪白细而脆，汁多化渣，石细胞少，味甜清香，风味独特，品质极佳，被湖北省农业厅命为"湖北十大名果"。百里洲砂梨主要品种有丰水梨、圆黄梨、黄金梨、翠冠梨、黄花梨、金水梨等，百里洲砂梨含有果糖、葡萄糖、苹果酸、有机酸，并含脂肪、蛋白质、钙、磷、铁、维生素、胡萝卜素、烟酸等营养物质。丰水梨果皮呈翠绿色，果大、质优、美观，被誉为"水晶梨"；圆黄梨果大形正，果皮色黄光亮，成熟较早；黄金梨果面金黄、晶莹剔透、果大核小。

1.2.6.3 代言

"百里洲砂梨"由于其农产品特性，代言的需求不是很高。

1.2.6.4 包装

设计有统一的纸盒作为包装，包装印有产地、梨的种植历史品牌标识、梨的特性、线上平台二维码等元素。

图1-2 百里洲砂梨包装图

1.2.6.5 气质

"百里洲砂梨"是一个绿色品牌，大力提倡使用生物源和矿物源农药，广泛应用微生物及其代谢产物防治病虫。百里洲大力推广"猪—沼—果"生态种植模式，以有机肥为主，控施化肥，配施生物菌肥和微量元素肥，通过平衡施肥，不断修复改良土壤，提高砂梨糖度。

这些做法保证了百里洲砂梨在市场上的热销度。梨农的绿色种植，既是对品牌的保护，也是对品质的尊重，更是对消费者的负责，树立了良好的品牌气质与形象。

1.2.7　总结与展望

本文以"品牌囤"逻辑图为分析基础，从一个主体、两个机制、三个世界、四个支柱、五像合一这五大维度出发，总结了"百里洲砂梨"品牌建设现状，分析了其存在的问题。本部分将对"百里洲砂梨"品牌特点和现存问题进行总结，并进一步提出优化战略，以促进"百里洲砂梨"品牌建设实现更好的发展。

1.2.7.1　"百里洲砂梨"品牌特点

第一，百里洲砂梨的种植历史悠久，凭借优越的地理位置和自然条件，梨果品质优于市场的平均水平，深受消费者的喜爱。

第二，"百里洲砂梨"品牌的组织形式以合作社为主。

第三，政府大力支持"百里洲砂梨"品牌发展，提供了资金、技术、人才等多方面的政策支持。

第四，注重品牌宣传与管理；促进融合发展，扩大了"百里洲砂梨"品牌知名度和影响力；对品牌包装进行统一授权；注重产品溯源，坚持"一梨一码"。

第五，在生产过程中注重科技进步与绿色生态发展。

1.2.7.2　"百里洲砂梨"品牌现存问题

第一，组织化程度有待提高。

第二，在品牌管理中存在三个"不统一"：果品质量不统一、市场不统一、价格不统一。

第三，品牌管理"群龙无首"，品牌治理协同度不足。

1.2.7.3　"百里洲砂梨"品牌建设优化战略

针对"百里洲砂梨"品牌建设现存的问题，本文提出以下优化战略，以供参考。

（1）扩大合作社规模，提高组织化程度。

从"推力"和"拉力"两个方面入手，把散户召集进合作社，从而提高组织化程度、更好地把控市场。

在"推力"方面，要增加农民加入合作社的主动意愿。第一，在充分尊重农民个人意愿的基础之上，政府应按照多引导、少干预、多服务的工作理念，转变农民关于单一家庭经营的传统生产观念；第二，加强对农民的培训教育活动，积极增强农民的市场竞争意识和经营理念，使懂经营、会经营的农民群众能够自觉地组成或加入合作组织。

在"拉力"方面，要提高合作社对农民的吸引力。第一，提升合作社的管理能力和经济实力，激发合作社的内在活力，促进合作社发展，让农民看见加入合作社的经济效益大于个人单打独斗，从而增强合作社的带动能力；第二，农民选择不加入合作组织可能源于对现有组织的不满，因此要在政策上推进组织化创新，鼓励农民发挥创新精神，拓宽农民组织化领域。

（2）加强品牌保护，提高品牌收益。

区域公共品牌具有公共品属性，易发生"柠檬市场"现象，如果政府不能进行有效的监管，会导致品牌滥用影响市场需求，政府应当统筹兼顾，关注相关方的利益冲突，避免"搭便车"行为扰乱市场正常秩序，影响品牌收益；政府应当全面推进区域公共品牌的保护工程，通过制定规章制度规范品牌的使用，保护区域公共品牌的所有权和商标权，严厉打击非法手段滥用区域公共品牌的行为，对违反者实施严格的处罚，保证消费者能够买到货真价实的产品，避免因负面事件导致消费者需求下降；行业协会对市场反馈较为敏感，应当及时发现品牌危机，提高危机处理能力，以提升区域公共品牌价值为宗旨，扎实稳妥地保证产品供应。

（3）强化政府的全过程参与。

政府对辖区内社会、经济等公共事务进行管理的全过程参与，主要体现在政府对工作立项调研、统筹实施以及后续的管理跟踪、完善改进优化等工作环节全面、全程参与。农产品区域公用品牌建设不是一个即时性行政行为，点到即止；它一个线性治理进程，需要长期投入。自2016年以来，从历年中央一号文件对农业品牌化建设的指导性意见可以看出，品牌建设是各级政府应当履行的职责之一，并且需要政府长期履职治理。所以在农产品区域公用品牌建设过程中，需要坚持政府主导，不断强化政府的全过程参与度。政府的全过程参与要贯穿农产品区域公用品牌建设的谋划、统筹、实施、运营以及整改完善等各个环节，本文对强化政府治理的全过程参与，着重在于研究完善、有效的长远规划和政府行政行为的持续性以及品牌营销平台搭建。

从其他品牌建设的成功经验来看，结合"百里洲砂梨"品牌建设的不足之处，品牌建设的规划不能只局限于如何打造品牌、如何推出品牌，还应该包括品牌发展方向、品牌运营管理规章制度、与品牌建设相配套的产业发展规划、品牌建设协同治理机制等长远规划。

（4）加强品牌营销平台搭建。

在中国特色社会主义市场经济体制下，在聚焦于社会公信力方面，通常情况下相较于企业等市场主体而言，政府更具有优势。在农产品区域公用品牌建设方面，政府社会公信力优势的运用，主要体现在运用政府行政职能助力品牌和产品的营销。具体而言，就是通过搭建品牌或产品营销平台，或者助力品牌或产品积极广泛参与其他市场营销活动，利用政府公信力优势，不断增加品牌的曝光度和市场认可度，在进一步提升产品附加值的同时助力产品销售，最终实现品牌效应向经济效益的转化。在国内的经验借鉴方面，福建省南平市对"武夷山水"品牌及产品的展销、江苏省连云港市搭建"连天下"品牌宣传平台以及四川省达州市在不同区域和场合对"巴山食荟"品牌的产品的推介，既是政府利用社会公信力优势助力农产品区域公用品牌营销的深入探索，也是在积极实践。就"百里洲砂梨"这一农产品区域公用品牌而言，在搭建品牌营销平台方面，一方面可以自主搭台营销，迅速实现品牌在县域范围内认可度和市场占有度；另一方面也可以协调其他品牌或产品互补的县（市、区），共同搭台营销，以品牌的组合、捆绑宣传推介，迅速实现自有品牌在区域内的曝光和认可；此外，还可以积极参与省级、市级的产品展销或推介活动，充分利用更高层级平台以及其影响力，助力自有品牌在更大范围内迅速出圈。

（5）培育质量特色，提升产品特性。

地理标志农产品的质量特色是区域公共品牌的关键点，是与其他产品形成区分的重要来源，培育质量特色有利于提高产品品质，提高品牌区分度。除了要充分开发利用资源禀赋的优势，更要把控产品进入市场的整个环节，让质量特色成为地理标志农产品的根本特性。

农产品的质量与区域内自然资源等生态息息相关，紧密联系，自然资源禀赋对产品质量起着决定性作用，充分利用资源禀赋的优越性，凸显农产品的独特品质，才能彰显农产品的特色。首先，提高产品源头质量是培育质量特色的第一步，充分利用自然区位特色营造农产品独特的品质，在产品种植过程中，严格把控化肥农药的使用，建立土壤有机质含量检测系统，使产品能够满足天然、绿色、有机等较高的质量标准；区域内相关主体均应当意识到资源的宝贵以及资源与品牌共生的特点，充分保护优质自然资源，适度开发资源，发挥当地的资源优势，使资源优势为产品质量特色保驾护航；利用资源禀赋优势聚集关联产业，加深品牌协调发展，促进地理标志型特色农产品品牌的发展，让质量特色使区域品牌更加"丰满"。

同时，也要严格把控质量安全体系建设，从产品的种植、加工、贮藏、包装、运输到市场销售都建立严格的安全标准和质量控制体系。设立严格的产品把控与检测制度，出厂、抽查、平台层层把关，严禁不符合区域公共品牌标准的产品流入市场。构建农产品可追溯管理系统，完善农产品质量状况、信息资源的共享化管理，争取政府的支持，推广溯源体系的使用。

1.3 "百里洲砂梨"调研日志

调研时间： 2023 年 9 月 16~17 日

调研地点： 湖北省宜昌市枝江市百里洲镇

调研人员： 周德、潘超、吴虹、徐懿

2023 年 9 月 16 日

下午抵达枝江市，在枝江市农业技术推广中心进行"百里洲砂梨"十佳品牌创建调研座谈会。

1. 基本情况

（1）地理位置。枝江市地处湖北省南部，为长江中游北岸的港口城市，因长江在这里分枝而得名；枝江市雨量充沛，日照充足，土壤为沙壤土，土壤肥沃，地势平坦，四面环水，非常适宜种植砂梨，是南方砂梨重点核心产区。

（2）种植情况。百里洲砂梨栽培面积 3.6 万亩，2022 年产量 4.2 万吨，产值 4 亿元；主栽品种：翠冠、黄金、园黄、苏翠 1 号、翠玉、鄂梨 2 号、黄花等；栽培树形有开心形、圆柱形、"3+1"树形、"双臂顺行式新型棚架"等。砂梨是百里洲镇支柱产业，全镇 41 个村中有 22 个村种植砂梨。

（3）种植效益。2022 年平均产量 1800 公斤/亩左右，商品果率为 95%，优质果率为 85%，均价为 8 元/公斤，亩产值为 13600 元。是老百姓发家致富的支柱产业。

2. 品牌发展

"百里洲砂梨"品牌建设分为四个时期。

（1）品牌建设初期（1995~2001 年）。枝江市百里洲镇 20 世纪 80 年代开始规模化种植砂梨，90 年代中期成为百里洲镇的主导产业，年均产梨 15 万吨，梨果批发价格为 2.8/公斤，梨农获得了丰厚的回报，带动了砂梨产业的高速发展，到 2000 年种植面积达 10 万亩。枝江市政府为了维护保护百里洲砂梨产业，1995 年开始了品牌建设工作；1995 年注册了"百里洲梨"商标；1997 年参加中国农科院果蔬研究所组织的鉴评会，被评为中国名牌水果；2000 年被中国特产名乡宣传推荐活动组织委员会授予"中国砂梨之乡"称号，被湖北省农业厅评为"湖北十大名果"；2001 年"百里洲砂梨"被认定为中国国际农业博览会湖北省名牌产品。

（2）品牌建设低谷期（2002～2009年）。2002年，随着国内砂梨产量剧增，产销矛盾日益加剧，主栽品种湘南、黄花等品质较差，砂梨鲜果销售价低至0.60～0.80元/公斤，种植面积逐渐萎缩，到2009年减少到6000亩。品牌建设工作相对落后。

（3）品牌建设逐步恢复期（2010～2014年）。2009年，国家梨产业技术体系启动，武汉综合试验站与枝江市对接，振兴"百里洲砂梨"行动拉开序幕，砂梨栽培面积逐渐恢复到1.2万亩。2010年在国家工商总局成功注册"百里洲砂梨"地理标志商标，2012年获得农业部"地理标志农产品"称号，2014年"百里洲砂梨"取得国家质检总局地理标志保护产品证书。自此，"百里洲砂梨"成为我国地理标志保护最齐全的梨类品牌。

（4）品牌建设快速发展期（2015年至今）。枝江市与湖北省农业科学院、国家梨产业技术体系加强了产学研合作，逐步搭建了"专家大院""国家梨产业技术体系示范县""湖北省乡村振兴科技创新示范基地""湖北省专家工作站""国家梨产业技术体系成果转移转化中心"等平台，促进了砂梨新品种新模式新技术推广应用，产业快速恢复发展。2015年百里洲砂梨被评为"宜昌市知名商标"和"湖北省名牌产品"，并通过了农业部绿色食品认证；2016年被评为"湖北省著名商标"和"全国名优果品区域公用品牌"；2017年荣获"全国果菜特色产业绿色发展百佳地标品牌"和"全国十佳果品地标品牌"；2019年被评为最受欢迎的梨区域公用品牌10强；2020年百里洲镇被农业农村部认定为"全国一村一品示范村镇"，同年被评为最受欢迎的果品区域公用品牌100强；2021年枝江市荣获国家梨体系"一县一业"示范样板县，同年入选"枝江三宝"，即"百里洲砂梨""枝江酒""雪花牛肉"；2022年荣获第四届湖北地理标志大赛暨品牌培育创新大赛金奖，同年，百里洲砂梨品牌价值达18.48亿元。

3. 品牌建设

3.1　枝江市委、市政府和百里洲镇政府的重要举措

（1）合理规划，建设"百里洲砂梨"区域公共品牌核心示范区。

（2）政策项目扶持，用于砂梨品牌打造、销售宣传、体系建设。

（3）农旅融合，实现砂梨种植和乡村旅游的有机融合。

（4）深化政产学研合作，促进品种模式更新和技术进步。

（5）建立质量追溯体系，培育和维护"百里洲砂梨"品牌。

（6）组织梨鉴评会，参加各类评比活动，促进果品质量提升。

（7）扩大新闻宣传，提升"百里洲砂梨"品牌影响力。

3.2　组织形式

以合作社为主，共有12家规模主体合作社，共计4000多亩地，占总面积的

10%~20%。其中比较有代表性的是禾润果蔬专业合作社、双红砂梨专业合作社、龙广果蔬专业合作社、红新果蔬专业合作社。合作社被授权之后可以使用"百里洲砂梨"区域公共品牌，品牌梨价格比其他散户梨的价格高1元/斤。合作社之间销售价格统一，但可以拥有不同的消费群体；合作社之间可以调货。

3.3 百里洲砂梨质量管理措施

（1）设有农民专业合作社联合会，简称"农合联"，是"百里洲砂梨"品牌持有者，同时负责技术对接；计划构建"百里洲砂梨"协会，相当于一个民间管理机构，以发挥对接大市场、统一用工、提供冷库、提供机械化服务的作用，以提高标准化管理。

（2）"百里洲砂梨"品牌包装是由政府统一授权的，合作社需要交品牌维护费、会费（以合作社为单位，2000元/合作社）。

（3）接受专家的技术指导，合作社要求农户按照统一的技术标准进行生产。

（4）注重产品溯源，坚持"一梨一码"，由农业农村部门统一监管。

4. 品牌治理

（1）湖北其他地区的砂梨品牌是否对百里洲砂梨品牌造成冲击？当地有哪些应对措施？

会出现盗用"百里洲砂梨"品牌的现象，如盗用包装。

应对措施：组织打假活动。

（2）品牌宣传。大力推进农旅融合发展。将砂梨主题公园与"洲头景观""南河沙滩"等景观连片，结合"环岛自行车赛"，打造以"百里洲砂梨"为主题的"洲上一日游"生态休闲旅游线路。连续5年举办百里洲梨花节、开园节暨砂梨鉴评活动，通过旗袍秀、现场品鉴、现场颁奖、现场拍卖、认养梨树、扫码抽奖、现场直播带货等活动环节，营造浓厚的品牌文化氛围，提升"百里洲砂梨"的知名度。

5. 现存问题

（1）散户大量存在，但由于其缺乏冷库设施，以鲜销为主，过熟则倾销，使得梨的市场价格不统一，对品牌建设有影响。需要把散户召集进合作社，从而提高组织化程度、更好地把控市场。

（2）翠冠梨的"颜值"问题。由于套袋的质量不统一，翠冠梨常出现花皮现象不利于销售。但事实上翠冠梨品种就为花皮，所以要给消费者科普到位，并给予1~2年的接受时间，将产品特色发挥出来。

（3）糖度无法统一监测，只能抽检；虽然有统一的糖度标准，但无法实施，只能均衡硬度等其他因素，糖度有弹性。

（4）产量不稳定，主要是授粉的问题。

2023 年 9 月 17 日

上午抵达百里洲镇，走访具有代表性的合作社。

1. 禾润果蔬专业合作社

（1）基本情况。禾润果蔬专业合作社成立于 2015 年，占地面积 203 亩。起初合作社老板是作为村书记带动砂梨产业发展，以示范园模式，但由于当地老龄化问题，效果不显著；后发动村集体合作社，逐渐得到稳定发展。栽种新品种砂梨 11000 株，主要品种为翠玉、翠冠、鄂梨二号、黄金、圆黄。曾经最高产量达 1500 公斤/亩，今年低温影响了授粉，一棵树 30~50 个果，产量 1000 公斤/亩。

（2）销售渠道。第一，10%通过"禾润果蔬"公众号线上销售，找传媒公司运营，主要卖礼盒装。第二，30%工会采购，主要在市外（武汉），通过乡贤介绍，或者给单位（员工福利发放）供货。第三，30%通过当地的"桔缘合作社"销售，主要是礼盒之外的果子。第四，剩余 30%在冷库里，春节期间销售；鲜果摘完之后先全部进冷库，之后等合适的价格慢慢销售。

（3）品牌宣传与品牌管理。"一箱一码，一梨一码"。礼盒上有公众号二维码，礼盒内部有产品宣传单，通过宣传得到的回头客会给予一定的优惠；每个梨上都贴有产品溯源码。

图 1-3 百里洲砂梨溯源码

（4）设施建设。建有 3 个冷库，储存技术过关，目前黄金梨可以储存长达 1 年；水肥一体化设施，建设沼液储存池；引进大鹅进行生物除草，利用黄板诱虫、诱虫灯杀虫等生物技术进行生态种养；全园铺设防鸟网，确保梨果正常采收。

（5）生产管理。劳动力主要以村民为主。固定员工的工资是 11 元/小时，遇到高温、加班、一年累计工作天数达 200 天会有额外的补贴与奖励，平均可达 130～140 元/天；上班打卡计时，老板亲力亲为带着干，工人不松懈，便于管理。

（6）主要问题。由于套袋的质量不统一，翠冠梨常出现花皮现象，不利于销售。

2. 双红砂梨专业合作社

（1）基本情况。双红砂梨专业合作社成立于 2016 年，合作社现拥有社员 300 多户。老板曾在 20 世纪 90 年代就从事过砂梨销售，将枝江百里洲砂梨运出江心岛，销往广州、福建沿海一带，并积累了一定的市场口碑。园区内主要品种按照成熟的时间划分为"洲梨 1 号""洲梨 2 号""洲梨 3 号"和"洲梨 4 号"。合作社租赁园区内农民土地种植砂梨，租金为 500 元/亩·年；农民可以土地经营权入股，入股的第五年开始按保底 1000 元/亩·年兑现分红，超过保底标准的按实际收益兑现分红，农民入股的土地享有年收益 30% 的分红权；梨农自愿加入合作社，合作社与社员签订 8 元/公斤的保底收购合同并实行销售盈余分红，带领农民共同致富。

（2）销售渠道。设有一个线上销售官方平台——"越天然"，是主要的线上销售渠道；设立"梨树认养"机制，认养人享有游览梨园、梨树冠名、砂梨礼盒回馈等权利。

（3）品牌宣传与品牌管理。"一箱一码，一梨一码"，礼盒上有公众号二维码，礼盒内部有产品宣传单；每颗梨上都贴有溯源二维码。以"梨树认养"吸引消费者；积极参加梨花文化节等宣传活动；按照"四统一"标准进行管理，统一种植标准（包括统一品种、统一模式、统一田间管理、统一品质要求）、统一购销、统一品牌、统一全国销售定价。

（4）设施建设。建有 100 吨冷库 2 座、50 吨冷库 1 座、500 吨冷库 1 座，冷储能力达 750 吨。

（5）生产管理。栽培模式主要是省力高效宽行密株新模式，实现砂梨种植密植化、省力化、机械化、绿色生态化；双臂顺行棚架模式，操作便捷、精品产高、品质好。

（6）主要问题。第一，劳动力多为工人转农业，技术不够熟练，且工人易松懈，管理水平不高，效率较低；第二，缺乏与知名品牌、大型超市的对接渠道；第三，产量不稳定，主要是授粉的问题。

3. 红新果蔬专业合作社

（1）基本情况。红新果蔬专业合作社成立于 2016 年。有两种入股方式，资金流转和耕地入股，合作社共 450 亩土地，其中 400 亩左右为农户耕地入股。社员共有 70 余人，其中 5 人为主要股东，68 个农户通过流转耕地入股，但未全部作为劳动力投入。按照 1∶3∶6 进行收益分红，即 10% 为技术人员，30% 为入股社员的分红比例，60% 属于村集体（其中乡贤资金入股占 10%）。

图 1-4　红新果蔬合作社

（2）销售渠道。线上线下相结合。

（3）品牌宣传与品牌管理。"一箱一码，一梨一码"，礼盒上有公众号二维码，礼盒内部有产品宣传单；每颗梨上都贴有溯源二维码。发展砂梨种植的同时，同步发展乡村休闲旅游，体现梨花、梨果、梨园、梨产品加工、梨品种培育研发、梨文化特色主题，融入百里洲万亩砂梨生态园旅游项目，成为百里洲生态旅游岛的有机组成部分和突出亮点，实现生产生活生态同步改善，促进一二三产业深度融合。

（4）设施建设。红新果蔬专业合作社是目前百里洲镇唯一一家拥有智慧农园和溯源信息登记站的合作社，智慧农园建于今年上半年，发挥了很大的作用；溯源信息登记站 2023 年 8 月投入使用，可以用于农药监测等。此外，养殖了鹅、鸭等家禽进行生态灭虫、除草。

（5）生产管理。劳动力工资按临时工算，130~140 元/天。

（6）主要问题。由于套袋的质量不统一，梨果常出现花皮现象，不利于销售。

4. 龙广果蔬专业合作社

（1）基本情况。龙广果蔬专业合作社成立于 2015 年，是一家集砂梨苗木繁育、种植、加工、销售、冷藏、生态旅游观光为一体的现代梨园，拥有绿色无公害砂梨基地 125 亩，农场下辖 1 个砂梨交易市场、1 个砂梨电商团队。拥有村集体土地 200 亩，以 300 元/亩的租金交给村集体。土地为沙壤土、多沙地；该园区砂梨成熟时间是百里洲镇最早的，提前 7 天上市。年产量为 30 万~40 万斤，其中商品果率超过 90%。

（2）销售渠道。对接了武汉的盒马鲜生（华东地区），从 2020 年开始，市场以盒马鲜生为主，目前其"百里洲砂梨"在盒马鲜生的价格在梨产品中排名第二，仅次于库尔勒香梨；在对接过程中，果品损失率达 5%~6%，主要是由于果柄挫伤所致。该合作社对接了中石化易捷连锁等，产地直发；客户自购 6 元/公斤。

（3）品牌宣传与品牌管理。"一箱一码，一梨一码"。礼盒上有公众号二维码，礼盒内部有产品宣传单；每颗梨上都贴有溯源二维码。品质得到了市场的认可，在销售过程中实现了免检。

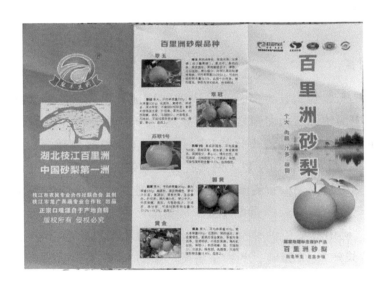

图 1-5　百里洲砂梨宣传图

（4）设施建设。盈利多用于基建投入，发展设施农业。

（5）生产管理。主要劳动力是当地村民，按小时发工资，10 元/小时。

（6）主要问题。套袋质量不统一，导致果型不一致。

2 砀山酥梨^①

2.1 打造全产业链培育"智慧"梨果

2.1.1 引言

砀山酥梨是安徽砀山县特产,也是中国国家地理标志农产品。砀山酥梨培育历史悠久,是中国传统三大名梨之首,多次获得全国性奖项(见表2-1)。400多年前,砀山酥梨的种植已有规模化趋势,因砀山连片种植规模之大,砀山又被称为"世界梨都"。目前,砀山形成了两大优势产业带:一是黄河故道砀山酥梨优势产区,二是310国道及101省道新品种梨优势产业带。砀山酥梨作为我国三大名梨之首,其产量占全国梨总产量的1/8,是我国产量最大的梨品种。据砀山政府2020年调查,"砀山酥梨"的种植面积占砀山县耕地面积的19.68%以上,挂果面积25万亩,鲜果产量68万吨,约占全省梨产量的68%。

表2-1 砀山酥梨产品所获荣誉

年份	所获荣誉
1985	在全国优质名特产品评比会议上被评为全国名特产品
1992	获得全国绿色食品博览会最高奖
1993	获得泰国国际博览会"龙马金奖"
1995	全国农业博览会金奖
2003	国家质检总局对"砀山酥梨"实施原产地地域产品保护

资料来源:砀山县人民政府。

---

① 本案例由南京农业大学经济管理学院教授严斌剑及研究生武夏雨、赵倩共同撰写。

在品种和产品特性方面,砀山酥梨的品种主要有金盖酥、白皮酥、青皮酥和伏酥等,其中以金盖酥品种质量最佳。砀山酥梨属白梨品系,是白梨和砂梨的天然杂交品种,9月上旬成熟,以果大核小、黄亮形美、皮薄多汁、粗脆甘甜驰名中外。当果实接近圆柱形,顶部平截稍宽,平均单果重250克,大者可达1000克以上。果肉洁白如玉,酥脆爽口,浓甜如蜜,更兼皮薄多汁,弹指即破,入口即酥,落地无渣等特点。砀山酥梨果品为绿黄色,贮后为黄色,果点小而密,树势较强,萌芽率较高,丰产性好的同时适应性极广,对土壤、气候等生产条件要求较低,耐贫瘠、抗寒力及抗病力中等。

酥梨还具有较高的营养价值和药用价值。酥梨营养丰富,含有人体必需的氨基酸、维生素、矿物质等。砀山酥梨也具有较高的药用价值,李时珍在《本草纲目》中记载"梨品甚多,俱为上品,可以治病"。并明确指出梨可"润肺凉心,消痰降火,解疮毒醉酒"。临床也证明砀山酥梨有生津止渴、滋阴养肺及解毒的功效,此外对小儿厌食症也有一定的功效①。

2.1.2 酥梨产业发展现状

砀山县是历史古邑,砀山酥梨也有2500多年的栽培历史,明清时期,砀山酥梨产业已形成一定的发展规模,明朝万历、清朝乾隆时期曾被列为贡品。砀山县拥有近百万连片生态果园,是砀山酥梨的原产地、酥梨生产国家农业标准化示范区、国家级出口果蔬质量安全示范区。在长期的发展过程中,砀山酥梨形成了黄河故道优势产业带,主要分布在果园场、园艺场、市集园艺场,良梨、李庄、唐寨等镇。

截至2023年9月,砀山县拥有砀山酥梨40万亩、早熟梨15万亩,酥梨优质果率提升到85%,糖度提升到12.3%,果农亩均增收1200元②。

2015~2020年,砀山酥梨种植面积基本稳定,但产量呈现逐年增加。2020年,砀山各种水果的种植面积达71.5万亩,其中梨的栽种面积37.8万亩,产量达17.8亿斤,占全县水果产量的57.2%。酥梨的栽种面积比2015年减少0.75万亩,产量增加了1.5亿斤(见表2-2)。

表2-2　2015~2020年砀山县水果、梨种植面积及产量　单位:亩,亿斤

年份	果园面积	梨园	水果产量	梨
2015	715575	385800	27.9	16.3
2016	715965	383775	28.5	16.6

① 资料来源:安徽砀山县人民政府,《砀山县"十四五"特色农业发展规划》。
② 资料来源:宿州市生态环境局,《宿州市砀山县全链条推动梨产业发展擦亮"世界梨都"生态招牌》。

续表

年份	果园面积	梨园	水果产量	梨
2017	709425	385215	27.8	16.9
2018	709800	376350	29.6	17.1
2019	710325	375240	30.0	17.4
2020	714750	378300	31.1	17.8

资料来源:《宿州统计年鉴》2016~2021年。

2.1.2.1 酥梨产业融合不断深化

（1）酥梨产业链日趋完备。

砀山在发展酥梨产业的过程中，立足资源优势，拓展延伸产业链。围绕梨产业基础，建立生产、储藏、罐头加工、冷链物流、销售、服务等水果全产业链，已成为全国水果加工第一大县。在此基础上，砀山县进一步形成了集水果种植、深加工、销售、休闲旅游等于一体的产业集群，建立了从生产到储藏、从罐头加工到浓缩果汁、梨膏综合利用等一整套水果生产加工产业体系，形成了安徽省果蔬食品特色产业集群、国家级农业产业化示范基地。

经过多年努力，砀山酥梨已经形成了从种植、研发、加工到仓储、物流、销售的完整产业链。在产业链上游，砀山县政府在保护古梨树的同时积极开发新品种。全面开展酥梨种质资源普查，建立砀山酥梨种质资源档案，为6万余株百年以上古梨树建档挂牌。强化与安徽省科研院所的合作，以砀山酥梨为亲本，培育优良后代（株）系32份，选育推广"皖梨1号"等新品种6个，开展良种（苗木）繁育基地认定与标准化建设，建成良种（苗木）繁育基地12个3800亩。另外，加强新技术推广，包括田间生产作业规范以及数字化果园应用等，推广使用腐熟大豆作为肥料，合理增施有机基肥，提升梨果品质。在产业链中游，全面打通物流电商发展渠道。全力推进国家骨干冷链物流基地建设，科学统筹全县冷链设施库容23.8万吨，构建长三角3小时鲜活农产品物流圈。延长产业链，开发和销售梨膏、梨汁、小吊梨汤等多种高附加值产品，提升产品附加值。在产业链下游，建立龙润堂生物科技等一批企业和邮乐购等覆盖全国的电子商务平台。同时，农产品加工业的配套产业体系基本形成，涵盖产品贮存、彩印包装、制罐、大型农产品销售市场、电商销售中心及物流配送中心等，发展配套企业近百家。据砀山县政府统计，砀山县水果加工能力达120万吨，罐头加工29.1万吨，饮料5.4万吨，年出口创汇超过1亿美元，奠定了全国水果加工第一大县的坚实基础。

（2）酥梨产业新业态不断拓展。

第一，砀山县政府积极推动"农旅融合"。砀山县围绕砀山酥梨，通过节日引流提高知名度。以"梨花节""采梨节"为媒，线上"种草"、线下"引流"，打造"梨产业IP"。截至2023年，砀山县已在杭州、上海、合肥、北京等城市成功举办"酥梨出山"城市品牌巡礼活动，展示砀山酥梨品牌形象，吸引参观群众超13万人。成功举办首届酥梨音乐节，吸引观众超3万人。砀山已成功举办26届"梨花节"，加快实现"以节兴旅、以节富民、以节誉砀"的预期目标，梨花节、采梨节已成为砀山旅游的"金字招牌"，成为带动经济发展的"聚宝盆"。砀山梨花旅游节被评为"中国最佳绿色生态人文旅游节"，品牌价值达31.9亿元。在2022年"采梨节"期间，相关视频号、抖音等自媒体关联话题覆盖1.2亿余次。"梨花节"和"采梨节"期间来砀游客267.6万人次，实现旅游综合收入6.47亿元①。

第二，砀山县政府积极探索"生态旅游+休闲运动"发展模式。砀山县秉承"生态立县、绿色发展"总体战略，利用近百万亩连片果园和百里黄河故道的独特生态资源优势，探索"生态旅游+休闲运动"发展模式，聚焦国际马术耐力赛、梨园马拉松赛、环江淮自行车骑行游、竞技运动联赛等体育赛事，推进体育运动产业与休闲旅游产业的深度融合。作为国内深具影响力的特色果园赛事，砀山梨园马拉松已连续成功举办多届，被中国田径协会评为"马拉松铜牌赛事"和"自然生态"特色赛事，砀山成为众多跑友心中的"赛跑胜地"。

第三，打造农村新载体。砀山县以砀山黄河故道省级现代农业示范区、酥梨小镇为重点，改善基础设施和配套服务设施，不断丰富产业类型，立足产业"特而强"、功能"聚而合"、形态"小而美"、机制"新而活"，推动农村产业发展和新型城镇化相结合。砀山县建设了一批设施完备、功能多样的休闲观光园区、农业公园、康养基地、专题博物馆、乡村民宿，推动了农业公园、市民农园、乡村旅游综合体等项目的发展，通过加快开发观光娱乐、自由采摘、摄影写生、科普教育等互动体验产品，加强田园综合体等新业态、新模式建设，打造城市居民休闲度假的"第二家园"，让农业与二三产业交叉融合碰撞出新的"火花"。

2.1.2.2 现代农业园区和产业示范园区建设加快

2014年1月，黄河故道示范区被安徽省农业委员会认定为省级现代农业示范区。砀山县黄河故道现代农业示范区总面积42.6平方公里，果园面积3333.33公顷，总人口4.8万。砀山县以砀山黄河故道省级现代农业示范区为依托，统筹使用高标准农田建设、农业综合开发、现代农业生产发展等相关项目资金，集中打造了一批标准高、影响大的现代农业园区。示范区是全县优质水果主产区和绿色食品（砀山酥梨）原料生产基地，设施农业覆盖率31.2%，社会化服务体系已经基本形成。拥有合作社62家，家庭农场47家，农业企业10余家，现代农业产业

---

① 资料来源：宿州市生态环境局，《宿州市砀山县全产业链条推动酥梨产业发展擦亮"世界梨都"生态招牌》。

化联合体6家，县内16家联合体在核心区内建立生产基地。区内农民合作经济组织和农业企业发展迅猛，规模化经营水平不断提高，为打造核心区奠定坚实的基础。砀山县还继续实施"百千万"产业示范园区建设工程，大力推进园艺场、薛楼板材工业园万亩核心区、镇级千亩示范园、村级百亩示范点、沿路产业示范带的"百千万"产业示范园区建设。2022年，全县将形成2个县级万亩核心区、8条沿路产业示范带、16个镇级千亩示范园、147个村级百亩示范点。

2.1.2.3 基础设施日渐完善

在物流方面，建成占地11000平方米的砀山县电子商务公共服务中心，以及安徽微谷电商物流创业园、中通快递物流集聚区等产业园区。建成面积123亩的砀山县电子商务物流配送中心，整合招驻多家快递物流企业，对接30余家水果加工企业及商贸销售公司，被评为"全国快递服务现代农业示范基地"。另外，实施"快递下乡"，建立覆盖城乡的电商服务便民点和县镇村三级物流配送体系，全县已建成109个村级电商综合服务点和便民网点，所有镇村实现物流配送网点全覆盖。

2.1.2.4 "智慧农业"不断发展

（1）数字化果园建设现状。

2019年，在园艺场、果园场、良梨镇等黄河故道沿线砀山酥梨核心种植区，选择200公顷集中连片优质梨园，建设现代化生态水果产业化、"数字果园"创新工程和农产品电子商务等进行综合试验试点。砀山县依托技术升级，大力发展"智慧农业"。

作为首批国家数字乡村试点县，砀山县抢抓长三角一体化发展机遇，推进大数据、人工智能、物联网、5G等新一代信息技术与砀山酥梨产业深度融合，因地制宜地在黄河故道沿线选择连片优质梨园，全面打造集"智能化管理、标准化生产、品牌化销售、农旅相结合"于一体的数字果园。砀山县是"世界梨都""中国酥梨之乡"，2020年被确定为全国数字乡村建设试点县，2021年被确定为全省"5+8"数字乡村试点县。自建成试点以来，砀山县小切口突破、全链条提升，推动数字果园和农业产业互联网建设取得阶段性成效。砀山酥梨品质效益明显提高，较改造前平均价格提高0.8元/公斤、均收入增加2000元/亩以上，辐射带动周边果农均增收1000元/亩以上，预计全县梨农增收2.5亿元以上[①]。

（2）产业互联网平台建设现状。

砀山县坚持以"酥梨产业互联网平台"建设为载体，整合产业链、价值链、供应链，降低成本、提升效益，目前平台建设全面完成，App应用全面普及，入

---

① 资料来源：砀山县人民政府，《数字赋能绘就乡村振兴新画卷》。

驻主体 4758 家，平台交易量达 1000 万公斤。聚力平台攻坚。坚持专业人干专业事，邀请罗建中工作室、中电太极、赵春江院士团队等强强合作，集中攻关平台建设，打通酥梨产业"科研、生产、流通、销售"四个环节，链接"土地、资金、技术、人才、数据"五要素，推进产业互联网平台上线运行、高效便捷。聚力技术服务。构建"一中枢、两库、四平台和十系统"，提供全流程、全要素、全天候服务；针对不同场景、不同用户，开发个性化、定制化技术服务模块，满足各类生产主体需求。聚力产业融合。制定准入规则，甄选优秀农资农机农具和包装物流、供应链金融等主体入驻，通过平台发布产品和需求信息，实现供需匹配对接，促进资源配置优化升级。

2.1.2.5　减肥增效成效显著

自 2023 以来，砀山县大力开展化肥减量增效化工作，集成推广施肥新技术、新产品、新机具，创新服务新模式，打造化肥减量增效"三新"升级样板示范区 8 万亩次，示范带动全县化肥减量增效。2022 年 10 月采取机械深施基肥，施用生物有机肥、配方肥，春季花前追施一次配方肥，膨果期追施一次膨果配方肥，果大、色泽鲜艳、果形好、含糖量高，减少化肥 15 公斤/亩，均增产 250 公斤/亩，比其他农户售价高 0.3 元/公斤，增收 1000 元/亩以上。

在新技术方面，砀山加强研究开发应用果树科学施肥技术，针对果树生产实际问题，推广应用"生物有机肥+配方肥+机械深施"模式，集成示范推广机械沟施、施肥器、水肥一体化及药肥一体化等。在新产品方面，砀山政府示范推广新型肥料，加大生物菌肥、叶面肥等新型肥料示范推广力度，提高肥料利用率。在新机具方面，结合当地果树生产实际，做到栽培、农机组装配套，果树机械施肥机械、水肥一体及药肥一体化及配套机械等集成示范推广。

通过推广"三新"技术，砀山县大大减少了果园化肥施用量，快速增加生物有机肥施用量，改善土壤生态环境；增强保肥保水能力，促进果树减肥增效；进一步改善全县生态环境，实现农业增产、农民增收。据初步统计，该县示范区化肥施肥总量减少 10% 以上，平均增产 200 公斤/亩以上，增效 500 元/亩以上。

2.1.3　强化品牌管理传承百年酥梨

2.1.3.1　品牌发展历程

100 多年前，黄河从安徽砀山改道北徙，在这个小县城北部留下一条东西长 46.6 公里的废河道，当地人称之为"黄河故道"。改道虽然结束了砀山长期洪涝灾害的历史，但废弃的河床也沉积了大量来自黄土高原的泥土，并逐渐风化成沙。60 年前，为了一改"风沙里过日月"的窘境，砀山人开始了种植梨树防沙治沙、修复生态的努力。几十年下来，这片 270 平方公里的土地上已经建成了世界规模最大的酥梨生产基地和享誉全球的水果产业，"砀山酥梨"也在历经多次产业革新后成为我国酥梨的第一品牌（见表2-3）。

表 2-3 "砀山酥梨"区域公共品牌发展历程

年份	事件
1998	"砀山酥梨"作为安徽省的第一个获证明商标，经国家工商总局商标局核准注册
2001	批准设立省级砀山酥梨种质资源自然保护区，同年砀山县又被农业部确定为全国100个无公害农产品（水果）生产示范基地县之一
2003	"砀山酥梨"在国家质检总局申报了原产地地理保护
2015	砀山酥梨获中国驰名商标称号
2017	砀山酥梨被评为全国百强农产品区域公用品牌
2019	砀山酥梨被农业农村部等8部委认定为中国特色农产品优势区
2023	"砀山酥梨"入选2023年农业品牌精品培育计划名单

从20世纪50年代开始，砀山动员全县在黄河故道栽种耐盐碱、耐旱涝的梨树，这让拥有两千多年栽培史的酥梨品种在砀山生态治理的过程中扮演了重要角色。砀山酥梨最大的特点就是酥脆浓甜，但这样的特点在如今"名品云集"的水果市场上并不新鲜，但在20世纪80年代的中国市场却异常稀缺。90年代中期全国水果商人会集砀山抢梨，是全国都不多见的场景。地头收购价接近2元/斤，一亩梨园成就一个万元户。到2004年，除砀山本地有50万亩连片种植的砀山酥梨外，全国各地引种面积近500万亩，几乎占到当时全国梨树种植面积的1/3，产量达到全国梨总量的48%。

品牌声誉是消费者对一个品牌及其相对应的产品质量感知、好感评价，是品牌重要的无形资本之一，更是未来品牌制胜的关键所在。在第8届中国果业品牌大会上，浙江大学 CARD 中国农业品牌研究中心课题组研究员、浙江永续农业品牌研究院执行院长李闯代表课题组发布了"2022中国果品区域公用品牌声誉"评价结果。本次评价的494个果品区域公用品牌，品牌声誉平均值81.15，最高值为89.56，排名第96名。排名较2021年的第15名有所下降，但是品牌声誉却由2021年的50.44上涨至84.71。

砀山县政府多年来实施酥梨绿色营销战略，取得了很多显著的成效，其中尤以砀山县园艺场占地1万亩的"砀园"牌绿色酥梨和果园场占地1万亩的"翡翠"牌绿色酥梨效果显著。"翡翠"牌绿色酥梨连续多年获得国家级和省级农产品大奖，并在2002年通过 ISO 9001：2000 国际质量体系认证，农业部在2004年把果园场评定为无公害农产品示范基地农场，为砀山酥梨的绿色营销起到很好示范作用，更为绿色砀山酥梨品牌打造加了不少分。

2.1.3.2 品牌发展现状

（1）高端品牌不断亮相。

针对砀山酥梨同质化现象严重、品牌繁杂等问题，砀山县做响"砀"字品牌，将"砀园""翡翠""梨源一号""砀果甄选""砀优"等系列高端品牌有机整合，注册"砀"字品牌商标，优化设计"砀"牌包装，凸显地域品牌突出特色。

围绕"把产品卖好"，做活市场化经营。砀山县坚持以"打造高端酥梨品牌"为目标，实施品牌战略，讲好酥梨故事，真正用品牌赢得市场，"砀山酥梨"品牌价值达190.64亿元。全力创新模式。联合宿州市乡投集团组建砀山梨源生态农业有限公司，在基地建设方面，采取"所有权+经营权+生产权"三权分置模式；在生产经营方面，采取"生产主体+社会化服务组织+保险公司"保底收益模式，实现水果产业风险分担、利益共享。全力创通渠道。加快发展冷链物流，引导企业应用大数据系统，采取网络化智能分仓，完善物流零担、整车运输、直达专线等全链条功能，实现鲜果产品无损化运输。全力创树品牌。采用智能分选技术，对农产品进行智能分级，打造"梨源一号""砀果甄选"等高端品牌，"砀优"品牌在上海成功发布，品牌广告亮相黄浦外滩。同时，创新营销策略，广泛宣传推介，积极组织企业参加广交会、农展会，有效提高酥梨品牌知名度和美誉度。

砀山县引导鼓励企业实施品牌战略，培育品牌抢占市场商机，成功打造"龙润堂记""梨花猫""九月礼""极梨膏"等知名品牌商标，"小吊梨汤""秋梨膏""酥梨汁"等30余款酥梨深加工产品畅销全国。浓缩梨清汁、梨浆汁大量出口雀巢、百事可乐等大型跨国食品公司，占全球约20%的市场份额。砀山安徽梨多宝生物科技股份有限公司研发的"润肺膏"等药食同源产品，通过国家药监局药品认证。

（2）品牌公司化运营。

砀郡梨业集团（国资控股企业）作为品牌运营公司，实现品牌的公司化运行。该公司在当地政府的授权下，总体负责品牌授权、品牌运营、品牌管理、品牌推广等工作，并集中配套资金向市场主体提供服务，如信息服务、渠道对接、生产帮扶、金融服务、产业投资等，由此推动砀山梨产业的持续高效发展。优化重组砀郡梨业集团，牵头成立收购联盟，以"收好果、卖好价"为目标，采取"五统一"措施（即统一收购、统一包装、统一品牌、统一宣传、统一营销策略），因时制宜、因势制宜，以高于市场价的托底保护价格统购统销砀山酥梨3000万斤。

（3）品牌管理不断加强。

在水果产业发展领导小组的指导下，由果业办督促，果业协会、砀郡梨业集团牵头，共同制定砀山梨品牌授权许可制度，包括品牌标志使用许可、品牌包装使用许可、宣传物料使用许可等。果业协会持有"砀山梨"等品牌，拥有品牌许可权，生产商或经销商等市场主体，须遵循品牌许可制度，向果业协会提交品牌使用申请，在获得通过、双方签订授权使用合同后，方可使用。

授权管理须做到"进入有门槛，退出有机制"。第一，制订授权使用许可条件。被授权的市场主体原则上必须是砀山域内的组织，是协会成员，拥有以注册商标进行保护的自有产品品牌，产品符合标准，相关检验检测达标，纳入溯源监管平台，服从指导定价等。达到相应要求，方可申请使用砀山梨区域公用品牌。第二，建立退出机制。包括自愿退出和违规退出（如销售假冒伪劣产品、检验检测不达标、侵犯商标专用权等）。出现上述情况，须收回砀山梨品牌使用权。

2.1.4 结语

在乡村振兴战略落实推进的背景下，农产品品牌建设显得日趋重要。一方面，品牌建设可以帮助农民提高农产品的附加值和利润。在过去，由于农民经济实力和信息渠道的限制，很多农产品只能以低价位销售，难以获得更高的利润。但是，通过品牌建设，农民可以实现差异化经营和品牌溢价，提高农产品的附加值和利润空间，从而改善农民的经济收入，使其获得更好的生活质量。

对于砀山酥梨这样的特色农产品而言，品牌建设不仅可以帮助农民提高收益，还可以推动其在市场上更好地展示独特的品质和文化魅力，提高消费者的认知度和忠诚度，从而实现更好的市场表现和品牌价值。在长期的品牌化建设过程中，砀山酥梨先后迎来了"电商销售"和"智慧农业"两个重要转折期，在"互联网+"时代背景下，砀山酥梨积极拓展新的销售模式，改变传统销售方式，利用现代化科技，打造智慧梨园，为百年梨果带来新的生机与活力。

2.2 "砀山酥梨"案例分析

2.2.1 品牌建设经验

砀山酥梨，作为安徽省砀山县的特色农产品之一，其产业发展背景扎根于该地丰富的农业资源和深厚的历史文化。首先，从地理环境来看，砀山县地处安徽省北部，气候适宜、土壤肥沃，这为酥梨产业的发展提供了得天独厚的优势。其次，砀山县深厚的历史文化也为酥梨产业的发展提供了有力支持。作为历史悠久的文化古县，砀山县传承着丰富的历史底蕴，形成了独特的文化氛围。这一文化氛围不仅为砀山酥梨赋予了独特的地方特色，还为其品牌建设提供了丰富的文化内涵和历史积淀。

过去，酥梨产业面临一些挑战和问题。其中最主要的问题是品种单一和精深加工产品开发不足。此外，品牌保护意识不强也是酥梨产业面临的一个挑战。为了解决这些问题，政府出台了一系列政策，进一步加大了科技投入和品牌保护力度，推动酥梨产业的可持续发展。酥梨产业逐渐形成了集种植、销售、深加工为一体的多元化产业体系。为了提升酥梨产业的竞争力和品牌价值，砀山县政府积极推动酥梨公共品牌的建设。通过注册地理标志证明商标、制定统一的种植和品质标准、开展品牌宣传和推广等活动，进一步提升了砀山酥梨的知名度和美誉度。如今，砀山酥梨产业在发展过程中形成了独特的产业特色。通过引进和培育优良品种、科学种植管理和加强品牌建设，砀山县逐渐树立了以"砀山酥梨"为代表的地方农产品品牌。这一品牌的形成不仅为当地农民提供了稳定的收入来源，也吸引了更多的游客和消费者，促进了当地酥梨产业的良性发展。未来，砀山县的酥梨产业将继续朝着高质量、高效益、生态环保的方向发展。通过引进和培育新品种、推广先进的绿色种植技术和精深加工技术，提高酥梨产业的效益和质量。同时，加强品牌保护和市场拓展，提高产品的附加值和市场竞争力。相信在政府和企业的共同努力下，砀山酥梨产业将会迎来更加美好的未来。

本文以砀山酥梨为例，通过理论分析和案例分析等方式，分析砀山酥梨区域公共品牌建设成功的原因，从而为进一步完善区域公共品牌的建设提供政策建议。本文认为公共品牌的形成离不开地方资源、文化传承和产业特色的有机结合，区域公共品牌的建设也离不开各类经营主体共同努力。通过分析不同经营主体对砀山酥梨区域公共品牌的保护与运用行为，更好地了解砀山酥梨区域公共品牌成功的原因。

2.2.1.1 理论分析

（1）品牌生命周期理论。

把品牌明确视为一个生命体的品牌生命周期学说是欧洲经济学院德籍教授曼弗雷德·布鲁恩（Manfred Bruhn）首先提出的，该学说认为品牌会像产品一样，也会经历一个从出生、生长、成熟、衰落到消退的过程，这个过程可以用一条钟形曲线表示。

根据这一理论，我们可以分析出砀山酥梨区域公共品牌目前正处于成长期。在品牌成长阶段，该区域品牌的市场占有率和品牌忠诚度逐渐提高，市场需求也在不断增长。此时，品牌发展的重点是继续投入资源来维护和提升品牌的形象。无论是售后服务体系，还是质量监督体系，都需要发挥其作用，努力扩大市场份额使品牌走向成熟。然而，在品牌成长过程中，可能会出现一些不法分子冒用其名义，生产假冒伪劣产品，损害品牌形象。因此，砀山酥梨的企业品牌管理者应采取积极措施，与有关部门配合，坚决打击假冒伪劣产品，并增强品牌保护意识。

为了解决上述问题，通过调研我们得知，安徽省砀山县在设立"砀山酥梨"这一区域公共品牌后，通过建立品牌管理体系、加强品质管理、强化品牌保护、加强市场监管、推动产业升级和创新、加强宣传和推广以及建立利益共享机制等措施的实施，有效地规范砀山酥梨这一区域公共品牌的发展。在政府主导下，由宿州市乡村振兴投资集团有限公司与砀山县乡村投资发展有限公司共同出资设立的砀郡梨业股份制公司。主要为整合砀山酥梨生产基地、仓储物流、产品加工、市场营销等资源，企业将果农的优质的梨进行高价收购，检测出符合要求的酥梨进行包装，再高价销往全国。在全产业链各环节集成应用现代技术手段，引领砀山酥梨产业高质量发展，探索数字农业发展新模式，在这个过程中既加强了品质管理还强化了品牌保护，使砀山酥梨这一品牌形象不断提升。

（2）公共品理论。

公共品理论的研究最早始于萨缪尔森，公共品理论指出，公共品是指任何人消费某种产品时并不会影响他人同时消费该产品。公共品可以从狭义和广义来理解。从狭义上讲，公共品的概念是指纯粹的公共产品。实际上很大一部分物品无法单纯地仅归类为公共或私人产品。经济学中准公共产品与狭义公共品的概念一致。广义的公共品包括纯公共产品和准公共产品。在此基础上，马斯格雷夫等进一步研究和完善，逐步形成了公共品的两个特征，即非竞争性和非排他性。非竞争性指的是增加额外消费者不会影响其他消费者的消费水平；非排他性指的是不可能阻止他人对某种产品的消费。由于公共物品的非排他性和非竞争性，其使用存在着"搭便车"和"公地悲剧"现象，这些都是目前公共产品品牌建设中迫切需要解决的问题。"搭便车"是指无偿地享用他人提供的便利。所以基于公共物品的特性，建设主体在农产品区域公用品牌的建设过程中一定要谨防一些农企或农业协会出现"搭便车"现象，要小心提防一些为了个体利益而损害公共品牌利益的行为发生。

根据公共品理论可知，农产品区域公共品牌具有一定的公共性，根据"搭便车"理论来研究分析砀山酥梨区域公共品牌，在这公共区域内的所有农户及农产品生产组织都有"搭便车"的可能性存在，比如市场上出现的以次充好的砀山酥梨，这种现象就会扰乱市场秩序，给该砀山酥梨公共品牌苦心经营的品牌形象造成损害，造成"公地悲剧"现象的发生，这也是过去砀山酥梨品牌受损的原因。

为了防止"搭便车"现象的继续发生，砀山县政府加大了对砀山酥梨品牌的保护力度，规范砀山酥梨农产品地理标志的使用，保证地理标志农产品的品质和特色，建立完整的砀山酥梨质量安全可追溯管理系统，实现"带证上网、带码上线、带标上市"。以农业生产"三品一标"（三品：品种培优、品质提升、品牌打造；一标：标准化生产）建设为抓手，砀山酥梨产业实现了数量与质量的协调发展。

（3）利益者相关理论。

"利益相关者"于 20 世纪 60 年代首次出现在斯坦福研究院，意为"与组织有关的人"。弗里德曼于 1984 年对"利益相关者"作了较广义的界定，认为"利益相关者"是"可以对企业目的的达成产生影响，也可以对企业目的的达成产生影响的个体和团体"。由于利益相关者既享受到了与其有关的权利，又要担负起与其有关的责任，因此，对一个组织或企业产生了不容小视的不同程度的影响力。按照权利与责任对等的原则，如果他们的权益得不到保障，就会影响到他们对组织的责任，从而影响到组织的利益的实现。现有的"利益相关者"理论主要针对的是一个公司或一个机构，但这并不妨碍其在地区公共品牌中的运用。这与地区公共品牌所具有的特点有关。考虑到参与者的多样性，需要对各参与者进行清晰的定义，并对各参与者在区域品牌实现收益的作用进行分析，从而对其运作进行监管和评价。

根据利益者相关理论可知，砀山酥梨作为一个地区的公共品牌，它的参与者具有多元性。在行业层面，供给方、生产者和流通方等多个参与方通过分工合作来实现整个行业的价值链。在地区层面，有关企业、政府部门和行业协会应充分利用其自身优势，提高品牌竞争力。由于区域品牌经营的主体是多元的，因此，其经营活动具有很强的复杂性，因此，如何正确地发挥不同主体的作用，实现不同的经营活动之间的平衡，是影响其经营活动的关键因素。

在砀山酥梨这一区域品牌建设中，农户和合作社为了使自己的酥梨价格得到提升，会主动加强管理，如在种植过程中喷洒有机肥料，在这个过程中既得到了政府的补贴，果品质量也得到了提高；企业有了政府对于区域公共品牌的支持，也愿意去扶持酥梨产业的发展，共同做大砀山酥梨品牌；政府在这个过程中既是支持者，也是受益者，砀山酥梨品牌得到了发展，砀山县经济也会得到提升。总之，砀山酥梨区域公共品牌的建设使各类经营主体的利益都得到了提升。

（4）交易成本理论。

交易成本理论是英国经济学家科斯在思考为什么在高度专业化的市场中会有企业存在时所提出的理论。科斯发现，通过市场机制实现的交易的成本一般会高于企业交易的成本，由此产生了交易成本理论。简单来说，交易成本就是攻击方和需求方在实现交易过程中所存在的成本，包括寻找需要产品和服务过程中的搜寻成本、取得交易对象信息与和交易对象进行信息交换的信息成本、监督交易顺利完成的监督成本等。威廉姆森认为交易成本会受到交易主体的有限理性、交易各方的投机行为、交易环境的不确定性、交易过程中的专用性投资等的影响。新古典经济学派认为交易费用可分为交易过程中直接或间接产生的外生交易费用以及由道德风险、逆向选择、机会主义行为等因素引起的内生交易费用。完备的合约可以降低机会主义行为产生的内生交易费用。

交易费用理论为本文研究奠定了理论基础，根据该理论可知：农户与农户、农户与企业之间的交易成本，建立以节约成本为目的的合作组织是降低交易成本的有效途径。另外，正式合约的签订有利于降低监督成本从而实现交易成本最小化。

此次调研过程中，我们了解到过去农户与合作社进行交易时，往往由于缺少合约和个人信用问题，造成酥梨产品交易违约，果品质量不符合交易要求的情况发生，造成交易成本不明确或者上升。为解决此类问题，完善区域公共品牌的建设，砀山县政府扶持龙头企业——砀郡梨业，让企业进入市场协调市场失灵。由于该企业性质是国有企业，拥有政府担保，在交易过程中也会签订合约，农户在与企业进行酥梨交易时的交易成本减少，也就减少了砀山酥梨这一区域公共品牌外部性造成的市场失灵的风险。

（5）行为经济学理论。

在行为经济学初期，即亚当·斯密时代，其在 1759 年的《道德情操论》中系统性地分析了人们的非理性行为，在 1776 年的《国富论》中分析了人的自私自利行为和经济系统的发展，在经济学发展的初期，经济学家们实际上并不认为人一定是完全理性的。在 20 世纪，新古典经济学兴起，采取了理性人假设，能够把人的行为数学化。行为经济学的出现挑战了基于"理性人"假设的传统经济学，有效地纠正了传统经济学理论和模型中的缺陷和不足。近年来，行为经济学的研究取得了很大的进展。行为经济学理论已经从经济学舞台的边缘走向中心，使人们能够从更多的角度分析和理解人类因素及其在经济活动中的影响。作为一门交叉学科，行为经济学结合了心理学和经济学，在理解心理活动如何影响人类经济决策方面发挥着重要作用，研究人们的行为如何系统性地偏离经济学传统的"理性人"假设，即研究人的行为在什么方面有"非理性"的成分，包括损失厌恶、社会偏好、概率判断误差、参照点比较与损失厌恶等。其中，社会偏好是指行为主体关注他人收益或行为的倾向，包括利他偏好、互利偏好及公平偏好、信任等；概率判断误差涵盖赌徒谬误、热手谬误、过度自信等；参照点比较与损失厌恶指一单位的损失对人们的伤害往往甚于一单位的得到给人们制造的喜悦。在意向行为的研究方面，计划行为理论是其中一个关键分支，个人的意图主要受到计划行为（行为态度、主观规范与知觉行为控制等）的影响，首先，行为态度受到参与过程、主观感知、偏好程度等因素的影响，体现个体对某一具体行为所做出的积极态度或消极态度。其次，主观规范是个体是否实施某一具体行为进行判断时，所感受到的社会现实压力，具体表现为其他主体施加的压力或者个体预期等因素的作用。最后，知觉行为控制体现为个人在实施某一具体行为过程中，对其产生的推动或妨碍作用的一种主观评价，涵盖内部因素（如技能、经验等）、外部因素（如资源条件、设施完善程度等）。

行为经济学理论在本文主要体现为：在保护地理指标的过程中，参与者的行动取决于他们对利润的期望。不同的利益方对地理特征、保护运用、相关的专门知识、原始商业资产和资源以及不同的偏好有不同的期望。尽管有预期的差异，但所有目标都是收益。如果假设是积极参与地理标志的保护和运用，成员的利益大于选择非合作者的利益，否则合作可能会失败。

近年来，砀山县政府对区域公共品牌扶持力度加大，深入实施品牌战略，做大做响"砀"字品牌，提高砀山梨市场竞争力，全力推动酥梨全产业链高质量发展。农户、合作社以及企业，在申请砀山酥梨这一区域公共品牌之后，利润和销售产量均有一定幅度提升。在对砀山县超祥水果专业合作社负责人和砀山县攀鹏水果种植专业合作社负责人访谈后得知，其酥梨销售价格在申请区域公共品牌后均有提升（见表2-4）。那么经营主体从中得到了利益，便会保护该区域公共品牌。

表2-4 砀山县合作社使用区域公共品牌后的酥梨销售价格变化

合作社	使用区域公共品牌之前	使用区域公共品牌之后
砀山县攀鹏水果专业合作社	1.3元/斤左右	1.8元/斤以上
砀山县超祥水果专业合作社	1元/斤左右	1.5元/斤以上

（6）原产地效应理论。

品牌原产地是指品牌来源的国家或地区。原产地效应理论最早由美国学者Schooler于1965年提出，他认为消费者对品牌原产地的整体认知在极大程度上会影响其对该地区产品的评价和购买，而整体认知则是由消费者对于该国（地区）的长期感知形成的。原产地效应主要是由三种机制产生作用。第一种是光环构念，是指当消费者对某国（地区）的产品缺乏了解时，该国（地区）的形象就会影响消费者对该国（地区）产品的态度；第二种是总结性构念，是指当消费者对某国（地区）的某一特定产品比较了解时，该产品的品牌形象、品牌文化等抽象出的原产地形象将会影响消费者对该国其他产品的态度；第三种是"灵活模型"，是指国家（地区）形象和消费者体验将会影响消费者的产品信念，而产品信念则将进一步影响消费者对产品或品牌的态度。

原产地效应理论在本文主要体现为：农产品区域公共品牌以农产品所在区域

为优势，利用区域内独有的历史文化、资源禀赋向消费者传递当地信号，据此正向影响消费者对区域内所属农产品公共品牌的态度，进而提高消费者青睐度。

砀山县依托其独有资源禀赋和历史文化，大力培育酥梨特色产业，促进产业转型升级。砀山县地处黄河故道，是水果大县，素有"中国酥梨之乡"的美誉，现拥有吉尼斯纪录认定的世界最大连片果园，年产各类水果 30 多亿斤，是全国水果生产十强县。砀山县森林覆盖率达 70% 以上，是全国首批 33 个国家级生态示范区之一，荣获"中国最美生态宜居旅游名县"称号。区域内拥有丰富的旅游资源和历史文化资源，国家 4A 级旅游景区梨树王风景区，近千棵百岁老梨树的乾隆御植园，以及"岳庄坝湿地""鳌头观海""瑶池烟霞""古黄驿站"等风景区形成一条沿黄河故道的旅游生态观光带。正是由于砀山县独特的资源禀赋和历史文化，促进了酥梨产业的发展，正向影响了消费者对砀山酥梨区域公共品牌的态度，促进了该品牌的发展。

根据上述理论分析，砀山酥梨区域公共品牌的发展，离不开政府和各类经营主体相互作用的结果。企业利用地方资源发展特色酥梨产业，政府促进梨文化的发展，实现地方资源、文化传承和产业特色的有机结合，共同促进了区域公共品牌的发展。

2.2.2 多元共治，打造稀有好梨

通过分析各类经营主体对砀山酥梨农产品地理标志品牌的保护与运用行为，分析砀山酥梨区域公共品牌建设成功的原因，从而为进一步完善区域公共品牌的建设提供政策建议。

2.2.2.1 砀郡梨业

砀山梨源生态农业有限公司成立于 2022 年 1 月，在市县两级政府主导下，由宿州市乡村振兴投资集团有限公司与砀山县乡村投资发展有限公司按照 60% 和 40% 比例共同出资设立的股份制公司，注册资金 10000 万元。主要为整合砀山酥梨生产基地、仓储物流、产品加工、市场营销等资源，在全产业链各环节集成应用现代技术手段，引领砀山酥梨产业高质量发展，探索数字农业发展新模式。

在"砀山酥梨"地理标志保护与运用过程中，砀郡梨业对砀山酥梨推广意愿较强，在收购过程中与农户积极签订协议，保证酥梨质量，以维护砀山酥梨这一区域公共品牌。公司设计了"砀"字牌砀山酥梨，在推广自己品牌的同时，维护区域公共品牌。该公司作为政府帮手，补齐砀山酥梨在种植、销售方面的短板。在种植方面，以高价格激励农户提高品质；在销售方面，分等分级，统购统销，对准中高端市场。企业为每个酥梨附有追溯码，让生产者可以了解到酥梨从生产销售整个的环节，更好地维护了该区域公共品牌，强化了品牌意识。企业还主动

参与酥梨产业相关产业链的延伸和扩展，和龙润堂合作生产酥梨膏、梨汁棒棒糖等，促进酥梨产业全面发展。

综上所述，砀山梨源生态农业有限公司保护和支持区域公共品牌的建设，带动地方农户集体行动，统购统销，提高酥梨质量，来提高砀山酥梨区域公共品牌的知名度，提高品牌认知度和信任度，企业在这个过程中得到了政府扶持，更愿意去促进酥梨产业发展，最终实现酥梨产业形成良性循环。

2.2.2.2 园艺场（壹号梨园）

砀山县园艺场目前总规模 18000 亩，果园 12000 亩，砀山酥梨有 6000 亩，有职工 1400 人，管理人员 22 人，主要种植品种砀山酥梨、皇冠梨、秋月梨。其中壹号梨园主要种植砀山酥梨，种植面积 600 亩，质量上乘，地域优势，病虫害少。实行梨园生产管理"智能化"。种植过程中远程控制灌溉和喷药，无人机喷洒除草剂，病虫害绿色防控，水肥一体化，采用蜂机协同授粉，配备防霜冻机。梨园实现智能化管理，标准化生产，品牌化销售，实现节本增效，品质增效，营销增效。此外梨园启动"一号梨园"二维码标识。狠抓农产品质量安全，健全完善水果质量安全追溯体系，严格农资市场监管和水果生产全程管控，强化品牌追溯标识的统一管理使用，通过"一号梨园"的二维码，将水果的原产地信息、成长档案、物流过程、质检报告等展现给消费者，实现生产可记录、信息可查询、流向可追踪、责任可追究、质量可追溯，提高消费者对砀山酥梨的认可度，提升砀山酥梨品牌价值。

园艺场在 2005 年就已应用区域公共品牌，1980 年已经有自己的品牌"砀园"，在"砀山酥梨"地理标志保护与运用过程中，对砀山酥梨推广意愿强，保护意愿高。园艺场作为砀山酥梨现代农业全产业链示范基地，享有政策支持，有责任推动砀山酥梨区域公共品牌的发展。企业鼓励农户申请区域公共品牌，并定期提供技术上的支持，以保障酥梨质量，维护砀山酥梨区域公共品牌的发展。同时还对符合质量酥梨进行收购，以解决农户面临的销售风险，防止低质酥梨损害品牌声誉。在这个过程中砀山酥梨质量得到提升，区域公共品牌声誉得到优化，企业会得到政府生产设备上的资金支持，企业利润上升，实现酥梨产业良性循环。

综上所述，园艺场对砀山酥梨区域公共品牌的保护支持意愿较强，且砀山酥梨区域公共品牌为自己基地带来宣传价值，使企业享有政策支持，根据利益相关者理论砀山酥梨品牌声誉的提高也会给企业带来利润，使利益主体更愿意去维护该品牌。

2.2.2.3 龙润堂

安徽龙润堂生物科技有限公司是一家以砀山酥梨在大健康领域生产研发为核心业务的公司，坐落在砀山经济开发区内，总占地 50 亩，总投资 1.3 亿元，内设有酥梨分拣中心、酥梨深加工生产车间、冷链仓储物流、酥梨文化博物馆、蜂巢众创空间、电商运营中心、人才公寓，并建立独立实验室，拥有国内外专业设备30余套，研究人员8名，是国内最专业最具规模的一家专注于酥梨深加工产业的企业。作为一家专注于酥梨深加工产业的公司，该公司传承百年制作工艺，与中国中医科学院中医基础理论研究所等多所国内顶尖机构成立砀山酥梨专项目研究课题，整合全球药食资源，通过传统中医理论与工业化科学生产的结合，发挥"药食同源"的中医精髓，致力于砀山酥梨在中医药、大健康产业方面的理论实践，并注重科研创新，引导砀山水果产业多元发展。

在"砀山酥梨"地理标志保护与运用过程中，龙润堂对砀山酥梨品牌保护意识较强。公司与中国邮政合作，销售一部分鲜果，作为鲜果业务扩展，同时应用区域公共品牌。但公司主要从事酥梨的深加工，公司注册了"龙润堂记""极梨"等品牌商标，成功研发生产梨膏方、梨膏饮料、梨膏糖、梨膏棒棒糖、梨膏果冻等药食同源类膏方系列产品。特别是梨膏的加工工艺，由于传统酥梨深加工制作存在环境脏乱差、杂质过多、口感焦糊等不好现象，更是解决了以往土法熬制的食品安全问题，公司梨膏产品畅销全国，公司年综合销售收入也达到了2.2亿元，产业链带动就业1500余人，为引领砀山酥梨产业多元发展作出了突出贡献，并把砀山梨膏走出全国、走向世界。逐步把"龙润堂"打造成为中国梨膏品牌中的龙头企业和领跑者。"千年传承砀山梨，百年润物龙润堂"，作为砀山县人民政府重点打造项目，龙润堂已然成为一家集产、学、研、销于一体的综合性企业，传承千年文化，坚持研发创新，重视技改技创，逐步成为中国梨产业第一品牌。

综上所述，龙润堂通过主动参与地理标志农产品相关产业链构建、延伸，如对酥梨进行深加工，产出砀山梨膏，利用自主品牌"极梨膏"推动砀山酥梨区域公共品牌的发展，为农产品地理标志建设提供行动支持。

2.2.2.4 砀山县三联果蔬专业合作社

砀山县三联果蔬专业合作社是集果蔬生产、加工储藏、销售、技术培训于一体的国家级示范社。合作社有农场50亩，种植包括砀山酥梨、酥梨1号、皇冠梨，其中砀山酥梨有30~40亩。工作人员有2人（长期）和家人，年产优质果品9000余吨。建设了数字化果园，加入了国家农产品质量安全追溯及安徽省农产品质量安全追溯体系，主导制定了《砀山酥梨生产技术规程》安徽省地方标准。建设了5000吨的水果保鲜冷藏库，2000平方米包装分选车间。先后取得了ISO 9001—2015质量管理体系认证、绿色食品认证、获得使用砀山酥梨原产地域产品专用标志，CCTV、新华社、人民网等多家媒体对合作社的绿色化生产、数字化管控、品牌化销售进行了报道。合作社坚持生态发展，提升产业效益；强化绿色防控，促进生态栽培；建设"数字化果园"，提升信息化管理；拓展果园功能，发展创意农业；采后商品化处理，提升品牌形象；线上线下有机结合，一体化品牌营销。

通过品牌的塑造，规范砀山酥梨农产品地理标志的使用，保证了地理标志农产品的品质和特色，建立了完整的砀山酥梨质量安全可追溯管理系统，实现了"带证上网、带码上线、带标上市"。在种植过程中规范使用农药，把控除草时间，进行生产记录，以规范砀山酥梨农产品地理标志的使用。在形成了优质酥梨的品牌溢价，促进了果农按照绿色砀山酥梨标准化生产规程进行操作的积极性，保护了自然环境，产品质量安全得到保证。从而形成砀山酥梨从生产到销售走向良田、良种用良法，良法出良品，良品卖优价的良性循环可持续发展的轨道，生态效益、经济效益及社会效益大大提升。

综上所述，砀山县三联果蔬专业合作社通过遵循地理标志种植标准，地理标志农产品仅出售给合法使用人来维护"砀山酥梨"地理标志，在这个过程中自己酥梨的品牌价值也得到了提升，赢得了消费者的信赖，利润得到了提升。

通过对上述经营主体对"砀山酥梨"地理标志保护与运用行为进行分析可知（见表2-5），各类经营主体对砀山酥梨区域公共品牌的积极行为，也是构成砀山酥梨区域公共品牌成功发展的原因。区域公共品牌的形成，只有政府的政策是不行的，只有多元主体汇聚自己的力量，共同发挥作用，才能促进酥梨产业的良性发展，打造一颗稀有好梨，实现共同富裕。

表2-5 "砀山酥梨"地理标志保护与运用参与主体行为

参与主体	"砀山酥梨"地理标志保护与运用行为
砀郡梨业	按标准收购地理标志授权、加工、运输农产品；主动参与地理标志农产品相关产业链构建、延伸；积极推动地理标志农产品区品牌建设
园艺场（壹号梨园）	遵循地理标志种植标准；为农户提供技术指导，鼓励农户申请区域公共品牌
龙润堂	主动参与地理标志农产品相关产业链构建、延伸；为农产品地理标志建设提供行动支持
三联果蔬专业合作社	遵循地理标志种植标准；地理标志农产品仅出售给合法使用人

2.2.3 政策建议

2.2.3.1 强化品牌意识，建立品牌管理体系

一是建立专门的品牌管理部门，负责品牌战略的制定、实施和监督。这个部门应具备专业的品牌营销知识和经验，能够全面了解市场需求、竞争状况和产品特点，制定出符合实际情况的品牌战略。二是加强品牌传播和推广，通过各种渠道和方式，如广告、公关、社交媒体等，将品牌形象和价值传递给消费者。在品牌传播过程中，要注重与消费者的互动和沟通，提高消费者对品牌的认知度和好

感度。三是加强品牌保护，推行产品产区认证体系，在国家原产地证明商标认证的基础上，建立健全砀山酥梨产区认证、产品追溯和考评体系，按产量统一发放产区商标，从源头上杜绝冒牌砀山酥梨。四是深化品牌创新，不断推进产品创新、服务升级和管理改进，提高品牌的竞争力和发展潜力。在市场竞争中，要关注竞争对手的动态和市场趋势，及时调整品牌战略和措施，保持品牌的领先地位。

2.2.3.2 提升产品质量，培育区域特色产品

一是推进生产体系创新，聚力提高酥梨质量安全水平。以"产区认证+生态园区+标准体系+追溯体系"为基础，实施砀山酥梨产品的认证、集约化经营和标准化管理，致力于打造高端优质品牌"砀山酥梨"。二是建立标准化管理体系。研究制定与国际接轨的酥梨产品质量标准，将酥梨生产的每个环节都纳入标准化管理轨道，确保质量；应对国际贸易绿色壁垒，提高砀山酥梨国际竞争力。三是整合完善质量追溯系统和大数据平台。建设覆盖砀山酥梨全产业链的互联网平台，打通农业生产、农业金融、农产品流通交易、农业政府监管决策等全产业领域。全面推行"砀山酥梨"质量安全二维码追溯管理系统，为每件酥梨产品建立唯一的"身份证条码"，通过"互联网+酥梨"实现"从田间到餐桌"全过程质量管理控制，打造安全放心酥梨。

2.2.3.3 强化人才支撑，鼓励利益相关主体参与

一是鼓励砀山酥梨区域公共品牌市场主体的发展，持续扩大基础基金投入，利用财政税收政策，建立健全的奖励制度，采取落户、住房、差别化补贴等措施，以吸引杰出的人才和大学生到本地酥梨行业就业创业发展。二是建立利益相关者参与机制，让利益相关者能够参与区域公共品牌的规划、建设和管理。例如，可以组织研讨会、座谈会等活动，邀请企业、行业协会、专家学者等共同探讨品牌发展策略。三是要发挥地方龙头企业创新引领带头作用。在区域品牌行业中，应该大力扶持龙头企业，促进区域品牌与市场的有效衔接，依托"龙头企业+区域品牌+农户"这样的产业化经营方式，形成品牌合力，进一步激发区域品牌的增值，实现砀山酥梨区域公共品牌与企业品牌和农户的协同发展，多方互利双赢。

2.2.3.4 加强监督管理，完善合作机制

一是建立完善的监督机制，对品牌的使用情况进行监督和管理，确保品牌的形象和声誉不受损害。同时，要加强对侵权行为的打击，保护品牌的合法权益。二是鼓励参与主体签订相关产销合同，在合同中约定违约行为的范围及违约金的计算方法，制定合理的违约金惩罚，约束主体行为，此外完善相关法律，保护违约金机制的有效实施。三是强化信息共享，提高农产品区域公共品牌的透明度和可信度。建立完善的信息公示平台即追溯系统，对品牌农产品的生产、加工、销售等环节进行全面公开，方便消费者查询和监督。四是加强执法力度，对侵犯农

产品区域公共品牌权益的行为进行严厉打击。加强商标保护、打击假冒伪劣产品，对于盗用区域公共品牌的行为加大处罚力度，维护品牌的合法权益和市场秩序。五是建立风险评估和预警机制，及时发现和处理农产品区域公共品牌面临的风险和问题。对品牌农产品进行质量安全风险评估，及时发现并解决潜在的安全隐患，确保品牌农产品的质量和安全。

综上所述，完善区域公共品牌需要多方面的努力和支持，需要政府、企业和社会各方面的共同参与和推动。只有不断提升品牌的核心竞争力和市场影响力，才能实现品牌的长期发展。

2.3 "砀山酥梨" 调研日志

调研时间：2023 年 10 月 23~24 日
调研地点：安徽省宿州市砀山县
调研人员：刘珍珍、武夏雨、张咏琪、赵倩

2023 年 10 月 23 日（下午）

调研内容：砀山县砀山酥梨的历史渊源和生长环境背景考察；砀山酥梨的种植技术调查；梨园相应设施的调研考察（依托砀山县园艺场）；砀山县园艺场的经营管理状况及品牌使用管理情况；合作社主体（"果润人生"）的地理标志品牌使用及作用情况访谈。

1. 砀山酥梨生长环境概况

（1）地理位置。砀山原地处黄泛区内，黄河故道及两岸大堤遗址横亘县境北部，东西长 44 公里，南北宽 28 公里，海拔 57.8 米，高出两侧滩地 6.8 米。东南部地势较低，海拔 40 米左右。有多条季节性河流，冬春干涸。年降水量 773 毫米，平均气温 14℃，非常适宜水果生长。砀山素有"梨都"之称，以盛产酥梨闻名于世，近百万亩连片果园年产各类水果 30 亿斤，堪称世界之最。2022 年全县梨产量达 91 万吨，全产业链产值达 110.35 亿元，占全国梨总产量的 1/8，系全国水果生产 10 强县之一，是全国水果加工第一大县。

图 2-1 砀山酥梨成长环境

（2）简要介绍。砀山酥梨以果实硕大、黄亮美观、皮薄多汁、祛热清痰、酥脆爽口、香浓味甜而驰名中外。梨果营养丰富，含多种人体必需的氨基酸、维生素、矿物质，含糖量平均在13%左右。常食之，对消费者身心健康很有裨益。

2. 砀山酥梨管理技术推广

开展专业的栽培管理技术培训，向砀山酥梨的种植户进行种植技术的推广与培训。围绕砀山酥梨品质提升，品种改良进行。对小型梨园梨树种植间距，如何栽剪梨树苗形成倒伞形梨树树形有助于丰产等进行了讲述。

3. 区域公共品牌使用主体访谈——砀山县园艺场（国企）

（1）砀山县园艺场（壹号梨园）情况概况。砀山县园艺场目前总规模18000亩，果园12000亩，砀山酥梨有6000亩，有职工1400人，管理人员22人，主要种植品种砀山酥梨、皇冠梨、秋月梨。其中壹号梨园主要种植砀山酥梨，种植面积600亩，质量上乘，地域优势，病虫害少。

图 2-2 壹号梨园正门

（2）数字化示范。远程控制灌溉和喷药，无人机喷洒除草剂，病虫害绿色防控，水肥一体化，蜂机协同授粉（实验中），防霜冻机（每 75 亩配备一个），智能化管理，标准化生产，品牌化销售，实现节本增效，品质增效，营销增效，但套袋/疏果/采摘等仍为人工。

（3）采后贮藏。建有冷库，梨果保鲜，冷藏后熟口感更佳（初加工）

（4）品牌。2005 年应用区域公共品牌，1980 年已有自己的品牌——砀园。应用区域品牌后销量有些影响，但价格没有太大波动。

（5）销售途径。线下包括商超（百果园等），麦润医疗或职工自己销售（朋友圈），线上包括与邮政平台合作和抖音等。

（6）经营方式。承包到户，统一技术指导，职工销售和统购统销。

（7）经营范围。主要是鲜梨 80%，次品果进行初级加工成梨膏、梨汁。

（9）销售价格。销售价格为 1.2~1.5 元/斤。

（9）成本。9 毛/亩，人工成本高，其中人工成本 4 毛/亩。

（10）政府角色。审批各项合规手续，品牌营销的重心应放在企业。扶持龙头企业，鼓励企业之间加强合作。

（11）建议。政府设立的区域公共品牌的检测标准应切实可行。

4. 区域公共品牌使用主体访谈——合作社（"果润人生"）

（1）农场规模：农场种植 50 亩，包括砀山酥梨、酥梨 1 号、皇冠梨，其中砀山酥梨有 30~40 亩。工作人员有 2 人（长期）和家人。产量：6000~7000 斤/亩。

（2）经营范围：80%销售鲜梨，20%进行加工（梨膏、梨汁）。

（3）销售渠道：以线下为主（长期稳定客户）主要销售给公司和个人；线上包括上海宴果坊、合肥农夫市集（一件代发）、微信朋友圈。

（4）销售价格：一般的销售价格为 1.2~1.5 元/斤，高品质的销售价格为 2.5 元/斤。

（5）品牌：申请了三种，2013 年申请使用地理标志，2014 年申请的自己品牌（"果润人生"）。申请品牌后有影响力，但品质是第一位的。上平台要有品牌认证，品牌比较重要。

（6）三种地理标志包括：第一种是农业农村部授权的农产品地理标志产品，第二种是市场局、知识产权局授权的国家地理标志产品，第三种是国家地理标志证明商标（申请时需备案交 800 元）。前两种两年申请一次，最后一种申请终身有效。

（7）地理标志申请标准：一是在保护区内，二是提供生产技术方案，三是提供果品进行检测（国家地理标志）。

（8）政府在砀山酥梨区域公共品牌的建设与维护中所做的工作：政府在生产端会补贴，对采用新设备补贴，提供标准化生产基地；进行品牌打造，扶持龙头企业（砀郡梨业）；保护品牌，提高检测标准，打造商业品牌，统一销售联盟、统购统销。

2023 年 10 月 24 日

调研内容：品牌管理和使用主体访谈：农民专业合作社（砀山攀鹏水果种植专业合作社、砀山县超祥水果专业合作社、砀山县双福水果专业合作社）和企业（砀郡梨业、龙润堂）。

1. 砀山攀鹏水果种植专业合作社

（1）合作社梨果经营、管理和销售模式。合作社自有基地 280 亩，共 23 名社员，社员共有种植面积 2600 余亩。其中砀山酥梨种植面积占 50%，即 1300 亩左右，亩均产量为 5000~6000 斤，余下 50%种植其他品种梨与桃类。合作社以鲜果经营为主，线下销售方式为对接浙江、江苏等省份的水果超市，同时也采用 832 平台（政府搭建的帮扶平台）与朋友圈等途径进行线上销售。

（2）合作社对砀山酥梨区域公共品牌的管理与使用情况。合作社于 2016 年注册自己的品牌商标，2017 年开始正式使用区域公共品牌。相较之下公共品牌的影响力更大，公共品牌使用之前酥梨均价为 1.3 元/斤，使用后酥梨的价格最少可以提高 0.5 元/斤。砀山酥梨公共品牌的使用具有一定标准，如果品的大小、口感以及农残等，同时农产品质量监管中心也会进行不定期抽检。

（3）政府在砀山酥梨区域公共品牌的建设与维护中所做的工作。近年来，政府为进一步发挥砀山酥梨区域公共品牌的带动作用，出台相关政策性文件。打造壹号梨园、砀山园艺场等具有示范带动作用的梨园，于 2022 年成立安徽砀郡梨业集团有限公司，以高于市场价 0.2~0.3 元/斤的价格收购优质果品，提高农民积极性、提升果品品质、打造品牌效益。

2. 砀山县超祥水果专业合作社

（1）合作社梨果经营、管理和销售模式。合作社共有 200 余亩种植面积，正在培养自有基地，为拥有大块土地的农户提供种植、销售等技术支持，以高于市场价 0.2 元/斤的价格收购农户果品。合作社主要销售模式为商超对接，与北京物美超市、百果园旗下超市等超市对接，同时也与叮咚买菜等平台建立长期合作。

（2）合作社对砀山酥梨区域公共品牌的管理与使用情况。合作社于 2020 年开始正式使用砀山酥梨区域公共品牌。并表示，区域公共品牌的使用为合作社提高了收益、质量与销量。砀山酥梨区域公共品牌使用后合作社酥梨出园价格从 2019 年前的不足 1 元/斤到 2020 年后的 1.5 元/斤左右，提高了农户种植酥梨的积极性。区域公共品牌的使用除对酥梨的品质有条件外，也要求使用一方具有一定的经营范围、经营能力与经营规模。

（3）政府在砀山酥梨区域公共品牌的建设与维护中所做的工作。政府除出台相关文件鼓励经营主体使用区域公共品牌外，还针对使用砀山酥梨区域公共品牌的果品标准为经营主体提供相应的技术与管理支持，定期开展农技培训，引入新技术、新设备、新管理理念。同时，政府对已使用公共品牌的主体提供有机肥与农家肥，从而提高酥梨品质，积极推动酥梨的绿色食品认证。

3. 砀山县双福水果专业合作社

（1）合作社梨果经营、管理和销售模式。合作社的砀山酥梨种植面积 300 余亩，在职员工 30 余人，建有万吨冷库。经营范围包含种植、销售与冷藏储存，主要以水果供应链方式经营，"三泉"即为合作社自有供应链商标。合作社采用"线上+线下"销售模式，既有双福水果专业合作社店面，也在拼多多、832 平台、抖音短视频等平台上销售。

（2）合作社对砀山酥梨区域公共品牌的管理与使用情况。合作社于 2013 年开始正式使用砀山酥梨区域公共品牌，区域公共品牌的使用提高了酥梨种植对土壤、水肥、采摘的标准，同时也加强经营主体的品牌意识。此外，合作社出园的部分酥梨会贴上自有平台印刷的追溯码，可以帮助消费者更好地了解酥梨的生产与管理过程以及农业投入品的使用情况。

（3）政府在砀山酥梨区域公共品牌的建设与维护中所做的工作。针对砀山酥梨这个区域公共品牌，相对于政府而言普通的经营主体能力有限，需要政府领头扶持、果业协会与经营主体共同努力更好地建设与维护砀山酥梨区域公共品牌。

图2-3　砀山酥梨包装盒

4. 企业——砀郡梨业

（1）公司的经营情况。鲜果种植1000亩左右，作为示范园。鲜果供应链：主要在核心产区内实行统购统销。在前一个生产期结束后，下达明年的订单，并给出一定的生产标准，然后在本期砀郡梨业会将果农的梨以高于市场2毛/斤的价格收购，在分等定级后统一销售。预计未来成为一种独特的销售模式。

（2）公司定位。作为政府帮手，补齐砀山酥梨在种植、销售方面的短板。在种植方面，以高价格激励农户提高品质；在销售方面，分等分级，统购统销，对准中高端市场。

（3）收购标准。大小（七八两）、品相以及糖分标准（13%，延长采收期）。

（4）溯源码。每个大些的企业都会有自己的溯源码，但由于产品是在核心产区收购的，所以溯源码并不是一一对应的。

（5）品牌。政府主要推广"砀"字牌，每个企业可以在包装上再加上自己的品牌。"砀"字牌为商务局品牌，政府委托电商协会、果业协会以及砀郡梨业公司共同管理。

（6）销售。线上线下两种模式。线上占 30% 左右，主要在抖音、淘宝、微信上有自己的商城，还有代发货；线下全国都有，主要卖给企业和商超，做高端市场的供应链，在和商超对接是以走通货形式为主，不会保留原来"砀山酥梨"的品牌，目前线下销售范围南方比较多，北方市场一直没有打开。

5. 企业——龙润堂

（1）经营范围。龙润堂于 2016 年成立，以梨膏、梨汁、小吊梨汤等梨深加工产品为主，以鲜果销售为辅。收购过来的主要做深加工，少部分收购和公司自己种的做鲜果销售。自己种的共计 260 亩，为数字化果园，合作梨园有 4000 亩左右。

（2）产品销售渠道与销售状况。自己的品牌：线上线下两种方式，60% 为线上销售，覆盖全网销售范围。2023 年元旦后期，疫情结束，加之梨本身的药用功能，订单量剧增。认为目前砀山梨的总产能有 15 亿斤左右，其中 60% 是鲜果销售，20% 做罐头（B 级果），10% 做果汁，10% 为损耗。贴牌和联名：和老金磨坊、上海老城隍庙、三只松鼠等企业合作，主要做梨的深加工（梨膏棒棒糖之类）

（3）公司定位。做行业标杆，现阶段安徽龙润堂是砀山梨膏协会的标准制定者。

（4）收购。与农户签订订单，按照每年当季梨的状况采收，基本高于市场价 1~2 毛/斤收购。

（5）鲜梨的生产、包装与销售。主要在微信小程序上进行售卖，消费者在上面认养一棵梨树，可以依托数字化技术，看到果园的生产状况，成熟后，以礼盒形式线上售卖给消费者。一个礼盒有 9 个，总价格约为 50 元，每颗梨的质量为 7.5~8.0 两，都有该公司的溯源码，在溯源码上面可以看到梨的生产流程以及相对应的日期。产品包装上仅标明产品为"砀山酥梨"但并没有使用任何地理标志或其他区域品牌标志。

3 广安蜜梨[①]

3.1 擦亮广安蜜梨金字招牌，打造中国高山第一蜜梨

3.1.1 引言

1996 年前，禄市镇、华蓥市乃至整个广安，梨产业名不见经传，禄市镇更是藏在深山人不识。1996 年，广安蜜梨树苗批量进入禄市镇，华蓥山开始改写"梨史"。

3.1.2 夯实广安蜜梨品质管控体系

1996 年，欧阳晓玲成立了四川华蓥山黄花梨有限公司也即四川欧阳农业集团有限公司前身，同年在华蓥市广栽蜜梨。但种植管理过程并不顺利，梨树的产量和品质均不稳定，梨树苗栽培过程中也问题频出。然而，欧阳晓玲凭借着对高品质的执着，逐步摸索出梨树种植过程的一整套方法理念，并在不断地实践、纠错过程中持续优化，在基地选址、品种选择、种植技术、质量管理等方面做到精益求精，铺就了高品质广安蜜梨的成长阶梯。

3.1.2.1 基地选址

在华蓥山的一次调研中，欧阳晓玲发现禄市镇月亮坡村海拔为 600～1000 米，土壤、气候非常适合梨树生长，从而萌生了种梨树的想法。经过实地考察和认真挑选，她最终选择在月亮坡村这块日照时间长、山泉水清澈透亮的地段种植梨树。1996 年初，她到月亮坡村组建农业公司，带领家人和当地村民到月亮坡村承包荒山，广栽蜜梨。几年下来，月亮坡村十多个山头变成花果山。梨花竞相绽放、梨

---

① 本案例由南京农业大学经济管理学院副教授周德及研究生孙佳颖、陈梓怡根据调研材料共同撰写。

子行销四方。

3.1.2.2 品种选择

为培育更适合在华蓥山区栽植的蜜梨品种,四川欧阳农业集团负责人欧阳晓玲和她的团队远赴浙江等地,从最初选定的 100 多个品种中选优培育了 10 个品种;为了保证产品绿色无公害,基地在果实生长期实施人工套袋,并禁止使用有害农药;为了确保果实的甜度、水分和口感,基地高薪聘请专业人士实施六年一周期的苗木嫁接换种,还与四川省农业科学院、四川农业大学、西南大学等科研院校合作,组建了 100 余人的中高级人才技术团队,引进、推广先进生产技术 50 余项,建立优质苗种繁育基地 1 个。

梨品种提质优化,必须由母本园提供优良接穗、插条、砧木等繁育材料,因此"广安蜜梨母本园"应运而生。广安蜜梨母本园就位于禄市镇月亮坡村,总投资 2000 余万元,总面积 1000 亩,其中 500 亩为标准化生产示范园、500 亩为蜜梨品种试验园和品比园。该园已引种并储备了翠玉、苏翠、新绮红、早红蜜、优系14 号、新梨 7 号、早酥红、新玉、金翠等 63 个梨品种。此外广安蜜梨母本园计划引种和储备 200 余个梨品种,成为中国最大的梨品种资源库;全国梨产业协作组副组长、国家梨产业技术体系岗位科学家秦仲麒等专家也加盟了广安蜜梨母本园。华蓥市计划把广安蜜梨母本园建成中国最大的梨品种资源库,实现引种和储备 200余个梨品种。母本园由四川省农业科学院、湖北省农业科学院提供技术指导,会集了秦仲麒、邓家林、伍涛等全国梨产业著名科学家。母本园除为广安蜜梨基地和全国梨产业服务外,还为中国农科院果树研究所等科研单位储备资源。同时,禄市镇还加强与四川农科院梨综合试验站、西南大学等院所合作,在月亮坡村建立专家大院 1 个,设专家工作室 1 个,建立研究生实践基地 1 个,培育出适合本地种植的优质品种 60 余个。长期以来,该园一直和科研院所的专家团队合作,在品种筛选、新品种引种试种及园区栽培种植方法等问题上形成了高效的解决方案,在育苗和株系选育等环节掌握着较强的核心技术,这一系列的努力为园区后续高接换种奠定了基础。

梨园有些品种不耐储存,低产低效,通过"高接换种",换成翠冠、翠玉、新绮红等优质品种,每亩产值可提高 1000 元。经过 20 余年的品种改良,华蓥市成功培育了广安蜜梨几十个良种。立足华蓥山地域特点和产业基础,沿华蓥山西麓海拔300~600 米区域,当地利用荒坡荒地、低效林改造拓展蜜梨基地,形成了以翠冠、翠玉、黄金、秋月等为主的广安蜜梨品种体系,致力打造中国第一高山蜜梨。

3.1.2.3 质量保障

企业自建生产基地,对蜜梨生产全过程进行标准化管理,为广大果农提供优质梨品生产基地,从源头上提高果品品质和质量安全。田间管理时,公司派专业人士对农户进行统一指导，包括"何时施肥，施什么肥，何时用药，用什么药，怎么施肥，怎么用药"等方面，严格按照标准来执行，保证原料达到绿色食品标准。同时，企业建立了产品可追溯体系，监督从播种、田间管理、生产加工到包装的每一个环节，严格管理，从源头做好产品质量控制。

华蓥市全力支持广安蜜梨种植，坚持"高标准建园、高标准种植、高标准管护"，在生产中推广拉枝整形、绿色防控、地膜覆盖等提质增效技术，依托高素质农民培训等项目，邀请栽培技术专家培训专业人才，提升蜜梨种植品质，严抓生产监管，严把质量安全。得益于专业化的农产品检测队伍和执法监管队伍，广安蜜梨产品生产全程都有质量安全监管，可追溯体系健全，广安蜜梨连续5年农产品抽检合格率达100%。

3.1.2.4　发展历程

回顾广安蜜梨发展历程，从1996年建园以来经过20多年的发展，广安蜜梨历经了艰苦创业、破茧成蝶两个阶段，确定了争创国家级园区的新一阶段目标。

1996~2017年为艰苦创业阶段："铁妹子"欧阳晓玲成立黄花梨专业合作社，通过在华蓥山月亮坡村租赁荒山建梨山，到2017年建成蜜梨基地2万亩，她创办的欧阳农业集团有限公司也被评为省级农业产业化重点龙头企业。

2018~2020年为破茧成蝶阶段：2018年，华蓥市深化农业供给侧结构性改革，大力推进农业园区建设，整合各类涉农财政资金2.9亿元，撬动社会资本近3亿元，建成蜜梨基地4万亩，广安蜜梨获中国国际农产品博览会金奖，广安蜜梨基地获首批四川省农产品优势区，广安蜜梨园区成为省三星级现代农业园区。

2021~2025年为正在实施阶段：华蓥市正有序通过拓基地、建道路、搞加工等措施，争创省五星级现代农业园区和国家级现代农业园区。为保障园区发展，华蓥市委、市政府创新组织领导机制，成立了市长为园长、链长，市委、市政府相关领导为副园长、副链长的"园长制""链长制"领导协调机构，专项负责广安蜜梨园区、蜜梨产业建设等工作。创新"农企"合作机制，探索"合作经营"机制，实行"承租返包""借地还园"模式，结成了风险共担、利益共享的共同体，打造"中国第一梨乡"，努力唱响中国第一高山蜜梨品牌。

3.1.3　广安蜜梨品牌形象塑造

我国有许多梨产区，为什么广安蜜梨取得不错的成绩？这不仅是因为在种植管理方面精益求精，同时也是广安蜜梨品牌不断建设、不断成长的结果。

3.1.3.1　品牌定位

（1）市场定位。

广安蜜梨品牌的梨采摘自四川省广安市华蓥市，每年总产量2万余吨。但因产区、树龄品种等不一，采摘的蜜梨在品质、口感、大小、上市时间等方面也存在诸多差异。比如，翠冠等优质早熟蜜梨定位在中高端消费市场，由于该部分梨果数量有限，因此主要以精品包装方式供应到市场；其他大部分梨果主要吸引中端消费市场。同时由于梨果品质受到自然环境等不可控因素影响，次果一般由小商小贩散装零售。因此对于华蓥市月亮坡基地所产出的梨果要想使用广安蜜梨品牌需申请登记，并且由于品质等不同，所以梨果市场定位不一，会销售到不同的细分市场。

（2）价格定位。

公司对广安蜜梨品牌进行了市场细分与定位，分为四个品类：二级果、一级果、优级果和特级果，并且在市场定价上也有所区分。其品牌定位以产品的外形口感以及产品的价格两个方面为基础：广安蜜梨品牌以产品外观和口感为基点进行定位，使消费者能够轻松辨识出产品特征，同时也能大大增加消费者认可度。广安蜜梨具有早熟特性，上市时间早，就口感而言比市场其他竞品更甜，产品个性更明显，同时也方便消费者辨识。选择产品外观和口感这个特征作为品牌定位基点，使品牌更具有鲜活性。

广安蜜梨品牌同时以产品价格为基点来定位市场。价格是许多竞争对手在市场竞争中惯于采用的竞争手段，同时也是品牌定位的有效工具。以不同的市场定价来吸引不同的消费群体，同时也把自己的品牌价值传播给不同的消费阶层，因此公司在定价上采用差别定价法。

（3）渠道定位。

渠道定位是基于公司产品的细分市场、目标市场选择和定位而执行的营销战略。对于公司而言，生产者和最终客户都是渠道的组成部分。

传统水果销售渠道：由于果树生长成熟有其自然周期，早期广安蜜梨产量并不大，品牌知名度也不高，因此公司在销售渠道上选择了传统批发经销方式，销售市场也主要以四川本土市场及周边的重庆等地为主。近年来，随着广安蜜梨产量快速增长，公司经营重点逐渐转向市场销售。经过几年的口碑传播，广安蜜梨的市场认可度逐步提高。为保证市场供应稳定并保护消费者利益不受侵害，广安市政府加强了渠道管控，通过统一终端定价和严格筛选经销商，保障广安蜜梨的品牌形象。

"线下+线上"销售渠道：产量增长无疑带来销售压力，走出四川，拓展更大的市场成为广安蜜梨品牌发展的必然之路。公司借助互联网平台与淘宝、京东合作，依托线上销售渠道，广安蜜梨走向了全国市场，从而也搭建了线上线下相结合的现代销售渠道。在线上电商和线下零售店的合力作用下，广安蜜梨的市场认可度和受欢迎程度都在不断提高。

3.1.3.2 包装设计

独特风格和富有创意的品牌形象包装设计是吸引消费者目光、满足其审美需求的有效策略，而那些既富有品牌内涵又兼具美感的设计更能彰显品牌形象。包装设计并不仅是"包裹与装饰"，它是品牌的一张脸，也是品牌核心文化以及品牌价值的集中展示。

符合企业形象和现代消费者视觉感官的品牌形象与产品包装：广安蜜梨品牌的包装进行了创新的结构设计，消费者往外抽拉包装盒时，盒子里的梨会随着抽拉自动升起，该设计方便消费者取出梨果。包装盒整体为绿色调，在包装盒上以华蓥山与邓小平故居图案为背景，映入眼帘的是广安蜜梨文字及图案，让人直观感受到品牌形象，也清楚地向消费者传播了该品牌的核心思想和价值观，在消费者购买产品的同时，有利于加深消费者对品牌形象的识别，使消费者看到外包装就会自然地联想到广安蜜梨。

独有的品牌形象与包装是品牌成功的基础。塑造品牌需要打造与众不同的品牌形象，以便消费者进行区分，同时能在与其他品牌的竞争中脱颖而出，从而提升自身独有的品牌影响力。礼盒包装是品牌的视觉载体，消费者只需凭包装上的图文"自我介绍"便可以了解商品和品牌的故事。消费者会通过一个好的包装设计判断产品品质，同时也愿意相信拥有高端包装的品牌是好品牌。品牌的包装承载与叙述了品牌故事，好的产品包装无疑是一个无声的广告，而每一个消费者都是它的受众，品牌依附着产品包装被消费者认知、购买和推荐。随着产品被消费者接受和追逐，品牌也就深深地植入了消费者的心里。

3.1.3.3 品牌成长

一个品牌从无到有是最难的，即品牌从创立的"0"到消费者以及市场意识到这个品牌的存在"1"是最艰难的过程，而一个品牌从"1"到"10"甚至到"100"都要比之前简单很多。一个品牌从"0"到"1"需要很多环节的配合，不单是产品，也包括定价、团队、服务等。很多企业创业没多久就倒闭了，是因为在最初的时候各环节没有得到很好的配合。而广安蜜梨从"0"到"1"的过程，其关键点就是在营销过程中找到了品牌的引爆点。品牌的引爆点主要由三个部分构成：关键人物（Who）、品牌附着力（What）以及环境影响力（When），广安蜜梨品牌在营销过程中则充分抓住了这三个要素。

（1）关键人物。

品牌创始人以及传播者都是这个品牌的关键人物。说起广安蜜梨不得不提欧阳晓玲，欧阳晓玲是广安人，1981年，欧阳晓玲从四川省林业学校毕业后，被分配到重庆林业系统工作。3年后，不到20岁的欧阳晓玲就被提拔到重庆某区林业局任造林站站长兼森保股股长。1994年，仕途光明，不到30岁的欧阳晓玲走出机关，自筹资金创办了四川第一个民营林业园艺科技企业。1996 年，欧阳晓玲心系家乡的发展，毅然放弃"铁饭碗"，与当地政府一道现场调研、反复论证、多方协调后成立了欧阳农业集团有限公司，正式启动广安蜜梨现代农业园区建设。此后在华蓥市月亮坡村承包荒山，广栽蜜梨，发展蜜梨产业。经过 20 多年的发展，月亮坡村 10 多个山头变成花果山，广安蜜梨现代农业园区已成为广安农业的一块金字招牌，蜜梨产业也已成为当地的主导产业。广安蜜梨也先后注册了"晓玲""欧阳晓玲""凤立"等商标，其中"晓玲"为四川省著名商标；"欧阳晓玲"为中国驰名商标。

"最初的 10 年，是最艰难的阶段，蜜梨基地扩大规模的速度和资金回笼的速度出现严重偏差，流动资金不足，负债累累，又贷不到款，跟我一起创业的部分员工也陆续离开了，很多人劝我申请破产，但是我不想放弃。"欧阳晓玲说。创业不易，守业更难。如何调动当地农民参与花果山生产和管理的积极性，让蜜梨长期扎根禄市镇？

2002 年，欧阳晓玲创新推出公司与果农利益连接机制：公司将绿化后的荒山、建好的梨园，分片"返租倒包"给当地农民，让农民自己管护梨园，公司提供科技指导和市场开发，利润按一定比例进行分成。就这样，禄市镇一些农民成为"返租倒包"梨园的老板，一些农民继续在农业公司上班领工资。农业公司和农民各司其职，分工合作，梨年年丰收，"返租倒包"梨园和继续在公司务工的农民，都有不错的收入。

禄市镇的蜜梨基地没有停止扩张的步伐，现已从月亮坡扩张到山门口等村。截至 2023 年，禄市镇建成蜜梨产业标准化种植基地 2 万多亩，辐射带动近 2 万亩。广安蜜梨现代农业园区成为四川省四星级现代农业园区，广安蜜梨成为广安农业的一块金字招牌。

（2）品牌附着力。

品牌附着力是指品牌必须满足人性中的某一个需求，而广安蜜梨满足了消费者的社交需求。伟人故里为广安蜜梨赋予了强烈的品牌精神和文化内涵，广安再借助互联网平台对广安蜜梨品牌加以宣传。因此，消费者在购买广安蜜梨时想的不再单纯是"冰箱没有梨了，我需要买一些梨"，而是"我买了梨可以和谁一起吃"，或者是"我要把这个梨送给谁"。广安蜜梨除了满足消费者食用的基本需求，还具备社交的属性，消费者可以用广安蜜梨来分享营养与快乐。在新消费时代，品牌是消费者乐于与家人或朋友分享的重要因素。

（3）环境影响力。

品牌的成长需要一个适合品牌发展的环境，人们对自己周围的消费环境变化非常敏感，同时也容易受到周围消费环境的影响与感染。企业家、知识分子、意见领袖等对其粉丝、崇拜者及跟随者们有着重大影响力，在这些人的宣传和号召力下，消费者会跟随他们的步伐，尝试了解、品尝广安蜜梨进而喜欢上广安蜜梨。与此同时，中国的农业历史悠久，有文化内涵、温度和故事。通过与现代最具传播力、最便捷的互联网碰撞，农业的感性故事以及品牌得以迅速传播出去。

3.1.3.4　品牌文化塑造

因为广安蜜梨基地位于广安市华蓥山下，素有伟人故里之称，使广安蜜梨品牌拥有了独特的品牌个性。广安蜜梨带给人们的不只是一颗梨，更是一种文化精神。品牌文化是由于某一品牌对消费者的影响和聚合而产生的亚文化现象，广安蜜梨的品牌文化则是消费者对伟人故里的认同和共鸣。在广安，品牌文化也贯穿了从种植、包装到营销的所有环节，影响着一批批忠诚的蜜梨消费者。捕获市场需求的品牌会让人购买，捕获消费者心灵的品牌会得到消费者忠诚，而广安蜜梨品牌文化实现了与消费者的心灵沟通。

3.1.4　广安蜜梨品牌成效日渐显现

3.1.4.1　产业布局不断优化

近年来，结合本市特色产业发展实际，构建了以精品粮油和高山蜜梨两大主导产业，木本油料、山地果蔬、生态畜禽、花卉苗木四大优势产业的"2+4"农业产业体系，大力推动广安蜜梨产业发展，现已集中连片发展广安蜜梨优质产业基地4万余亩，品种以南方早熟梨为主，有翠冠、黄金、秋月、南水、西子绿、七月酥、丰水梨、绿林香梨、黄花梨、金水梨、雪清、雪芳等18个不同品种。

3.1.4.2　基础设施不断完善

广安市按照"扩面、提质、增效"并重思路，狠抓基地标准化、规模化建设，依托禄市广安蜜梨省级现代农业园区，不断推动产业基础设施配套完善。截至目前，蜜梨产业核心基地内建设有排水沟3463米、蓄水池9口、生产便道46250米、涵管2468米、景区游步道7000米，沉沙池184口、土方开挖59570立方米、路基碾压119140平方米，农产品初加工设施（冷藏库）16座，基地内水、电、讯、游步道等公共基础设施配套完善，生产生活设施互联互通。2022年，广安蜜梨园区争创为四川省四星级现代农业园区。

3.1.4.3　高科技不断引入生产

2023年3月底，几台无人机在梨园中飞来飞去，不到半天时间，一大片梨花便完成了授粉作业。"今年无人机为梨花授粉，不仅节约时间，而且还降低了2/3的成本。"广安蜜梨业主张永对无人机授粉效果颇为满意。蜜梨花儿开，授粉当抓紧。与往年授粉不同的是，张永今年请来了华蓥市中农兴兴农资专业合作社的无人机，通过低空授粉的方式为梨花授粉。"将花粉溶解在特制溶液里，搅拌均匀后通过无人机在低空雾化喷洒，帮助梨花（雌蕊）完成授粉、坐果。"合作社技术员唐能明说，一架无人机一天可作业100多亩。"利用无人机授粉很划算。"张永算了个细账，"我承包的100多亩梨树，往年人工授粉要花3000多块钱，今年使用无人机授粉，只花了1000多块钱，节约了2/3开支"。广安蜜梨现代农业园区负责人说，未来无人机除了为4万亩蜜梨基地授粉外，还将全方位投入到杀虫、施肥、除草等各个环节，为提高果品质量和果农收入提供坚实的科技保障。

此外，广安蜜梨基地还引进智慧农业应用系统，推进蜜梨种植从传统农业向现代农业转变。该系统搭建了梨园数据信息监测网络，创新梨园水肥"一体化"工程建设、集成应用绿色防控技术。例如，通过互联网技术，结合气象资料、土壤墒情、作物成长、种植结构等信息采集，集产品溯源、田间管理、病害预警、生产监控预产测产等于一体，完成"一站式"远程高效管理。其浇灌系统可根据收集的数据，通过计算得出最优的浇灌时间、浇水量及施肥量。

广安蜜梨现代农业园区还大力推广梨矮化密植、水肥一体化等实用技术，机械化水平达95%以上。如今，诞生于禄市镇的广安蜜梨荣登"中华名果"之列，成为广安农业"三大拳头"产品之一。从禄市镇走出去的"欧阳晓玲"牌广安蜜梨成为中国驰名商标、国家地理标志保护产品。

3.1.4.4 农民收益不断提高

产业兴，则百姓富，群众是乡村振兴的根基。在华蓥市农业农村局相关负责人看来，从1996年第一棵蜜梨树苗在华蓥山区栽种，到如今种植基地完全形成，作为广安农业"三大拳头"产品之一的广安蜜梨，能够屹立多年不倒，关键在于创新推行了"承租返包、借地租园、合作经营、五五分成"的利益联结机制，实现基地由农民共建共享，利益由群众共享。

公司创新推行反租倒包机制，由公司先行流转农民土地，成片建成产业基地，待苗木挂果后，以收取少量租金利润的形式，将基地返包给有意愿的群众经营，让更多的农民变成产业工人和小农场主，把农民变工人、变股东、变农场主，实现"梨园增收、果农增收"。

禄市镇月亮坡村村民邹可芳便是第一批"吃螃蟹"的人。之前在家里种地的他，抱着试一试的想法，承包了十几亩梨园。第一年下来她便尝到了甜头，"公司怎么做，我就跟着学，只花时间来管理，其他技术有公司帮忙"。邹可芳说，后来她儿子儿媳和弟弟妹妹也一起承包，目前已承包了270余亩，年纯收入超过100万元。

不只是邹可芳，当地上千户农户都受益于此。通过承租返包、借地租园、合作经营、五五分成等多种方式，广安蜜梨基地带动5000余户周边群众致富增收，农业工人年收入达3万~5万元，农民股东年收入5万~50万元，广安蜜梨真正成了山区群众的"致富果"。增收让群众看到了希望，也激发了当地村民干事的积极性。村民把广安蜜梨当成自家的产业，尽心尽力做好梨园管护工作。

3.1.4.5 品牌实力不断提升

广安市坚持把发展品牌农业作为提高农业效益的突破口，积极实施品牌带动战略，引导相关企业开展蜜梨产品的"三品一标"认证，通过技术创新、产品创新和管理创新，积极打造地域品牌、区域品牌。广安蜜梨先后注册了"晓玲""欧阳晓玲""凤立"等商标，其中："晓玲"为四川省著名商标、"欧阳晓玲"为中国驰名商标。2013 年，广安蜜梨产品获得中国地理标志产品，2016 年获得绿色食品认证，蜜梨产业核心基地被认定为四川省首批特色农产品优势区，蜜梨产品品牌知名度及市场竞争力不断提升。

蜜梨园区现培育有国家产业化重点龙头企业 1 家，国家级农民合作示范社 1 家，实行"承租返包"模式，以土地入股，亩产出效益 5000 元以上，带动 1600 余农户户均收入达 5 万元以上，收入最高户达 20 多万元；以产销合作等形式参与产业化经营模式的农户年户均收入 4.5 万元左右，人均增收在 3000 元以上，园区农民人均可支配收入高出当地平均水平约 26%。

3.1.5 结语

广安蜜梨基地经过多年的发展，已经从荒山变成了果园，山村变成了庄园。这里的产区变成了景区，田园变成了公园，蜜梨产品也成功变成了商品。广安蜜梨成为广安农业的一张响亮名片，也成功带动华蓥市 1000 余户农户就近就业，实现增收致富的目标，乡村振兴的步伐正在这里迈得更加坚定。

综观全国，梨树种植基地多，品种丰富，如何在激烈的梨品市场中占据一席之地，如何加快广安蜜梨产品创新，如何赢得广大消费者的青睐，如何不断健全产业链等，广安蜜梨品牌建设未来仍有很长的路要走。在下文中，将基于广安蜜梨品牌建设的现状与问题，结合相关理论分析，进一步提出优化策略，以期助力品牌的长久发展。

3.2 "广安蜜梨"案例分析

3.2.1 引言

华蓥市地处四川省东部，广安市南部，因境内华蓥山而得名。广安蜜梨现代产业园区位于华蓥山海拔 300~600 米的区域，区域内降水充足，土壤为山地黄壤、暗黄壤和黄棕壤，土层深厚。蜜梨基地背靠我国三大天池之一的天池湖，适宜种植砂梨，是四川广安蜜梨的重点核心产区。广安蜜梨现已集中连片发展广安蜜梨优质产业基地 4 万亩，产量达 4.5 万吨，综合产值近 5 亿元。全市约有 3000 户农户从事蜜梨种植，人均种植面积约 5 亩，园区农户人均可支配收入达 2.42 万元，高出全市平均水平 28%，是当地农户增收致富的主要产业。

打造特色农产品品牌优势，建设农产品区域公共品牌，实现农产品品牌溢价，助力农产品"走出去"，是实现乡村振兴战略的重要保障。自 2012 年成功推出广安蜜梨品牌以来，广安蜜梨得到广安市委、市政府和华蓥市委、市政府的高度重视，先后在全国各地推广，得到了广大消费者一致好评。2017 年广安蜜梨被评为四川省十大优秀农产品品牌，通过了国家地理标志保护产品和"三品一标"认证。2023 年，广安蜜梨纳入四川省"天府粮仓"精品（培育）品牌名单。

元一智库农研中心主任铁丁在 2020 中国农业品牌政策研讨会上提到：打造农产品区域公用品牌的本质就是构建全域农业高质量发展"生态圈"，良好的品牌生态圈是一个可以自我调整、自我定位修补的系统，可以进行"造血"和更新，实现品牌的可持续发展，这也是目前农产品区域公用品牌建设中亟须解决的问题。借鉴铁丁主任提出的"品牌囤"逻辑图，本文将从一个主体、两个机制、三个世界、四个支柱、五像合一这五大维度出发，基于"广安蜜梨"品牌建设现状，分析其存在的问题并提出改进和优化的建议，以促进"广安蜜梨"品牌实现更好的发展。

3.2.2 一个主体

一个主体指的是聚焦新型农业经济主体，这是核心。从农产品区域公用品牌建设可持续性来说，谁投资谁受益，这是基本的品牌建设逻辑。

广安蜜梨农产品品牌是 2012 年广安市和华蓥市委、市政府与四川欧阳农业集团有限公司共同倡导创建打造。一是因为广安是伟人故里；二是因为广安蜜梨是广安"三大拳头"农产品之一；三是因为华蓥山隶属广安市管辖，素有川东峨眉之称，以华蓥山游击队员名震天下。华蓥山自然条件优越，适合生产广安蜜梨产品，农产品冠名广安蜜梨，能给人天然亲切之感，一下能拉近人的距离，从这个意义上说它代表了整个广安的形象，所以确定为广安蜜梨为品牌。

"广安蜜梨"品牌的组织形式以农民专业合作社为主，目前主要有 1 家国家级重点龙头企业：四川欧阳农业集团有限公司；4 家种养殖农民专业合作社：华蓥市黄花梨专业合作社、华蓥蜜梨种植专业合作社、华蓥东云养兔专业合作社、华蓥市同舟种植专业合作社；6 个家庭农场：阳尧刚家庭农场、阳志军家庭农场、袁鹏家庭农场、阳东山家庭农场、阳志菊家庭农场、彭绍辉家庭农场；3家种植大户：邹可寿种植大户、刘春福种植大户、邹可芳种植大户。

根据《中华人民共和国农民专业合作社法》的界定，农民专业合作社"是在农村家庭承包经营基础上，同类农产品的生产经营者或者同类农业生产经营服务的提供者、利用者，自愿联合、民主管理的互助性经济组织"，其主要业务是向社员提供"农业生产资料的购买，农产品的销售、加工、运输、贮藏以及与农业生产经营有关的技术、信息等服务"。

与农民的单独作业模式相比，农民专业合作社可以产生规模经济效应——"合作盈余"，即合作的收益会大于单独行动收益的总和。广安蜜梨生产经营主要采取"返租倒包、借地还园、合作经营、利益分成"的模式，按照"政府引导、企业主导、农户参与"的生产经营理念，把农民变成蜜梨家庭农场主。

虽然"广安蜜梨"品牌的组织形式以合作社为主，但目前散户仍大量存在，由于缺乏冷库设施建设，这对广安蜜梨品牌建设有一定影响，组织化程度仍有待提高。

3.2.3 两个机制

两个机制指的是政策机制和市场机制：政策机制是通过政府相关政策的有效实施来提供保障；而市场机制则是通过市场的自发调节来保障相关利益的实现。

3.2.3.1 政策机制

华蓥市委、市政府高度重视农产品品牌建设工作。一是负责领导、引导、督导打造"华蓥山"特色农产品区域公用品牌。近年来，市委、市政府高度重视农产品品牌建设工作，市政府成立了由市长任组长，市委、市政府分管领导任副组长，市级相关部门主要负责人和各乡镇、街道，人民政府主要负责人为成员的华蓥市优质农产品品牌建设工作领导小组，主要负责指导、督导优质农产品品牌建设工作，领导小组下设办公室于市农业农村局，主要负责统筹开展日常工作、市委农办主任、市农业农村局局长兼任办公室主任。

二是推进农产品认证和登记。华蓥市坚持把培育优质、绿色、生态农产品作为现代农业发展的主攻方向，大力推广优质农产品标准化生产和质量控制技术，大力支持无公害农产品、绿色食品、有机食品和地理标志农产品的申报认证，鼓励推行农产品包装标识上市。

三是强化品牌推介。当地政府制定出台《华蓥市特色农产品宣传推介年度实施方案》，加大农产品品牌宣传推介力度，不断提升品牌知名度及扩大市场影响力。

3.2.3.2 市场机制

华蓥市坚持把培育优质、绿色、生态农产品作为现代农业发展的主攻方向，大力推广优质农产品标准化生产和质量控制技术，促进"广安蜜梨"品牌在市场上持久发展。

在市场经济活动中，因为每个人的身份不同且私人信息不公开，导致买卖双方对产品信息的掌握情况不平等，一方拥有充足的信息，另一方相对较少。农产品由于具备搜寻品、经验品、信任品多重属性，消费者在购买过程中无法掌握完整的产品信息，于是便出现了在特色农产品市场上买卖双方信息不对称的问题，这一问题越是加重，就越容易引发逆向选择、道德风险、市场失灵，导致"柠檬市场"。

由于区域公用品牌具有明显的公共物品属性，在农产品区域公用品牌建设中同样面临严重的"搭便车"问题。譬如农户在种植过程中滥用化肥农药、违规使用药物等行为强行催熟或是增加农产品重量，从而提升自身收益。然而这样的违规行为实则影响农产品质量，使市场评价变差、消费者信誉度降低，导致产业内所有农户承担其行为的不良后果，集体行动中"一损俱损"的特征极容易造成农产品区域公用品牌难以为继的悲剧结果。

以打造"华蓥山"公用品牌为统揽，广安蜜梨以"广字号"优质农产品品牌体系为定位，采用建设商标品牌及提供产品溯源信息等方式，避免了信息不对称带来的伤害及以次充好情况的发生，同时有助于呈现自身产品的优势特点，向消费者传递了积极的产品信号，加强消费者选择倾向，便于消费者放心购买。但是，"广安蜜梨"品牌市场竞争力不强，品牌意识薄弱，对蜜梨品牌建设投入重视程度不够，导致市场竞争力差，产品辨识度较低。随着电商销售方式的推广，消费者可多次购买并在食用后对产品品质做出评价，若出现品牌以次充好乱象，则会大大影响"广安蜜梨"的品牌声誉和顾客的忠诚度。

广安蜜梨种植与销售规模不断扩大，品牌知名度逐渐上升，消费者的消费意愿和社会关注度不断提升，广安蜜梨的售价也有所提升。然而，趋于对高收益的追求，区域外广安蜜梨的仿冒行为逐渐发生；同时，区域内的种植户和经营户由于生产经营不规范肆意减少成本投入。随着广安蜜梨区域公用品牌知名度的提升，该品牌难以避免地遭遇了"搭便车"现象，即"以次充好"的投机行为。区域外品牌"搭便车"行为具体表现为蜜梨种植户滥用品牌，对非广安蜜梨种植基地生产的梨在进行交易时套用广安蜜梨品牌，使得售价提升、增加利润。区域内品牌"搭便车"行为则具体表现为蜜梨种植户在种植过程中为降低成本，未严格比照规定施用农药化肥量。由于品牌滥用导致产品品质失控、良莠不齐、消费者评价波动等问题，使那些具有品牌授权、合规经营的经销商信心大大受挫。

3.2.4 三个世界

三个世界指的是品质美味（好吃）、历史人文、绿色生态。任何一个品牌一定要有这三个世界，才能是一个品牌。

3.2.4.1 品质美味

四川欧阳农业集团负责人欧阳晓玲为培育更适合在华蓥山区栽植的蜜梨品种，选优培育了10个品种；为了确保果实的甜度、水分和口感，基地高薪聘请专业人士实施六年一周期的苗木嫁接换种。华蓥市全力支持广安蜜梨种植，坚持"高标准建园、高标准种植、高标准管护"，在生产中推广拉枝整形、绿色防控、地膜覆盖等提质增效技术，依托高素质农民培训等项目，邀请栽培技术专家培训专业人才，提升蜜梨种植品质。

为了梨品种提质优化，广安蜜梨母本园总投资2000余万元，总面积1000亩，其中500亩为标准化生产示范园、500亩为蜜梨品种试验园。目前园区已引种和储备了翠玉、苏翠、新绮红、早红蜜、优系14号、新梨7号、早酥红、新玉、金翠等63个梨品种。此外广安蜜梨母本园计划引种和储备200余个梨品种，成为中国最大的梨品种资源库。

梨园有些品种不耐储存，低产低效，通过"高接换种"，换成翠冠、翠玉、新绮红等优质品种，并经过20余年的品种改良，华蓥市成功培育了广安蜜梨几十余个良种。立足华蓥山地域特点和产业基础，广安市沿华蓥山西麓海拔300~600米区域，利用荒坡荒地、低效林改造拓展蜜梨基地，形成了以翠冠、翠玉、黄金、秋月等为主的广安蜜梨品种体系，致力打造中国第一高山蜜梨。

3.2.4.2 历史人文

回顾广安蜜梨发展历程，从1996年建园以来经过20多年的发展，广安蜜梨历经了艰苦创业、破茧成蝶两个阶段，确定了争创国家级园区的新一阶段目标。

在艰苦创业阶段，黄花梨专业合作社成立，通过在华蓥山月亮坡村租赁荒山建梨山，到2017年建成蜜梨基地2万亩。随后，2018年，华蓥市深化农业供给侧结构性改革，大力推进农业园区建设，整合各类涉农财政资金2.9亿元，撬动社会资本近3亿元，建成蜜梨基地4万亩，广安蜜梨基地获首批四川省农产品优势区。

当前，华蓥正有序通过拓基地、建道路、搞加工等措施，争创省五星级现代农业园区和国家级现代农业园区；此外，华蓥创新"农企"合作机制，探索"合作经营"机制，实行"承租返包""借地还园"模式，结成了风险共担、利益共享的共同体。

3.2.4.3 绿色生态

打造农产品品牌，可以优化农业生产结构和产品结构，减少低端无效供给，增加绿色优质农产品供应，提高供给质量和效率。华蓥市大力推进农产品质量全面提升，加快培育地方特色农产品品牌，这为广安蜜梨提高品牌化市场占有率奠定了基础。2016年,"广安蜜梨"获得绿色食品认证,蜜梨产业核心基地被认定为四川省首批特色农产品优势区。

广安蜜梨的企业对蜜梨生产全过程进行标准化管理,对从播种、田间管理、生产加工到包装的每个环节进行监督,严格管理,从源头做好产品质量控制。田间管理时公司派专业人士对农户进行统一指导,包括"何时施肥,施什么肥,何时用药,用什么药,怎么施肥,怎么用药"等方面,严格按照标准来执行,保证原料达到绿色食品标准。

华蓥市严抓生产监管,严把质量安全,建立了专业化的农产品检测队伍和执法监管队伍,建立产品可追溯体系,广安蜜梨连续五年农产品抽检合格率达100%。此外,广安蜜梨推进农产品认证和登记工作,坚持把培育优质、绿色、生态农产品作为现代农业发展的主攻方向,大力推广优质农产品标准化生产和质量控制技术,大力支持无公害农产品、绿色食品、有机食品和地理标志农产品的申报认证,鼓励推行农产品包装标识上市。

3.2.5 四个支柱

四个支柱是指品牌与渠道战略、平台与金融战略、科技与人才战略、融合与协同战略。

3.2.5.1 品牌与渠道战略

(1)品牌战略。

自品牌创建以来,虽然广安蜜梨不断发展,产销量逐步增加。然而,品牌市场占有率与竞争力在果品市场中仍有待提升,与知名梨品牌相比仍有一定差距。

近年来,广安蜜梨产品主要销往广安、达州、南充、成都、重庆等地的各个县级市场,其目标消费群体主要是本地及周边的重庆等地的消费者,川渝外地区的消费者并不是广安蜜梨消费的主力军,且消费频率较低,目标消费群体的有限性限制了广安蜜梨的销售率。并且,由于我国梨品种众多,各地种植梨广泛,消费者难以对某种梨品牌保持较高的忠诚感。随着新鲜感的消失,持续消费动力减弱,购买频次必然降低。尽管不乏新的消费群体,但保有既有的消费群也是广安蜜梨必须实现的目标。

目前,广安蜜梨的品牌忠诚度较低。根据Oliver提出的定义:品牌忠诚度是指经常向供应商重复采购产品,并且采购的品种越来越宽泛,对潜在的竞争者具有较强的"免疫力"。不同学者对顾客忠诚有不同的看法,其中迪克和巴苏根据顾客重复购买意向和重复购买行为将品牌忠诚度分为不忠诚,虚假忠诚,潜在忠诚和持续忠诚。广安蜜梨的品牌建设,需要区分顾客忠诚度的具体情况,了解忠诚度低的具体原因,发展潜在忠诚的客户,同时辨别虚假忠诚和持续忠诚,避免客户的流失。

品牌忠诚度的影响因素有很多，从顾客满意度来看，广安蜜梨需要区分顾客不满意是顾客自身的原因还是产品本身的原因。如果实际远好于预期，顾客会表现出愉悦，如果实际稍好于预期，那么顾客则会满意，否则顾客将会表现出不满。

从转移成本来看，梨品牌种类众多，每个种类虽有差异，但是消费者追求的还是梨的甜度和口感，对特定的口味没有特别的追求，所以没有口味的稳定性，转换成本较低，使梨果企业的顾客忠诚度低，顾客流失率较大，这是梨品牌很大的一项弱势。加上现如今互联网的普及以及交通运输的发达，顾客在转换产品提供商方面所需支付的时间、货币和精力成本很低，并且能够选择的梨品牌种类众多，很多内陆的梨品牌都可以送达沿海城市，这对于广安蜜梨既是机遇也是挑战，广安蜜梨有条件将产品销往不同的地方，但是其相应的梨品牌的竞争者也很多，存在较大威胁。

从竞争来看，中国气候和地形条件丰富，适宜各类水果的种植，且水果品种繁多。尤其对于一些大品类而言，由于采摘时节不同，同一品类间往往还可能存在不同品种的横向竞争。特别是对于水果这类产品，不同水果种类之间会有明显的差距，但是对于同一种水果之间，梨的不同种类在口感上的差距则不是特别明显，使梨的供应商竞争相对平等，顾客的转换成本相对较低，容易转换品牌。广安蜜梨的品牌知名度较低，所以在这种竞争情况下没有竞争优势。

从求变行为来看，"广安蜜梨"主要的产品还是在梨果本身，对深加工产品的推广还存在问题，这不利于维持顾客的稳定性。虽然广安蜜梨研发出梨脆片、梨软膏、梨酒、梨口服液、梨气泡果汁等精深加工产品，但仅有华蓥市农业投资开发有限公司、四川欧阳农业集团有限公司进行过小规模的梨气泡果汁销售，因此企业需要在创新之时，还需注意销售和推广。

为了"广安蜜梨"能够可持续发展，企业需要学会从顾客立场出发，及时发现问题。广安蜜梨在销售推广的过程中，应当通过顾客的态度和行为来判断顾客忠诚度等级，估计不同忠诚度的顾客比例，从而找出品牌忠诚度低的具体缘由，进而能够更好地采取针对性措施。只有这样，"广安蜜梨"才能够不断地进行自我调整，发现问题，自我定位修补，从而实现品牌的可持续发展。

（2）渠道战略。

广安蜜梨从2012年创建品牌使用至今，远销到上海、江苏、山西、陕西、广东、深圳、北京、重庆、成都等多地并进行宣传推广，品牌趋于成熟，但是广安蜜梨品牌在全国梨品牌的知名度还不够。

目前"广安蜜梨"品牌销售方式仍以线下销售为主，主要销售到周边城市的水果市场、超市等，主要销售渠道单一固定，制约着品牌知名度的提升，受众面比较广的传统媒体对"广安蜜梨"的宣传力度也相对较低。虽然"广安蜜梨"已经在淘宝、天猫等电商平台开辟线上销售渠道，但网络营销步伐缓慢，营销力度小，宣传力度小，月销售量少，离理想的影响力还有很大差距。广安蜜梨不能仅仅满足于区域或小众的品牌定位，而应向拥有较强品牌影响力和渠道竞争优势的知名品牌学习，才有可能把握住机会，在行业深度调整、挤压式竞争阶段迅速提升市场份额，因此广安蜜梨亟须着手渠道创新。

在销售渠道方面中国主要的水果零售渠道包括农贸市场、现代零售（商超、生鲜超市、便利店）、电商渠道和水果专营零售，并且现代零售逐步取代农贸市场成为核心零售渠道，原因主要为：一方面，城市大规模改造导致农贸市场数量不断减少；另一方面，虽然传统农贸市场议价氛围浓厚、水果品类丰富，但购物环境不佳且产品规格质量缺乏标准，而以商超为代表的现代零售水果供应渠道多、价格透明、质量有保证，且有其他品类流量支持，能够充分满足顾客的即时消费需求。特别是新兴零售快速崛起，电商渠道能够满足消费者及时性购买和便利性需求，电商零售渠道渗透率从 2016 年的 3.3% 增长至 2021 年的 12.8%，预计2026 年将增长至 19.5%。

由于水果适宜生长区域广泛，种植分散，能适应长距离运输的水果最先受电商青睐，如苹果、梨、柑橘等。传统的鲜果零售渠道主要是由生产商、各级各类分销商、零售商及消费者组成，其自身销售方式单一，局限性强，存在信息不对称、产品损耗率高、供应缺乏标准等问题。电商的兴起能明显改善当前所存在的问题，新零售生鲜水果企业依托互联网等新兴技术，在传统水果零售业务模式上进行创新升级，并通过自建物流或第三方物流为消费者提供极速送货到家服务，深受消费者喜爱。考虑到城市消费者的生鲜购买场景逐渐从农贸市场转向电商平台、传统商超及线上线下一体化的新零售渠道，这为"广安蜜梨"的品牌推广与销售指明了新方向。电商是品牌推广过程中需要抓住的重要一环，当地农户应当敏锐抓住电商红利，靠着微信朋友圈、淘宝店等分散多元的线上渠道，将产品卖向全国。

但是电商也会带来一些问题，例如，随着库尔勒香梨品牌名气的提升，以次充好和红香梨假冒库尔勒香梨等问题频频出现，损伤了地方品牌。这种情况广安蜜梨也不曾幸免，因此如何做好防范工作至关重要。然而，广安蜜梨生产、采摘、选果、包装规范标准还存在问题，如商品果分级体系难以完善、缺乏较统一的产品采后处理管理和质量分级制度、水果采购标准不一等，这些问题导致最终流入市场的产品质量规格参差不齐，因此地方品牌的长期建设也难以为继。在这种情况下，线上无法触摸、筛选的购买场景进一步模糊了同类型梨果之间的差异性。

这给假冒品牌者提供了便利，因此政府和企业需要组织开展品牌培育、品牌保护等知识培训，让公众充分认识到品牌滥用、假冒所带来的严重后果，提高品牌保护意识和法治意识，加强与工商、质监等部门联系，健全完善打假协调机制，加大品牌打假和维权管理力度，加强举报、曝光和惩戒力度，切实维护品牌声誉和公众影响力。

3.2.5.2 平台与金融战略

（1）平台战略。

广安蜜梨的各家合作社都在拓展各类电商平台，主要在淘宝、天猫等电商平台开辟线上销售渠道。

（2）金融战略。

广安市农业农村局及华蓥市人民政府通过政策支持、项目支持、金融创新等手段培育示范主体，示范带动广安蜜梨产业发展。一方面，企业积极向上争取项目和本级财政资金；另一方面，企业通过反租倒包等形式，构建多渠道、多层次、全方位的融资体系。完善金融扶持体系，对华蓥市各蜜梨生产、经营主体及种植大户提供金融创新担保贷款，对符合条件的进行利息补贴，并且将广安蜜梨纳入特色农业保险目录，对进行投保的蜜梨种植经营主体，予以应保尽保。

3.2.5.3 科技与人才战略

（1）科技战略。

在科学技术方面，广安蜜梨基地还引进智慧农业应用系统，推进蜜梨种植从传统农业向现代农业转变。该系统搭建了梨园数据信息监测网络，创新梨园水肥"一体化"工程建设、集成应用绿色防控技术。例如，通过互联网技术，结合气象资料、土壤墒情、作物成长、种植结构等信息采集，集产品溯源、田间管理、病害预警、生产监控预产测产等于一体，完成"一站式"远程高效管理。其浇灌系统可根据收集的数据，通过计算得出最优浇灌时间、浇水量与施肥量。无人机技术也投入使用，未来无人机除了为4万亩蜜梨基地授粉，还将全方位投入到杀虫、施肥、除草等各个环节，为提高果品质量和果农收入提供坚实的科技保障。

（2）人才战略。

在人才方面，基地高薪聘请专业人士实施六年一周期的苗木嫁接换种，还与四川省农业科学院、四川农业大学、西南大学等科研院校合作，组建了100余人的中高级人才技术团队，引进、推广先进生产技术50余项，建立优质苗种繁育基地1个；成立广安蜜梨院士、专家工作站，引入业内知名专家，重点开展广安蜜梨种质资源保护利用与广安蜜梨加工产品研发、广安蜜梨绿色有机农产品生产技术、绿色防控技术、测土配方施肥技术、精深加工技术等研究。

外部人才流入能够直接提高产品质量，也会改善传统商业模式。农业劳动者的人才断层，是许多地方农业产业发展出现的问题，其中一个原因就是区别于二三产业部门普遍存在的培训体系，劳动密集型的农业产业更分散孤立，新进入的劳动者可能并不知道农业产业的运营模式和利润。所以说问题的关键在于，许多外部人员不知道产业发展的信息。如果能打通这一外部进入者的阻点，则可大大提升本地产业发展的竞争力。所以华蓥市政府应当积极进行宣传，建立一个信息沟通平台，发掘有意来广安种梨的人才。

3.2.5.4 融合与协同战略

考虑融合与协同战略，华蓥市坚持"大园区+龙头企业+小业主"多元经营理念，创新探索"合作经营"机制，实行"承租返包""借地还园"模式，让农民以土地、劳力、生产管理入股，实现农民变工人、变股东、变业主的发展目标。当前，华蓥市已培育蜜梨专业合作社、家庭农场等经营主体23个；四川欧阳农业集团还被评为农业产业化国家重点龙头企业；广安蜜梨产业园成功创建为省四星级现代农业园区。

华蓥市还发挥蜜梨产业优势，推进农文旅全链融合，通过整合"梨香花海"、海棠博览园等梨产业资源，开发花卉观光、果品采摘等乡村旅游产品，配套完善梨园新村、梨花广场、旅游环线、游步道等基础设施，创办梨花文化节、蜜梨采摘节等文化旅游活动，吸引游客观赏旅游。目前，广安蜜梨产业园已成功创建为"全国休闲农业与乡村旅游示范点""四川省农业主题公园""四川省休闲示范农庄"。

在农产品地理标志品牌建设过程中，单纯的多中心协同治理，容易出现"群龙无首"、相互依赖和"等靠要"式的协同配合等问题，华蓥市需要明确政府在农产品区域公用品牌建设过程中的主导地位和作用，明确各方的责任，从而提高融合与协同的效率。

3.2.6 五像合一

五像合一是指所有商品一定具备这五个特征：定位、品质、代言、包装、气质。

3.2.6.1 定位

目前，广安蜜梨以打造"华蓥山"公用品牌为统揽，以"广字号"优质农产品品牌体系为定位。广安蜜梨具有早熟特性，上市时间早且就口感而言比市场其他竞品更甜，产品个性更明显。为了保证梨果的质量，华蓥市全力支持广安蜜梨种植，坚持"高标准建园、高标准种植、高标准管护"，提升蜜梨种植品质。华蓥市发展蜜梨原产地清洗、挑选、包装等商品化初加工产业，装备设施设备12套，建成冷藏库15座，静态冷藏能力达4000吨，冷链运输率达48.7%。

但在实际生产过程中，广安蜜梨品牌的梨因产区、树龄品种等不一，采摘的蜜梨在品质、口感、大小、上市时间等方面也存在诸多差异，因此采摘下的蜜梨会先通过人工分选，区分二级果、一级果、优级果和特级果。翠冠等优质早熟蜜梨定位在中高端消费市场，以精品包装供应到市场；其他大部分梨果则主要供应中端消费市场。受自然环境等不可控因素影响，次果一般由小商小贩散装零售。

3.2.6.2 品质

广安蜜梨果形美观、果肉白嫩、松脆多汁、香甜味浓、营养丰富。经过 20 余年的品种改良，广安市成功培育了广安蜜梨几十余个良种，形成了以翠冠、翠玉、黄金、秋月等为主的广安蜜梨品种体系。

翠冠梨具有清心、润肺、降火、生津、润燥、清热、化痰等功效，其富含糖、蛋白质、脂肪、钙、铁及多种维生素，具有较高的营养价值。黄金梨果肉细嫩而多汁，白色，石细胞少，果心很小，含糖量可达 14.7% 度，味清甜，而具香气，风味独特，品质极佳，有"天然矿泉水"之称。翠玉梨果实呈圆形，单果重 230克左右，果皮浅绿色，果锈少，果点极小，果肉白色，肉质细嫩，化渣，核小多汁，口感脆甜。秋月梨特点汁多甘甜，具有耐贮藏特性，长期贮藏后也可以味正、口感脆，果实呈金黄色，果肉乳白色，果核小，可食率达 95% 以上，肉质细脆，石细胞极少，品质上等，以独特的清香味而闻名。

3.2.6.3 代言

"广安蜜梨"由于其农产品特性，代言需求不是很高。

3.2.6.4 包装

礼盒包装是两个品牌的视觉载体，消费者只需凭包装上的图文"自我介绍"便可以了解商品和品牌的故事。广安蜜梨设计了统一的纸盒包装，包装印有产地、梨的种植历史、品牌标识、梨的特性、线上平台二维码等元素。

品牌的包装承载并叙述了品牌故事，好的产品包装是无声的广告，每一个消费者都是它的受众，品牌依附着产品包装被消费者认知、购买和推荐。具备独特风格与创意的品牌包装是抓住消费者眼球、满足消费者审美需求的有效策略，且具有品牌内涵和美感的设计更能衬托品牌的形象。广安蜜梨品牌的包装进行了创新的结构设计，消费者往外抽拉包装盒时，盒子里的梨会随着抽拉自动升起，这种设计方便消费者取出梨。包装盒整体为绿色调，在包装盒上以华蓥山与邓小平故居图案为背景，映入眼帘的是广安蜜梨文字及图案，让人直观感受到品牌形象，也向消费者传达了品牌的核心思想和价值观，在消费者购买产品的同时，加深消费者识别品牌形象，一旦消费者看到外包装，就会自然地联想到广安蜜梨这个品牌。

图 3-1　广安蜜梨包装图

3.2.6.5　气质

广安蜜梨品牌以苹果梨为标识，体现了果形端正，香甜可口，令人垂涎欲滴，广安蜜梨甜甜蜜蜜，永不分离，预示着家庭的和睦恩爱。

3.2.7　总结与展望

本文以"品牌囤"逻辑图为分析基础，从一个主体、两个机制、三个世界、四个支柱、五像合一这五大维度出发，总结了"广安蜜梨"品牌建设现状、分析了其存在的问题。本部分将对"广安蜜梨"品牌特点和现存问题进行总结，并进一步提出优化战略，以促进"广安蜜梨"品牌建设实现更好的发展。

3.2.7.1　广安蜜梨品牌特点

第一，广安蜜梨凭借早熟等特点，受到消费者的喜爱。

第二，广安蜜梨品牌的组织形式以龙头企业为主。

第三，政府大力支持广安蜜梨品牌发展，提供了资金、技术、人才等多方面的政策支持。

第四，企业在生产过程中注重科技进步与绿色生态发展。

3.2.7.2　广安蜜梨品牌现存问题

第一，品牌忠诚度低。广安蜜梨的目标消费群体是本地及周边的重庆等地消费者，川渝外地区的消费者并不是广安蜜梨消费的主力军，且消费频率较低，目标消费群体的有限性限制了广安蜜梨的销售率。并且由于我国梨品种众多，梨果种植区域广泛，消费者难以对某种品牌保持较高的忠诚感。随着新鲜感的消失，持续消费动力减弱，购买频次必然降低。尽管不乏新的消费群体，但保有既有的消费群也是广安蜜梨必须实现的目标。

第二，销售渠道有限。品牌宣传有利于提高品牌知名度和品牌忠诚度，而成功打造卓越品牌与有力的销售密不可分。不过，目前"广安蜜梨"品牌的推广力度较小，仍以线下销售为主，主要销售到周边城市的水果市场、超市等，主要销售渠道单一固定，制约着品牌知名度的提升。受众面比较广的传统媒体对"广安蜜梨"的宣传力度也相对较低，虽然"广安蜜梨"已经在淘宝、天猫等电商平台开辟线上销售渠道，但网络营销步伐缓慢，营销力度小，宣传力度小，月销售量少，离理想的影响力还有很大差距。广安蜜梨不能仅仅满足于区域或小众的品牌定位，而应向拥有较强品牌影响力和渠道竞争优势的知名品牌学习，才有可能把握住机会，在行业深度调整、挤压式竞争阶段迅速提升市场份额，因此广安蜜梨亟须着手渠道创新。

第三，产业链条短。产品加工短板突出。现阶段，蜜梨产品绝大多数以鲜果销售为主，加工只停留在分拣、冷藏等初级阶段。近年来，虽相继研发出梨脆片、梨软膏、梨酒、梨口服液、梨气泡果汁等精深加工产品，但仅有华蓥市农业投资开发有限公司、四川欧阳农业集团有限公司进行过小规模的梨气泡果汁销售，且精深产品仍以外地代加工为主，没有形成本地规模加工能力，产品的总体加工能力不能完全满足全市广安蜜梨产业发展需要。

3.2.7.3 广安蜜梨品牌建设优化策略

针对"广安蜜梨"品牌建设现存问题，本文提出以下优化策略，以供参考。

（1）培育品牌忠诚度。

产品质量是品牌建设的基础，没有质量，一切都是空谈。广安应以品质为本进一步增强广安蜜梨品牌竞争力，建立从种植、包装到营销的标准化管控体系，对蜜梨进行人工分选，分类包装；通过层层检验和严格把关保障广安蜜梨从种植到生产、销售的精细化，铸就广安蜜梨系列产品的高品质，打造消费者心中的品牌、口碑，从而建立消费者的品牌信任度。把产品、包装和销售做到较高的辨识度，力争做到让消费者一见、一吃就可以分辨出广安蜜梨，从而培养和提高消费者的品牌忠诚度。

（2）拓宽销售渠道。

适应现代农产品销售手段。当前网络营销已经是当代营销趋势，相较于线下专卖店、超市购买，人们更喜欢在线上购买。企业可以把广安蜜梨产品通过各大电商平台以及微信公众号和小程序进行线上销售，通过各大短视频平台做一些广告，通过大数据进行精准投送，根据一些节日进行优惠促销活动，吸引消费者购买。

线上销售模式更方便消费者与企业直接沟通，避免了信息不对称造成的销售困难等问题，并且可以及时通过消费者反馈进行调整和改进。企业可充分利用互联网渠道宣传推广，通过制作广安蜜梨品牌发展历程小短片，宣扬广安蜜梨品牌的文化内涵，同时通过各种短视频平台宣传广安蜜梨品牌。采用多元化的发展模式，发展诸如亲子游、采摘活动、梨花节及相关青少年科普平台建设，将农文旅三者结合起来，促进三产融合发展。

（3）发展深加工产业。

当前，华蓥市蜜梨产量已充分满足鲜食需要。为此，华蓥市加快优化蜜梨加工产业布局，积极引进龙头企业、民营企业建设蜜梨产品深加工项目，积极整合各类涉农政策、资金、信息，对农产品加工重点企业和重点项目进行重点扶持，同步发展绿色农业、特色农业、高效农业和农业规模经营，全面推进农业产业化、现代化。政府应支持企业与相关科研院所签订技术合作协议，在进一步提升蜜梨产品初加工能力的基础上，重点布局发展一批优质精深加工农产品，着力补齐蜜梨产品加工短板。

3.3 "广安蜜梨"调研日志

调研时间： 2023 年 9 月 19~21 日
调研地点： 四川省广安市华蓥市禄市镇
调研人员： 周德、孙佳颖、陈梓怡

2023 年 9 月 19 日

晚上抵达华蓥市，与四川省农业科学院李文贵老师、华蓥市农业农村局总经济师叶亮、农技站李站长、农业农村局雷局长交流广安蜜梨生产情况。

2023 年 9 月 20 日

上午前往华蓥市农业农村局，与四川省农业科学院李文贵、农业农村局雷局长、叶亮、李站长等政府相关人员座谈。

1. 基本情况

（1）地理位置。华蓥市地处四川省东部，广安市南部，因境内华蓥山而得名。

广安蜜梨现代产业园区位于华蓥山海拔 300~600 米的区域，区域内降水充足，土壤为山地黄壤、暗黄壤和黄棕壤，土层深厚。蜜梨基地背靠我国三大天池之一的天池湖，适宜砂梨的种植，是四川广安蜜梨的重点核心产区。

（2）种植情况。目前广安蜜梨特色产业以石溪路为界，分布于石溪路两侧，核心区分布在禄市镇月亮坡村、山门口村、华龙街道上坝桥村等行政村，现已建成产业基地 4 万亩，其中标准化核心区 2 万亩，辐射带动周边农户种植蜜梨 2 万亩，年产梨 4.5 万吨、综合产值达 4.5 亿元。计划通过 2~3 年将蜜梨基地拓展至 6 万亩。品质以南方早熟梨为主，有翠冠、黄金、秋月、南水、翠玉、丰水梨、黄花梨等 18 个不同品种。广安蜜梨是禄市镇的特色优势产业，现已成为广安农产品的一块金字招牌。

（3）种植效益。广安蜜梨现已集中连片发展广安蜜梨优质产业基地 4 万亩，产量达 4.5 万吨，综合产值近 5 亿元。全市约有 3000 户农户从事蜜梨种植，人均种植面积约 5 亩，园区农户人均可支配收入达 2.42 万元，高出全市平均水平 28%，是当地农户增收致富的主要产业。

2. 品牌发展

（1）品牌建立。2013 年，广安蜜梨产品获得中国地理标志产品，2016 年获得绿色食品认证，蜜梨产业核心基地被认定为四川省首批特色农产品优势区。

（2）广安蜜梨品牌核心竞争力。品质管控。优中选育优种，与四川省农业科学院、四川农业大学等科研院校开展合作，形成 100 余人中高级人才技术团队，引进改良先进生产技术 50 余项。推广拉枝整形、地膜覆盖等提质增效技术。开展技术培训，使用有机肥，严格要求农残、药残、使用的药剂，确保广安蜜梨的品质。

（3）政策。高接换种，及时更换新优品种、调优梨品种结构。支持先进实用配套技术推广应用，制定出台《华蓥市特色农产品宣传推介年度实施方案》，强化品牌推介。

（4）补贴。对蜜梨产业发展全产业链条进行补贴。新建基地方面：经营主体连片发展广安蜜梨产业基地规模达 50 亩以上，科学实施基地生产管护，在第三年之后根据挂果率给予不同程度补贴。对近五年内获得国家、省级部门审批认定的新品种、新技术、新模式等科技成果，并有效开展示范推广的经营主体，经验收合格后分别予以每项科技成果 5 万元、3 万元的一次性补助并纳入特色农业保险。

（5）技术管理。同四川省农业科学院、四川农业大学、西南大学等科研院所深度合作。成立广安蜜梨院士、专家工作站，引入业内知名专家，重点开展广安蜜梨种质资源保护利用与广安蜜梨加工产品的研发、广安蜜梨绿色有机农产品生产技术、绿色防控技术、测土配方施肥技术、精深加工技术等研究、示范。

3. 品牌建设

（1）广安市政府和华蓥县政府的重要举措。引领督导，打造"华蓥山"特色农产品区域公用品牌；农旅融合，实现蜜梨种植和乡村旅游的有机融合；深化政产学研合作，促进品种更新和技术进步；建立质量追溯体系，培育和维护"广安蜜梨"品牌；参与展销活动，参加各类展销活动，增进果品品质交流；加大宣传力度，提升"广安蜜梨"品牌影响力。

（2）组织形式。以龙头企业为主，四川欧阳集团有限公司是当地最大的蜜梨产业生产销售主体。蜜梨园区现培育有国家产业化重点龙头企业 1 家，国家级农民合作示范社 1 家，实行"承租返包"模式，以土地入股，亩产出效益 5000 元以上，带动 1600 余农户户均收入达 5 万元以上，收入最高户达 20 多万元；以产销合作等形式参与产业化经营模式的农户年户均收入 4.5 万元左右，人均增收在 3000 元以上，园区农民人均可支配收入高出当地平均水平约 26%。

（3）广安蜜梨质量管理措施。首先，完善农产品农残快检、农产品追溯、农业标准化生产等体系，出台了农产品生产主体质量安全"重点监控名单"和"黑名单"制度，建立了专业化的农产品检测队伍和执法监管队伍。其次，在全市范围内试行食用农产品合格证制度，主体覆盖率已达 100%。最后，接受专家的技术指导，合作社要求农户按照统一的技术标准进行生产。

2023 年 9 月 20 日

下午前往华蓥特色旅游产品展示展销中心和广安金聚果业有限公司。

1. 华蓥特色旅游产品展示展销中心

（1）基本情况。华蓥山农产品展销中心占地 400 余平方米，于 2021 年 7 月试营业，法定代表人为刘建波，经营范围包括：带动和服务华蓥山景区范围"三农"，助推华蓥山旅游开发。开发、试验、推广、营销华蓥山特色农林旅游产品，旅游信息发布、品牌营销、拓展市场等。截至目前，已销售农产品价值近 200 万元，为助推乡村振兴，擦亮"华蓥山"公用品牌价值体系的建成起到了积极的推动作用。

（2）销售方式。线上京东、淘宝等店铺与线下直销结合，主销礼盒装。

（3）销售去路。第一，30%企业采购，用于单位（员工福利发放等）供货；第二，30%销往重庆市、成都市、南充市及川渝周边县级市场；第三，30%销往上海、广东、西安等川渝外城市。

（4）品牌宣传与品牌管理。对辖区特色农产品进行统一包装推介，扩大农产品销售规模和影响力。礼盒上印有线上店铺二维码，可通过扫码回购。

（5）设施建设。建有1个冷库，冷藏能力达4万斤，储存技术过关。

（6）生产管理。劳动力主要以当地村民为主，负责分拣挑选。礼盒设计外包美工公司。

（7）主要问题。成本较高。快递等运输费用、礼品盒及包装成本、工人工资等。

2. 广安金聚果业有限公司

（1）基本情况。广安金聚果业有限公司成立于2021年12月，法定代表人为阳志军。经营范围包括水果种植、批发、零售；农副产品销售、智能农机装备销售等。

（2）销售方式。线上京东、淘宝等店铺与线下直销结合，主销礼盒装。

（3）销售去路。第一，30%企业采购，用于单位（员工福利发放等）供货；第二，30%销售合作单位通过邮政邮乐购销售；第三，30%散装销售等。

（4）品牌定位与管理。广安蜜梨成立品牌运营公司，定位中高端市场，精选分级包装，品牌溢价效应明显。

（5）公司产品核心竞争力。高接换种，改良品种，种植早熟优质梨，抢占市场先机。

（6）主要问题。规模小，承接订单能力有限。农业用水紧张，果园灌溉难。

2023 年 9 月 21 日

讨论调研情况，探讨广安蜜梨品牌发展和产业发展问题。确定案例写作重点和框架，制定案例撰写计划与分工。

返程。

调研总结

1. 广安蜜梨产业发展的主要问题

（1）当地劳动力外出务工多，留守老人年龄高，种植户平均年龄较大。

（2）园区多为山地，采摘运输不便；灌溉难。

（3）受制于用地指标，梨产业规模难以扩大。

2. 广安蜜梨品牌建设发展的主要问题

（1）品牌的宣传力度不够，品牌影响力小，多在川渝地区。

（2）质量安全追溯体系尚不完善，信息溯源普及率低。

（3）产品附加值低，产业链条短。

（4）产品的分级简单，标准不明确且多为人工分选。

3. 对策建议

（1）加大宣传力度，线上线下结合，扩大品牌知名度。

（2）建立健全广安蜜梨质量安全追溯体系，加大追溯平台推广力度，提高质量安全监督水平。

（3）延长产业链，发展深加工，提升附加值。

（4）细化分级标准，规范分级流程，加大技术投入。

4 宁陵酥梨[①]

4.1 乐都梨乡·醉美宁陵

4.1.1 宁陵酥梨历史沿革及现状

宁陵县位于河南省商丘市西部，北与民权县接壤，西与睢县相邻，南与柘城县相连，东与梁园区、睢阳区相接，位于北纬34.5°，是公认的优质酥梨产区核心地带。宁陵县下辖14个乡镇、1个开发区，364个行政村（居委会），总人口80万，区域面积800平方公里，耕地80万亩，是中国葛天文化之乡、中国长寿之乡、中国酥梨之乡。作为河南梨第一种植大县、强县，宁陵总面积和总产量分别为22万亩和65万吨，目前宁陵县有6万多农民从事梨产业种植、销售和加工。

宁陵酥梨即产自宁陵县的金顶谢花酥梨，是白梨和沙梨的自然杂交品种，因萼洼广而浅，梗洼附近有一片放射状金黄色锈斑，故得美名"金顶谢花酥梨"。宁陵酥梨主要有白皮酥、伏酥、圆酥三个品系，单果平均重量300克，最大可达800~1000克。成熟后的酥梨个大皮薄、酥脆多汁、香甜味美、金黄发亮，含糖量高达13%~15%，并含有磷、铁、硒、维生素C等多种元素和维生素。宁陵县是中国富硒集中连片地区之一，宁陵酥梨硒含量高达0.06毫克/千克以上，是畅销海内外的佳品珍果。宁陵酥梨被评为国家市场监督管理总局地理标志产品保护优质农产品，与花生、白蜡杆并称为"宁陵三宝"。

4.1.1.1 宁陵酥梨历史沿革

据《豫东史志》和《宁陵县志》记载，宁陵酥梨距今已有700多年的栽培历

---

① 本案例由南京农业大学人文学院副教授尹燕及研究生蒋敬轩、孙晓雪共同撰写。

史，明孝宗皇帝弘治年间已被封为贡品。1949 年前，宁陵遗存的古梨树园有清道光年间栽植的梨树约 300 亩，有民国期间栽植的古梨树园 2000 余亩。1949 年后，梨树得到了迅速恢复和发展。20 世纪 50 年代中期，梨树在沙荒、盐碱地上栽植面积达 1.45 万亩，年产量 180 万公斤。1965 年中国农业科技院郑州果树研究所崔致学、黎彦、仝月奥、余旦华、高德良等专家进驻宁陵，在刘花桥村建立梨树丰产示范园，对老梨树进行更新改造、人工授粉和病虫防治，使老树复壮，显著提高了产量和质量。到 1966 年，宁陵梨树面积发展到 1.8 万亩，年产量达 325 万公斤。自 1966 年以来，随着化学肥料、贮藏保鲜等技术的应用推广，宁陵酥梨产业进入了迅猛发展阶段。

4.1.1.2 宁陵酥梨现状

目前，宁陵县梨种植面积稳定在 22 万亩，总产量达 6.5 亿公斤，总产值 20 亿元，拥有酥梨、翠冠、园黄、秋月、苏翠一号等 150 多个品种（含宁陵酥梨试验站品种），产地自然贮藏保鲜 20 万吨，冷库贮藏保鲜 1 万吨，优质果率达 95% 以上。宁陵酥梨绿色食品认证面积 1.1 万亩，绿色食品原材料创建面积 3.3 万亩，经多家权威机构连年检测，全部符合绿色食品质量标准。

宁陵县梨核心区现存百年以上树龄的老梨树 1070 棵，3.3 万亩酥梨通过国家绿色食品原材料基地验收，宁陵黄河故道古梨园已被认定为第七批中国重要农业文化遗产。

4.1.2 宁陵酥梨在近现代鼎盛发展

4.1.2.1 毛主席品尝宁陵酥梨

2009 年（宁陵县志）第四编《土特名产·金顶谢花酥梨》载："1958 年，刘楼公社薛屯大队和石桥公社刘花桥大队的梨农曾将金顶谢花酥梨敬献给毛泽东主席、朱德总司令。"

2007 年 9 月 16 日《商丘日报》第一版刊登《毛泽东主席的酥梨情结》一文，对宁陵酥梨和毛主席的情缘进行详细追述。1958 年中秋节后，刘花桥大队支部书记刘勤明接到中共中央办公厅的回信，信中道：

河南省宁陵县石桥公社刘花桥大队刘勤明同志：

你们寄的酥梨果已经收到。毛主席品尝后称赞酥梨果很好，要大力发展酥梨生产，生产出更多更好的酥梨，并嘱咐不要再寄了。谢谢，寄去钱 4 元。

新中国成立后，宁陵酥梨迎来了新的快速发展时期。1959 年春天，中国农业科学院果树研究所的果树种植专家，受毛泽东主席和中共中央办公厅的委托，会同郑州市果树研究所果树种植专家共 10 人，从郑州出发前往宁陵县石桥公社刘花桥大队，为梨树诊病解难。得益于精细管理，酥梨当年产梨 8 万斤。之后连续几年时间里，刘花桥大队的酥梨面积逐年扩大，1966年产量达68万斤，1967年产量达100万斤，为历史最高水平。梨果丰收后，群众有了钱，买化肥、打机井，小麦丰产达到亩产600余斤，梨农的生活得到了进一步改善。

4.1.2.2　宁陵酥梨送到中南海

宁陵金顶谢花酥梨具有皮薄色鲜、质脆多汁、甘甜型美、风味醇厚的地方独特品质。1987年，宁陵酥梨荣获河南省名特优水果金奖；1992年，荣获首届中国农业博览会优质产品奖；1994年，荣获全国优质农产品展销会金奖；1995年，荣获首届中国农业博览会银质奖；1998年，宁陵县被农业部定为"优质酥梨生产基地县"；1999年，宁陵酥梨荣获99中国国际农产品展销会"中国名牌产品"称号；2001年，被中国绿色食品发展中心认定为绿色食品；2003年，通过河南省无公害农产品生产基地认定；2004年，通过农业部无公害农产品认证；2005年12月，被国家质检总局确定为国家地理标志保护产品；2006年，被河南省名牌战略推进委员会认定为"河南省名牌产品"；2009年，成为中南海特供果品、全国"两会"专供果品。

4.1.2.3　李克强关心宁陵酥梨生产

在刘花桥村，李克强边品尝酥梨，边与梨农亲切交谈，他指出："宁陵酥梨品质很好，农业产业化经营大有可为，要根据市场需求多想办法，加强与科研单位联系，加快酥梨的品种改良步伐，尽快上深加工项目，把产业做大、做强，千方百计加快经济发展。"按照指示精神，宁陵县在四个方面下足了功夫、做好了文章，即：让创新做大财富、让科技做强品牌、让节会做深营销、让招商做活产业。

4.1.2.4　新华社倾情宁陵酥梨种植

新华社原社长穆青曾四次到宁陵采访全国著名林业劳模潘从正，关注其植树防风固沙的先进事迹，并亲自为宁陵酥梨代言推销。潘从正，用一生的努力将2000亩风沙地变成了良田，是绿色宁陵的先行者，生态宁陵的奠基人。梨树，是潘从正所培育种植的主要树种之一，穆青因此和宁陵酥梨结下了深厚的情缘，并义务当起了宁陵酥梨的"推销员"。穆青在为"老坚决"潘从正写的墓碑碑文中深情地说："你看，那高大的树干，是他坚实的身影；雪白的梨花，是他高洁的灵魂；绿色的风涛，是他爽朗的笑声；郁郁葱葱的林带，是他生命长青的丰碑……"

中国梨产业在世界中占有重要位置。据联合国粮农组织（FAO）统计，1973年我国梨收获面积367.5万亩，超过苏联居世界首位；1977年我国梨总产量118.5万吨，超过意大利跃居世界第一位，成为世界产梨第一大国。如今，我国梨产量约占世界总产量的2/3，出口量约占世界总出口量的1/6。宁陵酥梨在中国梨产业中占有重要位置，为中国最大的金顶谢花酥梨生产基地。宁陵县由于酥梨种植历史久、面积大、品质好，被国家农业部授予"中国酥梨之乡"，被国家林业局授予"全国经济林建设先进县",被农业部和国家旅游局授予"全国休闲农业与乡村旅游示范点"。"金顶"牌酥梨在国家工商总局注册,2005 年 12 月被确定为国家地理标志保护产品,央视七套曾多次公益宣传宁陵酥梨。

如今,宁陵金顶谢花酥梨年产 10 亿斤,产品远销新加坡、马来西亚、泰国等国家,已成为当地农民致富奔小康的依托。处于梨园中心地带的刘花桥村先后被授予"全国绿色小康村"和国家级园林式小康村、河南省"生态文明村"等称号,千年"皇家贡梨"及产业正在新时代绽放异彩!

4.1.2.5　宁陵酥梨获得的荣誉

1998 年,宁陵县被农业部定为全国"优质酥梨商品生产基地县";2001 年,被国家林业局命名为"中国酥梨之乡";2003 年,被河南省无公害农产品产地认定委员会认定为无公害酥梨生产基地。2004 年,宁陵酥梨被农业部认证为国家级无公害农产品,证号为:WGH-04-07216;2005 年,酥梨被认定为国家地理标志保护产品,宁陵县被定为"中国无公害果蔬十强县"和"国家梨产业技术体系基地县";2008 年,宁陵酥梨被定为中南海专供果品;2009 年,进入全国"两会",成为人大代表、政协委员专供果品,同年,宁陵县被农业部列为《全国梨重点区域发展规划 2009—2015 年》重点县,是农业部区域规划梨生产 30 个重点县之一;2010 年,宁陵万亩梨园主景区刘花桥村被农业部、国家旅游局命名为"全国休闲农业示范点";2014 年,宁陵县酥梨园区被河南省科技厅批准为河南省农业科技园区;2015 年,以宁陵为核心区的商丘国家农业科技园区正式被科技部批复建设;2019 年,宁陵酥梨获农业农村部地理标志农产品;2020 年,荣获全国年度十大农产品区域公用品牌,宁陵县也被国家梨产业技术体系确定为全国两个"一县一业"示范县之一,被农业农村部认定为第四批中国特色农产品(宁陵酥梨)优势区;2021 年,宁陵酥梨被中国气象局授予"宁陵酥梨·气候好产品";2022 年,宁陵获"河南省梨文化之乡"称号;2023 年,宁陵黄河故道古梨园已被认定为第七批中国重要农业文化遗产。

4.1.3　正在谋划推进的工作

第一,扩大梨深加工规模。宁陵政府通过帮助企业融资、提供贷款等方式,提升宁陵县果源贡有限公司、商丘市宏达维隆有限公司 2 家企业的加工能力,扩大企业规模,引进 NFC 鲜榨梨汁生产线,使梨年加工能力扩大到每年 20000 吨。目前,NFC 项目设备正在安装。

第二,培育支持新型农业经营主体、龙头企业及专业合作社。在加大政府投入的同时,大量引入社会资本,扶持梨生产、贮藏、加工、销售龙头企业,培育种植大户,在各主产乡镇成立专业合作社,加强对梨种植、管理、销售的指导引导。宁陵每年组织开展梨状元和优质梨园评选，政府和相关部门对梨园进行测评，对优质梨园给予资金奖励、扶持，授予"梨状元"称号，激发梨农种植热情。同时政府宣传引导梨园流转、托管，实现适度规模经营，对农机具购买给予补贴，推广水肥一体化技术，建设现代高效农业。

第三，积极申报了第七批中国重要农业文化遗产。宁陵聘请吉首大学人文学院的专家学者到宁陵酥梨遗产地进行实地调研，对宁陵酥梨的历史与现状进行分析并开展重要农业文化遗产基本常识的宣传和普及，目前宁陵黄河故道古梨园已被认定为第七批中国重要农业文化遗产。

第四，加大品牌建设力度。政府聘请资深品牌策划专家对"宁陵酥梨"区域品牌进行策划、包装、宣传，形成具有全国影响力的区域公用品牌，并继续举办每年的梨花节、梨果节，利用好各种媒体资源宣传、扩大、经营"宁陵酥梨"区域品牌。

第五，推广应用数字化管理技术和产品溯源技术。宁陵正在推进通过大数据、区块链等数字化手段，建立信息化管理监控平台和产品溯源体系，对宁陵酥梨实行一码溯源，消费者通过扫码就能清晰了解梨从生长到成熟的全过程和含糖量、光照时间等重要指标。

第六，加大宣传力度，促进第三产业创新发展。

一是重点从梨文化、梨品牌方面着手，保护好区域公用品牌，邀请文案专业人士、专业团队对梨文化进行深度挖掘。

二是建设梨文化广场，把老梨树移植到文化广场，按照种植年代分区移栽，一区一文案，一区一故事，着力打造梨景观、讲好梨故事。

三是高标准建设梨文化博物馆，邀请专业团队，设计制作能体现宁陵特色和梨元素的Logo图案、雕塑等，设置在梨园景区、高速路口、县城内主要路口、广场等地，将梨的历史文化以动漫、3D电影等方式展现出来，与游客进行有效互动，增加趣味性和吸引力。

四是建设亲民、性价比较高的民宿和风味小吃街（村），开发与梨相关的特色饮食和风味小吃，注重吸引一般消费群体，让更多消费者记住宁陵酥梨，乐意到宁陵酥梨园参观旅游。

五是通过老梨树"高接换优"和栽植新品种，建设水平棚架、Y形架和拱形架等梨种植新模式，吸引游客观光采摘，让梨树变景观、梨园变游园，助推观光旅游业发展。

六是促进梨文化与葛天文化、张弓酒文化、戏曲文化、老坚决精神的有效结合、有机融合，组织开展各种研学活动，广泛宣传推介宁陵"花天酒地"这张名片。

4.1.4 宁陵酥梨的独到之处

4.1.4.1 历史文化韵味浓重

"忽如一夜春风来，千树万树梨花开"。每到梨花盛开的季节，宁陵县22万亩梨园宛若仙境，人在园中走，如在画中游。每到秋季，硕果满枝，十里飘香，被称为"金果园"。"春赏花，夏乘荫，秋品果，冬观枝"，已形成宁陵万亩梨园独特的景观。宁陵酥梨到底有多少年历史呢？是600年，还是2000年，抑或更长？本文根据宁陵地域历史沿革和典籍记载，作以探析。

（1）宁陵酥梨在西汉初期已形成规模。

中国是世界公认的梨属三大起源地（其他两个起源地为俄罗斯、意大利）之一。在我国古代历史文献中，关于梨的记载并不太早，如果我们去查阅古代文献资料就会发现，最早关于梨的记载，竟然只能查到春秋中期到战国中期。梨的记载最早出现在《诗经》："山有苞棣，隰有树檖。"意思是高高的山上有茂密的唐棣，洼地里生长着如云的山梨。梨的记载在《山海经》中也有出现："洞庭之中，其木多梨。"

早在遥远的古代，宁陵一带的先民就开始种梨了。宁陵培植梨树的历史可以上溯到2000多年前的周朝宋国时期。宋国人庄子在其著作《庄子》中这样记载："三皇五帝之礼义法度不同，譬其犹楂、梨、橘、柚耶，其味相反，而皆可于口。"他将故乡的"雅果"录于书中。到了汉代，宁陵属梁国，这里成为"三百里梁园"的西花园，在"文景之治"时期即多植梨树并形成规模。唐代诗人岑参到此游览，吟《梁园歌》："梁园二月梨花飞，却似梁王雪下时。"描绘了梁国宁陵一带春季梨花飞絮的旖旎景色。

西汉初期，梁国以植梨闻名。北魏《齐民要术》引《太平广志》曰："山阳巨野，梁国睢阳，齐国临淄，并出梨。"这里说的是西汉几个盛产梨的区域。《史记》载："夫自鸿沟以东，芒砀以北，属巨野，梁宋也。"直到如今，原梁国区域内的宁陵、虞城、夏邑、永城、砀山仍多植梨树，都是当年梁国梨在今天之传承，乃系出一脉、同根同源。西汉辞赋家、梁孝王门客司马相如曾在梁国品尝梨后有感而作《梨赋》。仲尝《南都赋》亦载："东苑望囿，三百余里。其果，则櫨梨梬栗，素柰朱樱。"宁陵作为梁国梨的重要种植区域享誉汉代。

宁陵酥梨在西汉时期称为"含消梨"，以"个大、酥脆、皮薄、多汁、香甜，入口即消"的营养药用价值而著称，曾作为贡品送到京都长安。辛氏《三秦记》云："含消梨大如五升器，坠地则破，须以囊承取之。汉武帝尝种于上苑。此又梨之奇品也。"汉武帝将梁国进贡的含消梨树栽植于上林苑中以便时常品享梨果。《三辅黄图》记："帝初修上林苑，群臣远方各献名果异卉三千余种植其中，亦有制为美名，以标奇异。"苑中植物种类繁多，仅梨之品种就达十数种，并在宫中建有成片梨园。《云阳宫记》："云阳东箱坂下，有梨园一顷，梨树百株，青翠繁密，望之如车盖。"以至于西汉东方朔在《神异经》中这样写道："东方有树，高百丈，叶长一丈，广六尺，名曰梨。其子径三尺，剖之白如素，食之地仙，可入水火。"这些记载表明西汉梁国酥梨栽培传播之盛景，由此也可知宁陵酥梨在汉代已是皇家贡梨。

梨在汉朝时，应该属于贵重物品，这从一些记载中可以看出端倪，比如在东汉史学家班固编撰的《汉书》中这样记载："淮北荥南河济之间千树梨，其人皆与千户侯等。"这里所说的地理范围，即包括梁国（今商丘）一带。需要着重说一下，这里的后半句，其实是班固引用了司马迁的《史记》，但意思是相同的，意思是拥有千棵梨树，身份就等于是个千户侯了，这可以从侧面反映出梨在当时的贵重。

（2）宁陵酥梨在明清时期的快速发展。

汉代之后，宁陵酥梨种植不断，而且融入到梨文化大环境之中。东汉末年，梨因为一个人而流传千古，这个故事就是大家耳熟能详的"孔融让梨"。魏晋时期，关于梨的记载非常多，如陶潜《责子》："责子雍端年十三，不识六与七。通子垂九龄，但觅梨与栗。"北魏末年贾思勰在《齐民要术·插梨篇》中记载了梨树的栽植技术："种者，梨熟时，全埋之。经年，至春，地释，分栽……"这本书系统总结了秦汉以来我国黄河流域的农业科学技术知识，这也表明当时商丘一带梨树种植已经很普遍。到了唐代，梨开始走出国门，流入了当时的印度。《大唐西域记》中记载印度国王称当时的梨为"至那逻阇弗亚逻"，意思是"汉王子"。唐代关于梨树最出名的莫过于唐玄宗李隆基创建了"梨园"，这是世界上第一所国立音乐学院，由于在一片梨树间，所以叫"梨园"，而这个名字影响了后世1000多年，直到现在，我们说戏曲时，仍然不时听到梨园这个名字。这应该是人们说到梨就觉得雅的原因之一。

到了宋代，梨已经跟我们今天的水果一样多见，这个可以在《水浒传》中看出来，郓哥在阳谷县卖的就是梨，跟武松关系不错。当时首都在大梁（今开封），陪都在南京（今商丘），宁陵酥梨为皇宫和王侯将相喜爱的水果之一。而且，文人墨客游览梨园留下了相当多的佳作，如曾在归德府（今商丘）任府尹的晏殊有《七律寓意》："梨花院落溶溶月，柳絮池塘淡淡风。"曾任应天（今商丘）知府的欧阳修有《蝶恋花》："翠被华灯，夜夜空相向。寂寞起来褰绣幌。月明正在梨花上。"曾七过商丘的苏轼有《东栏梨花》："梨花淡白柳深青，柳絮飞时花满城。惆怅东栏一株雪，人生看得几清明。"

到了明清时期，宁陵酥梨依然为皇家贡品。据《明史》载，明成化二十三年（1488年）九月，孝宗皇帝即位。翌年，改年号为弘治。帝澄吏制，治河道，靖蛮夷，清宁朝序，恭俭有制。他励精图治，勤政爱民，史称"弘治中兴"。弘治八年（1495年）秋，帝偶感身体不适，食欲不振，太医穷其技竟不能治。时授命河南治理河道的都御史刘大夏进京述职，并带宁陵产酥梨进献孝宗皇帝，奏曰："梨乃百果之祖，食之，可保圣上无虞。"但见果色金黄，异香扑鼻。帝尝之，汁浓香甜，酥脆爽口，顿觉神清气爽，食欲大振。取其汁入药煎服，病即愈，随御书"皇家贡梨"，并诏岁岁进贡。自此，宁陵酥梨闻名天下。后应宁陵地方之求，河南巡抚田文烈上疏朝廷，奏请赐贡梨所产梨园以"皇家梨园"，获准。皇家梨园之名沿袭至今。邑人吕坤创修于明穆宗隆庆元年（1567年）的首部《宁陵县志》卷二《地理志·土产·果类》即有"梨"的记载。以后清顺治十六年（1659年）、康熙三十二年（1693年）、宣统三年（1911年）、民国三十六年（1947年）、1989年、2009年续修的六部《宁陵县志》亦皆载酥梨，可见宁陵酥梨种植一直延绵不断。例如，1989年的《宁陵县志》第十八篇《土特名产．金顶谢花酥梨》载："相传明朝孝宗年间，本县刘楼乡薛屯产的酥梨，曾被列为贡品，一时名满朝野。"

宁陵酥梨主要是"金顶谢花酥梨"。金顶谢花酥梨，是因为梨蒂周围生有一层黄色果锈，果实不经后熟，谢花即酥脆可口，故而得名。金顶谢花酥梨属于白梨系统，下分白皮酥、伏酥和圆酥3个品系，其中以白皮酥最好，一般9月中、下旬成熟，单果重300克以上，大者可达800克，果大型美，色泽金黄，皮薄质脆，甘甜多汁，古有"果宗""蜜父"之誉，以极高的营养价值和医用价值而载入史籍、享誉中外。如明代李时珍的《本草纲目》中记载了梨的药用功效："梨，快果、果宗、玉乳、蜜父。甘、微酸、寒、无毒……"明代徐光启在《农政全书》中写了栽梨法："春分前十日，取旺梨笋如拐样，截其两头，火烧，铁器烙定津脉，卧栽于地，即活。"

4.1.4.2 一二三产业深度融合

（1）一产开拓创新。

中国农业科学院郑州果树研究所和宁陵县人民政府合作共建"宁陵酥梨试验站"，项目占地面积145亩。试验站主要开展梨的新品种、新技术、新模式、新产品、新装备研发和试验示范，目标是建成集品种培育、成果转化、技术示范、人才培养、国际合作、科普教育和观光旅游"七位一体"的国际一流试验站，把"看得见、摸得着、学得会"的科学技术扎根宁陵大地。试验站立足宁陵、着眼河南、面向全国、放眼世界，努力实现高端创新引领、绿色提质增效，为乡村振兴提供强有力的科技支撑。

宁陵酥梨试验站在新品种的研发上已经取得了不俗的成果，新品种梨多达160余种，包括红茄、美人酥、红太阳、红宝石、巴梨、七月酥、早白蜜、红香酥、早酥蜜、早红玉等。同时，试验站也开发出了酥梨种植的新模式，如使用Y字树形、拱形长廊等。此外，水肥一体化的物联网系统也被投入应用，不仅具有自动监测系统、自动灌溉施肥系统，还有远程专家系统、软件管理系统和数据传输系统。先进的设备包括且不限于动力变频柜、太阳能杀虫灯、自动气象站、自动土壤水分观测仪等。

（2）二产品类繁多。

宁陵县立足丰富的农业资源，培育一批以牧原肉食、福润食品、果源贡食品为代表的农副产品加工企业，实现总产值25.8亿元。农资化工产业形成以史丹利、嘉施利等为龙头的年产能近1000万吨的产业集群，成为中原最大、全国著名的新型复合肥特色产业基地。此外，宁陵引进落地了中科世生、异阳科技等一批科技型化工生物企业，为产业发展积蓄了后劲。当地政府围绕"双碳"目标战略，布局实施超低能耗产业园，着力打造河南省超低能耗示范县；坚持走"科技立县、科技强县"之路，累计培育省级"专精特新"中小企业5家、省级创新型中小企业18家。全县有工业企业100家，前三季度总产值75.4亿元，县先进制造业开发区荣获第11届河南省开发区建设"金星奖"。

宁陵县现有多家以宁陵酥梨为原料的农副产品加工企业，产品丰富多样，有清肺化痰功效的梨膏、梨膏棒棒糖等代表性产品，还有含多种维生素的软糖、香气浓郁的梨酒，除此之外，还有中高端梨木家具、醋、鹅蛋等周边产品。这些产品包装精美，口感醇正，赢得了不少消费者的青睐。

（3）三产繁荣发展。

依托梨园资源，做大旅游产业。宁陵县立足特色文化生态旅游资源，全力打造"乐都梨乡·醉美宁陵"品牌，以"醉梨园"生态旅游景区建设为引领，系统挖掘宁陵的华夏早期乐舞和农耕文化资源，以万顷梨园为平台积极打造乡村生态休闲游，建成了皇家梨园、贵妃园、御景园、百年梨树王、金顶阁、梨园六亭、梨花小镇等经典特色景点，形成了"春赏花、夏乘荫、秋品果、冬观枝"的四季美景。宁陵已连续举办20届梨花节、17届酥梨采摘节，以梨为媒，融经贸洽谈、旅游观光、踏春赏花、梨园采摘、梨王争霸等活动为一体，年接待游客约100万人次。近期，石桥镇梨花桥村成功入选河南省首批乡村康养旅游示范村创建单位。

4.1.4.3　政府高度重视

近年来，宁陵县依托乡村振兴，在梨产业发展工作方面做了大量工作。

第一，政府高度重视，全域全面推进。近年来，宁陵县委、县政府始终把梨产业发展作为宁陵县"三农"工作的重中之重来抓，把培育梨产业作为宁陵农业高质量发展四大产业链之一，出台了《关于打造四大产业链推动宁陵县域经济高质量发展的实施意见》《宁陵县人民政府关于加快推进梨产业品牌建设的实施意见》等政策文件，为宁陵酥梨产业高质量发展奠定了坚实基础。

第二，搭建发展平台，提升梨果品质。近年来，宁陵县加大资金投入，加强与中国农业科学院郑州果树研究所合作，筹划建设了"一站两中心"，即宁陵酥梨试验站、宁陵冷链物流中心和宁陵酥梨交流中心，与中国农科院郑州果树研究所联合制定了省级标准《绿色食品宁陵酥梨生产技术规程》，积极引导农户进行标准化生产，提升酥梨品质。

宁陵酥梨试验站占地面积145亩，其中，建成高标准试验示范基地120亩，定植苗木14000余株，引进红香酥、夏露、玉美人等新品种150余个，集成展示宽行密植、细长圆柱形、Y字树形、行间绿肥和树下覆盖、水肥一体化、病虫害物理生物防治、自走式喷药、转盘式除草等新模式、新技术、新装备40余项；建设了组培室、育种室、梨文化展厅和会议中心等5700多平方米，已投入使用，该试验站已成为集品种培育、成果转化、技术示范、人才培养、国际合作、科普教育和观光旅游"七位一体"的国际一流试验站。

宁陵冷链物流中心建筑面积约14600平方米，其中冷鲜库、冷藏库、气调库共8240平方米，1个加工车间4260平方米，其他建筑面积2100平方米。该中心主要用于优质梨果的储存、保鲜，酥梨的分选、加工，冷冻农产品的储存，可储存优质果品7000吨，冷鲜、冷冻产品3000吨。试验站还投资200万元引进了国内最先进的智能化、现代化分拣设备（绿萌），可对梨果按重量、形状、外观颜色、裂口瑕疵、内部病虫、含糖量等指标，自动分级分拣，为宁陵酥梨实现等级分选、优质优价提供重要技术支撑；此外，试验站投资1000多万元引进的德国NFC鲜榨梨汁生产线也正在进行安装。

宁陵酥梨交易中心建筑面积45000平方米，其中电商交易中心6000平方米，已建成宁陵酥梨产业直播孵化基地，一期开设直播间18间。

第三，深化科技合作，推进成果转化。围绕科技支撑主导产业发展这一思路，宁陵与中国农业科学院郑州果树研究所、河南农业大学、商丘师范学院、商丘职业技术学院等院校长期开展合作，邀请了一批知名农业专家、教授为酥梨等农业生产开展长期科技指导。

宁陵建成商丘国家农业科技园区优质酥梨产业园新品种、优质果、标准化、生态循环等酥梨示范基地，根据各基地特色开展新品种、新技术、新模式的引进示范，推广转化先进科技成果。试验站先后引进示范红香酥、中梨1号、中梨4号、早酥蜜、秋月、苏翠一号、华山等梨新品种30多个、技术30余项，通过技术培训和成果推广，使全县梨产业早中晚熟结构调整到比较合理的1：7：2，进一步优化了宁陵酥梨产业品种结构，延长了鲜果供应期，丰富了梨果市场，实现了"三季有鲜果、四季有产品"。

宁陵当地先后承办中国梨产业发展战略高层论坛、宁陵酥梨标准化生产与品牌建设研讨会、宁陵县优质酥梨品鉴暨绿色发展研讨会、中国农业科学院成果转化研讨会等科技交流活动。特别是 2019 年举办了第二届全国梨产业发展研讨会，来自全国 20 多个省份近 300 名从事梨产业的相关高校、科研院所、地方主管部门的专家学者、技术人员参加会议，共同探讨全国梨产业发展趋势，共同为宁陵酥梨产业发展把脉问诊、出谋划策，为宁陵酥梨产业高质量发展提供了智力支撑。

第四，拓宽销售渠道，减少市场风险。政府牵头与京东农场、北京新发地、百果园等大型市场主体进行了对接，并邀请了 10 家国内知名农产品、梨果采购企业到宁陵开展原产地洽谈采购，力求培育更多电商销售企业和直播平台，扩大电商销售规模。为有效防范和化解市场风险，调动和保护梨农种植积极性，宁陵县依托郑州商品交易所，启动了酥梨价格保护机制试点工作，利用苹果期货及场外期权开展酥梨"保险+期货"试点，开启了防范酥梨市场价格风险的新模式。

第五，加强产品开发，培育龙头企业。宁陵县以梨为原材料，开发了梨膏、梨糖、梨酒、梨醋、梨酵素等多款产品，年加工规模 6000 吨，年产值 3000 万元。其中，宁陵果源贡食品有限公司是省级农业龙头企业，现有厂房 6000 平方米、仓库 4000 平方米、冷库 1500 平方米，酥梨加工热销产品有：梨膏、梨膏棒棒糖、梨膏软糖、梨汁原液、百草梨膏糖、雪燕桃胶梨膏茶等，年产梨膏 50 吨、梨膏棒棒糖 1000 万支。在 2022 年央视春晚现场，该企业生产的宁陵酥梨膏棒棒糖五波瞬间秒完，春晚现场销售 22 万支。

4.1.5 结语

宁陵酥梨的品牌故事，是一个关于地方特色农产品如何在三产融合的新时代背景下焕发新生的生动案例。通过对传统农业的现代化改造、与二产的深度结合，以及三产的创新融合，宁陵酥梨不仅实现了产业升级，更成为地方文化与经济发展的新名片。未来，宁陵酥梨品牌的发展还需持续关注市场变化、技术革新和消费趋势，进一步深化三产融合的路径，创新发展模式，以保持其在竞争日益激烈的市场中的领先地位。这一案例的成功，为中国乃至全球的农业品牌发展提供了宝贵的经验和启示，证明了传统农业与现代经济结合的巨大潜力和光明前景。

4.2 "宁陵酥梨"案例分析

4.2.1 引言

宁陵酥梨品牌，作为中国河南省宁陵县的一张亮丽名片，不仅蕴含着深厚的地理和文化特色，也是区域经济发展的重要组成部分。近年来，随着三产融合战略的深入推进，宁陵酥梨品牌的发展不局限于农业生产本身，更在品牌塑造、市场开拓、科技应用及文化传承等方面展现出新的活力与机遇。本文旨在通过宁陵酥梨品牌案例的深入研究，探讨在三产融合的大背景下，地方特色农产品如何实现品牌升级，推动地方经济的转型发展，并为类似品牌提供可借鉴的经验和策略。通过分析宁陵酥梨在品牌建设等方面的具体做法，力图展现其在新时代背景下的发展图景，以及其对区域经济社会发展的贡献。

4.2.2 理论基础

4.2.2.1 农业多功能性发挥理论

农业多功能性发挥理论，最早出现于20世纪80年代末日本的稻米文化中，随后在联合国世界与环境大会中通过的《21世纪章程》、1996年世界粮食首脑会议通过的《罗马宣言和行动计划》中被正式提出并得到承认。2000年1月，联合国粮农组织发起的ROA（Role of Agriculture Project）项目指出，如果加以适当管理，农业在减贫、粮食安全、人口分布和环境保护等领域发挥着重要的作用。并从经济、社会、生态和文化等层面分析了农业的多功能性。

农业多功能性发挥理论不仅是关于农业生产食物和纤维的领域，还具有多种功能和作用。这个理论强调农业除了其基本的生产功能外，还包括如生态保护、文化遗产保持、社会结构维护、农村就业和旅游业发展等多重作用。这一概念尤其在欧洲和日本等地区得到重视，极大地影响了相关政策制定和农业发展策略。通过强调农业的多功能性，这个理论支持可持续发展、环境保护以及社会经济平衡发展的目标。

农业的多功能性表现为一二三产业的融合，使农民的劳作、体验农耕文化、欣赏田园风光成为一体的产业链条，扩大了农业的文化功能、生态功能。因此，农村一二三产业融合发展离不开农业多功能性理论的支撑。

4.2.2.2 三次产业融合理论

我国三次产业融合的概念主要借鉴日本学者今村奈良臣教授提出的"六次产业"的概念，主要指的是第一产业（农业）、第二产业（工业）、第三产业（服务业）之间的相互渗透、融合与协同发展。这种融合不仅是现代经济发展的必然趋势，也是促进区域经济全面、协调、可持续发展的重要途径。

三产融合理论的核心是实现产业间的互补与优化。传统的产业发展模式强调各自独立，但在现代经济中，这种模式已无法满足复杂多变的市场需求。例如，农业（第一产业）不仅可以提供原材料给工业（第二产业），而且可以通过发展农业旅游、休闲农业等服务业（第三产业）形式来增加附加值。同样，工业的发展可以反过来为农业提供先进的技术和设备，提升农业生产效率和产品质量。三产融合促进了经济结构的升级。通过融合，传统产业能够与现代信息技术、互联网、物联网等技术相结合，实现智能化、网络化和服务化。这不仅提高了产业的效率和竞争力，也促进了新产业形态的出现。例如，数字农业和智慧农业的兴起，就是农业与现代信息技术融合的结果。

三产融合对于区域经济的均衡发展具有重要意义。在一些发展较为滞后的地区，传统的单一产业经济模式限制了经济的持续发展。三产融合为这些地区提供了新的发展机遇，通过整合各产业资源，可以促进产业结构的优化升级，提高整体经济水平和人民生活质量。

4.2.2.3 三次产业贡献率理论

贡献率是分析经济增长中各因素作用大小的一个指标。常常被用来分析经济增长过程中某一因素作用程度的大小。其计算方式是：

$$贡献率 = \frac{某因素贡献量（增量或增长速度）}{总贡献量（增量或增长速度）} \times 100\% \tag{4-1}$$

三次产业贡献率理论是分析一个国家或地区经济发展水平和结构的重要工具，它通过衡量第一产业（农业）、第二产业（工业）和第三产业（服务业）对GDP的贡献程度，反映了不同产业在经济发展中的作用和地位。具体公式为：

$$某产业贡献率 = \frac{某产业增加值当年增量}{地区生产总值当年增量} \times 100\% \tag{4-2}$$

理解三次产业贡献率的变化对于把握一个国家或地区的经济发展阶段具有重要意义。在经济发展的早期阶段，第一产业通常占据主导地位，随着工业化进程的推进，第二产业开始崛起，并在中期阶段成为经济增长的主力。到了更为成熟的发展阶段，第三产业的比重逐渐增大，成为推动经济增长的主要力量。这一变化不仅反映了生产力水平的提升，也是社会经济结构转型的体现。

三次产业贡献率理论强调了产业间的相互作用和平衡。一个健康、持续发展的经济体系需要三次产业间的协调发展。过度依赖某一产业可能导致资源配置不均和经济波动，而多元化的产业结构能够为经济提供更稳定的支持。在此理论指导下，政府和企业可以更合理地制定发展策略，优化资源分配，促进各产业间的互补和协同增长。

4.2.3 三产融合可行性与三次产业贡献率分析

4.2.3.1 理论分析

从宁陵酥梨的产业特性来看，三产融合不仅可行，而且具有必要性。宁陵酥梨拥有独特的地理标志和文化价值，这不仅是农产品的优势，更是连接工业和服务业的纽带。在农业方面,通过应用现代农业技术提高梨的质量和产量;在工业方面,可以发展与梨相关的深加工产业,如梨膏、梨汁的生产,提高产品附加值;在服务业方面,结合宁陵地区的文化和旅游资源,发展农业旅游,推广梨文化,实现产业多元化。

从区域经济发展的角度来分析,三产融合能有效带动宁陵地区的经济发展。宁陵地区传统以农业为主,通过三产融合,可以有效地将农业优势转化为工业和服务业的发展机遇。比如,通过发展与梨相关的食品加工业,可以带动相关配套产业的发展,同时,吸引更多的旅游资源,促进当地服务业的繁荣。

从技术和市场的角度来看,三产融合同样可行。在技术方面,随着现代信息技术和物联网技术的发展,农业生产更加智能化,能够有效提升产量和品质,为工业和服务业的发展提供物质基础。在市场方面,随着消费者对健康和品质生活的追求,宁陵酥梨作为具有地方特色的产品,市场潜力巨大。结合电子商务和网络营销等现代营销方式,可以更有效地推广产品、拓展市场。

从社会可持续发展的视角来看,三产融合符合绿色发展的要求。宁陵酥梨产业的发展不仅能够提升经济效益,还能够促进当地就业,改善居民生活水平,同时注重生态保护和文化传承,实现经济、社会和环境的协调发展。

然而,实现三产融合的过程也面临着一些挑战,如资金投入、技术升级、市场开拓和人才培养等。因此,需要政府、企业和社会各界的共同努力,制定合理的政策支持,搭建合作平台,提供技术和资金支持,以确保三产融合的顺利进行。

总体而言,三产融合在宁陵酥梨产业的发展中不仅具有可行性,还将为地区经济的转型升级带来新的生机和活力。通过三产融合,可以实现宁陵酥梨品牌的可持续发展,促进地区经济的多元化和可持续发展。

4.2.3.2 数据回归分析

运用 SPSS 对三次产业贡献率做动态趋势分析。

以时间为自变量,第一产业贡献率为因变量,运用 SPSS 做回归分析,设第一产业贡献率为 y_t、时间为 t,得出模型为:

$$y_t = 2047.021 - 1.004t \tag{4-3}$$

回归方程的拟合优度指标 R^2 为 49.7%,拟合的效果较好。F 统计量为 5.932 > $F_{0.05}(1, 1, 1) = 4.84$,说明在 5% 的显著性水平条件下的回归方程是显著的。第一产业的贡献率与时间变量 t 之间有着很强的线性相关性,因为从图中相关系数 R = 0.705 也可以看出。

从回归结果可以看出,随着时间的不断推移,第一产业的贡献率是递减的并且每年平均递减的百分比是 1.004%,这符合产业结构的优化,第一产业比重不断下降,并且递减的幅度很大。

使用同样的方法对于第二产业贡献率以及第三产业贡献率做动态趋势分析，则通过检验的第二产业贡献率的模型为：

$$y_t = 1408.571 - 0.679t \tag{4-4}$$

从回归结果可以看出，随着时间的不断推移，第二产业的贡献率是递减的并且平均每年递减的百分比是 0.679%。

通过检验的第三产业贡献率的模型为：

$$y_t = -3355.593 + 1.682t \tag{4-5}$$

从回归结果可以看出，随着时间的不断推移，第三产业的贡献率是递增的并且平均每年递增的百分比为 1.682%，这符合产业结构的优化，第三产业比重不断上升并且上升的幅度很大。

通过以上数据分析我们可以从中了解到关于宁陵县三产融合的现状和趋势。随着时间的不断推移，第一产业与第二产业的贡献率递减而第三产业的贡献率递增并且递增幅度大，这显示出了宁陵县对于第三产业即旅游服务业的大力支持与推进（见表4-1）。通过数据分析我们也可以看出宁陵县目前的三产融合存在第二产业规模不大不符合产业结构优化的规律，第二产业应占据主导，宁陵县未来想要实现三产的深入融合以及产业结构的优化就必须解决这个问题。

表4-1 2015~2022年宁陵县三次产业贡献率 单位:%

年份	第一产业贡献率	第二产业贡献率	第三产业贡献率
2015	26.8	39.4	33.8
2016	25.1	39.6	35.3
2017	22.7	41.5	35.8
2018	20.4	42.9	36.7
2019	15.8	38.7	45.5
2020	18.9	36.2	44.9
2021	20.4	36.0	43.6
2022	20.4	36.7	42.9

4.2.4 宁陵酥梨产业融合发展现状

宁陵县位于河南省东部，商丘市西部，其悠久的历史文化、丰富的自然资源、优越的地理位置、独特的水文条件、适宜的气候条件为宁陵县经济社会发展奠定了坚实的基础。宁陵县地势相对平坦，土壤较肥沃，而且常年光照适宜，在酥梨生长季日均温度基本维持在20℃左右，为酥梨种植及生长提供了良好的、适宜的自然环境，也造就了宁陵酥梨独特的品质、口感及营养。通过收集淘宝、天猫、京东、苏宁易购等各大电商平台及线下水果专卖店、超市及生鲜店数据发现，新疆库尔勒香梨、安徽砀山酥梨、辽宁鞍山南国梨、山西祁县酥梨、河北赵县雪花梨、山东莱阳秋月梨等都是相对畅销的梨品种，而且其中新疆库尔勒香梨、辽宁鞍山南国梨、山西祁县酥梨和安徽砀山酥梨都是中国国家地理标志产品。

宁陵金顶谢花酥梨也是中国国家地理标志产品，早在 2005 年就被国家质检总局批准实施地理标志产品保护，但是和同样作为中国国家地理标志产品的库尔勒香梨、南国梨、祁县酥梨和砀山酥梨相比，其品牌知名度却相差甚远，并且其区域性消费特征也很明显，并没有完全打开国内这个大市场。虽然俗话说"酒香不怕巷子深"，但是在当前市场环境下，像梨这种季节性特别强且储存条件要求高的农产品，时令期市场基本处于供大于求的情况，有些甚至出现严重滞销，因此必须着手提高产品质量并加强品牌营销推广，从而避开"不怕巷子深就怕酒不香""酒香也怕巷子深"的困局。

4.2.4.1 宁陵梨产业融合亮点

作为一种具有独特风味和地域特色的水果，在三产融合发展的背景下，宁陵酥梨具备巨大的品牌营销潜力和丰富的发展内涵。

首先，地区三产融合提升了宁陵酥梨的文化内涵，通过挖掘宁陵酥梨的历史、种植和加工传统，将地区特色传统文化与宁陵酥梨品牌建设相融合，打造了一个有故事、有情怀的酥梨品牌形象。

其次，地区三产融合推动了宁陵酥梨产品创新与差异化发展，以宁陵文旅资源为基础，通过开发宁陵酥梨相关的美食烹饪赛季限定菜单，推出宁陵酥梨拼盘、宁陵酥梨蛋糕、宁陵酥梨冰淇淋等创新产品，打造网络个性化、差异化的酥梨产品，提升品牌的影响力和口碑。

最后，地区三产融合赋予宁陵酥梨企业社会责任和可持续发展要求，宁陵酥梨企业从经济、法律、道德、慈善等方面践行社会责任，满足地区经济社会可持续发展的要求，以此来挖掘品牌认同，培养品牌情感，建立品牌信任，提升宁陵酥梨品牌竞争力。同时，宁陵县依托脱贫攻坚和乡村振兴，在梨产业发展工作方面做了大量工作。

近年来，宁陵县委、县政府始终把梨产业发展作为宁陵县"三农"工作的重中之重来抓，把培育梨产业作为宁陵农业高质量发展四大产业链之一，出台了《关于打造四大产业链推动宁陵县域经济高质量发展的实施意见》《宁陵县人民政府关于加快推进梨产业品牌建设的实施意见》等政策文件，为宁陵酥梨产业高质量发展奠定了坚实基础。

4.2.4.2 宁陵梨产业存在的问题

首先，宁陵酥梨品牌在三产融合中的定位不清，虽然宁陵酥梨可以与宁陵地区的历史和文化联系在一起，但在宁陵酥梨品牌营销过程中缺乏对三产融合明确的文化定位，文化元素如何与宁陵酥梨品牌营销相融合没有清晰的表述，缺乏对宁陵酥梨与宁陵三产之间关联的深入挖掘和阐述。

其次，宁陵酥梨品牌缺乏差异化竞争优势，宁陵酥梨缺乏创新和产品多样性，产品相对单一，产品缺乏深加工，产品外延种类偏少，产品附加值低。另外，在产品包装过程中，酥梨产品包装设计相对普通，没有吸引消费者的特色元素，难以与其他同类产品进行明显的区分。

再次，宁陵酥梨品质控制和供应链管理不当，宁陵酥梨在种植、采摘、包装和运输过程中存在疏漏，导致部分酥梨产品的品质无法保持一致。而在宁陵酥梨供应链管理过程中，难以对供应链各个环节进行有效协调和监控，导致酥梨产品的流通和分销过程中出现诸多问题，影响了酥梨产品的品质和市场供应。

最后，宁陵酥梨品牌推广与销售网络建设滞后，品牌推广是提升品牌知名度和认知度的重要手段，然而宁陵酥梨并没有充分利用各种推广渠道和媒体平台进行宣传，缺乏有效的广告、宣传活动以及与消费者互动，导致品牌在目标消费者中的曝光度不够，影响了品牌形象的建立和传播。另外，宁陵酥梨没有建立广泛而稳定的销售网络，限制了宁陵酥梨品牌的市场渗透能力和产品销售能力。

4.2.5 结论和建议

4.2.5.1 宁陵酥梨产业融合发展的建议

第一，明晰宁陵酥梨品牌定位，创新产品设计。一方面，要明确目标市场和消费者群体，确定宁陵酥梨在市场中的差异化优势，在考虑宁陵酥梨的特色、历史文化、品质等因素的前提下，根据市场需求和消费偏好来定位品牌形象和产品设计。另一方面，在酥梨产品创新过程中，应基于对市场需求和消费者洞察，在注重产品的美观性、口感、包装设计和使用体验的基础上，丰富宁陵酥梨产品种类，进一步提升酥梨产品附加值。

第二，加强产品生产监督，优化宁陵酥梨供应链管理。宁陵酥梨企业应进一步加强与相关监管部门的合作，遵守食品安全法律法规和相关标准。在生产环节，建立农产品质量安全追溯体系，采用科学的种植技术和良好的农药管理措施，建立严格的产品质量检测机制，对宁陵酥梨进行全面的检测和抽样检验。在销售环节，建立合理的销售渠道管理体系，严格审核和监管各营销主体，建立消费者投诉管理机制，积极回应消费者的反馈和关注，加强品牌形象的塑造，提升消费者对宁陵酥梨的信任感和认可度。

第三，加快实施"数字+营销"的品牌营销战略。加强数字技术在宁陵酥梨品牌营销中的应用，结合消费者消费数据，构建消费者画像，细分市场，充分把握各个营销渠道的消费者特性和传播效用，提升营销的精准性。搭建不同品牌营销模式下的应用场景，将宁陵文旅元素融入营销场景中，突破文旅体验和传统品牌营销时间与空间的局限。丰富品牌营销所需的数字营销工具，整合各类媒体资源，充分发挥各类新媒体主体在品牌推广中的互动性、共享性和高效性等优势，提升品牌知名度与信任度。

第四，丰富宁陵酥梨品牌推广方式，完善销售网络。宁陵酥梨品牌推广方式应重点发展新媒体推广，借助新媒体平台分享宁陵酥梨品牌故事、文化、种植技术等，积极开展搜索引擎优化和搜索引擎营销，扩大品牌曝光度和影响力。加强与合作主体的联合推广和销售，加快构建线上线下融合销售的全渠道，不断拓展完善宁陵酥梨的销售网络。

第五，延长产业链，提升品牌附加价值。通过充分利用梨花节的广泛社会影响力和显著的知名度，我们可以深入挖掘并拓展其多元化功能。这不仅包括传统的休闲旅游和度假体验，还涉及科普教育和研学等领域。通过这种方式，梨花节不仅成为游客的吸引点，也转化为一个知识和文化的传播平台。这样的策略将有助于进一步提升梨花节所关联产业的价值，同时也能显著增强品牌的附加价值。通过结合娱乐与教育，创新与传统，梨花节可以为不同年龄和兴趣的人群提供丰富多彩的体验，从而吸引更广泛的参与者，并在长期内保持其独特魅力和市场竞争力。

4.2.5.2　发展前景展望

在当前三产融合的大背景下，宁陵酥梨作为一个具有浓厚历史文化底蕴的优质特色农产品，有着巨大的市场潜力。通过三产融合视野的品牌营销策略，宁陵酥梨可以进一步提升品牌知名度、扩大市场份额，并与地区文旅产业形成良好的互动关系。在未来的发展中，宁陵酥梨将继续秉持三产融合的理念，有望实现电商和数字营销的扩展、产品线的创新与多样化、农业与旅游业的融合以及稳定的市场表现和收入增长。通过这些策略的实施，宁陵酥梨品牌将继续巩固其在市场上的领先地位，并在国内外市场上实现更大的成功。

4.3 "宁陵酥梨" 调研日志

调研时间：2023 年 11 月 10~11 日
调研地点：河南省商丘市宁陵县
调研人员：尹燕、蒋敬轩、孙晓雪

2023 年 11 月 10 日

抵达宁陵与各方代表座谈。

地点：宁陵冷链物流中心会议室。

参会人员：河南省商丘市宁陵县人大常委会米金华主任、国家梨产业技术体系郑州综合试验站王东升站长、郭献平研究员、宁陵县农业农村局郭超峰局长、宁陵科协宋涛主席、宁陵县工业信息化和科技局刘新亚局长、石桥镇人大主席郭召、石桥镇酥梨专业合作社理事长刘勤聚、企业代表张艳敏、酥梨种植户杜华以及村民代表。

1. 基本情况

（1）种植面积。宁陵县是河南梨第一种植大县、强县，种植总面积稳定在 22 万亩。

（2）产值。宁陵县梨总产量达 6.5 亿公斤，总产值 20 多亿元。

（3）品种。拥有酥梨、翠冠、园黄、秋月、苏翠一号等 150 多个品种（含宁陵梨试验站品种）。

（4）品质。优质果率达 95% 以上，宁陵梨绿色食品认证面积 1.1 万亩，绿色食品原材料创建面积 3.3 万亩，经多家权威机构连年检测，全部符合绿色食品质量标准。

（5）基础设施建设。宁陵酥梨试验站占地 145 亩，建设了组培室、育种室、梨文化展厅和会议中心等 5700 平方米；宁陵冷链物流中心约 14600 平方米，包括冷鲜、冷藏、气调库以及加工车间；宁陵酥梨交易中心约 45000 平方米，已建成宁陵梨产业直播孵化基地。

（6）销售价格。普通宁陵酥梨售价约为 1.5 元/斤，秋月约为 3 元/斤，一些包装成精美礼盒以及品质较好的梨可以卖出更高的价格。

（7）加工品。梨膏、梨膏棒棒糖、软糖、NFC 鲜榨梨汁、梨花酒、梨木家具等。

（8）文化遗产。宁陵黄河故道古梨园已被认定为第七批中国重要农业文化遗产。

2. 品牌发展

（1）地理标志产品。2004 年，宁陵酥梨被农业部认证为国家级无公害农产品；2005 年被认定为国家地理标志保护产品；2019 年，宁陵酥梨获农业农村部地理标志农产品。

（2）区域公用品牌。2020年，宁陵酥梨荣获全国年度十大农产品区域公用品牌。

（3）政府支持。宁陵县委、县政府始终把梨产业发展作为宁陵县"三农"工作的重中之重来抓，把培育梨产业作为宁陵农业高质量发展四大产业链之一，出台了《关于打造四大产业链推动宁陵县域经济高质量发展的实施意见》《宁陵县人民政府关于加快推进梨产业品牌建设的实施意见》等政策文件，为宁陵梨产业高质量发展奠定了坚实基础。

（4）标准制定。宁陵县与中国农业科学院郑州果树研究所联合制定了省级标准《绿色食品宁陵酥梨生产技术规程》，积极引导农户进行标准化生产，提升酥梨品质。

3. 品牌建设

（1）政府、龙头企业以及专业合作社之间有什么联系，三者分别发挥了什么样的作用？

政府

第一，政府在品牌建设中起牵头作用，牵头与京东农场、北京新发地等大型市场主体进行对接，并邀请国内知名农产品、梨果采购企业到宁陵开展原产地洽谈采购。

第二，政府承担宣传主体责任，培育更多电商销售企业和直播平台，扩大电商销售规模。

第三，政府聘请资深品牌策划专家对"宁陵梨"区域品牌进行策划、包装、宣传，形成具有全国影响力的区域公用品牌。继续举办好每年的梨花节、梨果节，利用好各种媒体资源宣传、扩大、经营"宁陵酥梨"区域品牌。

第四，政府加大投入的同时，大量引入社会资本，扶持梨生产、贮藏、加工、销售龙头企业，培育种植大户，对优质梨园给予资金奖励、扶持和授予"梨状元"称号，激发梨农种植热情。宣传引导梨园流转、托管，实现适度规模经营，对农机具购买给予补贴，推广水肥一体化技术，建设现代高效农业。

龙头企业

龙头企业以梨为原料收购农户滞销的梨，开发了梨膏、梨糖、梨木家具等多款产品，带动散户进行梨品质的管理。

专业合作社

各梨主产乡镇都成立了专业合作社，加强了对梨种植、管理、销售的指导引导。

（2）在品牌建设中，有什么突出建设点？

重点突出品牌文化建设：

第一，宁陵县立足特色文化生态旅游资源，全力打造"乐都梨乡·醉美宁陵"品牌，以"醉梨园"生态旅游景区建设为引领，系统挖掘宁陵的华夏早期乐舞和农耕文化资源，以万顷梨园为平台积极打造乡村生态休闲游，建成了皇家梨园、贵妃园、御景园、百年梨树王、金顶阁、梨园六亭、梨花小镇等经典特色景点，形成了"春赏花、夏乘荫、秋品果、冬观枝"的四季美景，已连续举办20届梨花节、17届酥梨采摘节。

第二，促进梨文化与葛天文化、张弓酒文化、戏曲文化、老坚决精神的有效结合、有机融合，组织开展各种研学活动，建设梨文化广场，把老梨树移植到文化广场，按照种植年代分区移栽，一区一文案，一区一故事，着力打造梨景观、讲好梨故事。高标准建设梨文化博物馆，将中国农业科学院一代代专家扎根宁陵，带动农民脱贫致富、建设和美乡村，形成的不忘初心、扎根沙地、攻坚克难、造福百姓的"中国农科院宁陵精神"发扬光大。

（3）在品牌建设中，数字化与智能化技术使用情况。

通过大数据、区块链等数字化手段，建立信息化管理监控平台和产品溯源体系，对宁陵梨实行一码溯源，让消费者通过扫码就能清晰了解梨从生长到成熟的全过程和含糖量、光照时间等重要指标。

（4）三产融合在品牌建设中的体现方式。

第一，已连续举办20届梨花节、17届酥梨采摘节，以梨为媒，融经贸洽谈、旅游观光、踏春赏花、梨园采摘、梨王争霸等活动为一体，年接待游客约100万人次。近期，石桥镇梨花桥村成功入选河南省首批乡村康养旅游示范村创建单位。

第二，引进NFC鲜榨梨汁生产线，使梨加工能力扩大到20000吨/年。目前，NFC项目设备正在安装。

第三，宁陵县以梨为原材料，开发了梨膏、梨糖、梨酒、梨醋、梨酵素等多款产品，加工规模6000吨/年，产值3000万元/年。

4. 品牌治理

（1）品牌治理中有哪些突出性问题？

第一，区域公用品牌名是"宁陵酥梨"，但现在的宁陵梨已经不局限于酥梨，还包括秋月、苏翠一号等品种，这些品种由于品质好，比酥梨更受欢迎，"宁陵酥梨"这一品牌名在一定程度上限制了宁陵梨产业体系的长远发展。

第二，宁陵酥梨的品牌有一定的知名度，但是在营销方面没有专业的团队进行指导，导致品牌的影响力不大。

第三，宁陵酥梨品牌没有一个明确的品牌准入、退出的标准以及区域统一的质量标准，没有品控就没有品牌。宁陵酥梨缺少品牌 Logo、标语、口号，区域性的梨销售商没有形成统一的整体，产业链不够完善。

（2）针对品牌治理中出现的问题有哪些解决措施？

第一，宁陵为了达到新品种和老品种的平衡，将约一半的梨园进行保留，在另一半梨园中对于酥梨梨树进行嫁接新的品种。

第二，政府邀请知名品牌策划人策划、包装和推广"宁陵梨"的区域品牌，打造一个有国际影响力的区域公用品牌。继续办好一年一度的"梨花节"和"梨花节"，充分运用各类媒体资源，对"宁陵酥梨"的区域品牌进行推广和宣传。

5. 其他问题

村民的痛点：酥梨的价格虽然低，但是适应能力强，种植酥梨不需要花费太多的时间仍然能够得到不错的收益；一些卖价高的梨品种种植所需的时间精力较多，许多村民宁愿种植酥梨也不愿意去尝试种植新的品种，拘泥于现状。

2023 年 11 月 10 日（下午）

参观宁陵梨产业直播孵化基地

宁陵酥梨交易中心建筑面积 45000 平方米，其中电商交易中心 6000 平方米，已建成宁陵梨产业直播孵化基地，一期开设直播间 18 间。主要的梨加工品有梨膏、梨糖、梨酒、梨木家具等，原料都是宁陵酥梨。受欢迎程度高，并与故宫等大 IP 进行了联名。

2023 年 11 月 11 日（上午）

1. 参观新型梨园

（1）基本情况。梨园采用保留一半宁陵酥梨，另一半进行嫁接的方式进行种植。建设水平棚架、Y 形架和拱形架等梨种植新模式，成活率较高，但是枝条较短，梨树与梨树间差异较大。

（2）贮藏方式。每家每户都有地窖，成熟的梨贮藏在地窖中。放在地窖中可以存放更久的时间，但是须在春节前卖出。

（3）销售方式。成熟的梨主要有三种销售方式：90% 以鲜果的形式售出，大多数直接对接南京、上海、武汉、长沙的超市进行销售，小部分会有农户在路边摆摊销售；剩余的梨可以卖给加工厂制成加工品。

（4）销售趋势。网上的销售量越来越大，通过直播、网店销售的比例占比越来越高。

（5）销售价格。酥梨的销售价格为 1.4~1.5 元/斤，秋月的价格从原来的约 2 元/斤上涨到现在的 3 元/斤。

（6）成本组成。肥料投入成本占比最高，其次就是人工成本。

2. 参观梨地窖，与合作社负责人交谈

（1）基本情况。每家每户都有地窖，地窖用于对没有卖出的梨进行储藏，有了地窖，村民们所收获的梨可以储藏更久。合作社不仅引导梨的销售，还指导梨的种植与梨加工产品的销售。宁陵县的合作社一共有 900 多家，但是涉及梨的合作社一共有 46 家。

（2）存在问题。合作社之间没有形成一个整体的体系，每家合作社对于梨的包装都不一样并且销售的价格也不一样，但差别不大。有的合作社有品牌标志有的没有并且品牌标志不受到保护，随意使用。

3. 参观万亩梨园、中科院实验站旧址、宁陵精神馆（在建）

图 4-1　万亩梨园

（1）基本情况。依托梨园风景区，先后举办过 20 届梨花节、17 届酥梨采摘节，办好宁陵酥梨标准化生产和品牌建设座谈会，打造"梨花小镇"，以梨为媒介，融经贸洽谈、观光旅游、踏春赏花、梨园采摘、梨王争霸于一炉，全面展现宁陵酥梨的品牌价值。

（2）宁陵精神。近 60 年来，中国农业科学院一代代专家扎根宁陵，通过科技

支撑发展宁陵梨产业，治理风沙盐碱，带动农民建设和美乡村，形成了不忘初心、扎根沙地、攻坚克难、造福百姓的"中国农科院宁陵精神"。宁陵酥梨的强适应能力象征着宁陵人民艰苦奋斗、不屈不挠的精神。

4. 参观宁陵酥梨网货基地

（1）基本情况。这边的网货基地由于空间小，只进行一些加工品的打包程序，80%以上的产品都是在线上（主要是抖音直播，其次是淘宝）进行销售，只有少部分的产品会对接到超市、批发市场进行线下的销售。原材料主要是酥梨，如梨膏是100%的酥梨熬制而成。

（2）产品价格。类似于棒棒糖定价大约是6元/包，梨膏的价格是128元/盒，一盒有4瓶。

（3）梨的来源。有自己的种植基地可以生产鲜梨，也会以市场价来收购村民滞销的梨。

（4）制约因素。目前的加工厂空间太小，规模不足以满足日益增长的销售量。

5. 参观宁陵县省级现代农业产业园、中国农业科学院实验站

（1）基本情况。现代农业产业园拥有多种机械化设备，用于梨园的种植与管理；宁陵县以现代农业产业园为载体，建成了集仓储、分选、物流等为一体的果蔬冷链物流产业园，引进了NFC鲜榨果汁生产线，孵化培育了多家大型电商企业和多名电商带头人，打造全产业链条，实现一二三产业深度融合，助力宁陵县经济跨越。

宁陵酥梨综合实验站占地145亩，已建立120亩高标准实验示范基地，14000多棵苗木，引进150多个新品种，如红香酥、夏露、玉美人等，建成了组织培养室、育种室、梨文化展示馆、会展厅等5700余平方米，现已建成"七位一体"的具有国际水平的科研实验区，具有较高的科研水平。

（2）新技术。集成推广"宽行密植""细长圆柱形""Y形""行间绿肥"与"树下覆盖""水肥一体化""病虫害物理防治""自主喷药""转盘"式除草等新模式、新技术40多项。

调研总结

1. 宁陵梨产业的亮点

（1）宁陵梨产业具有悠久的历史，文化底蕴深厚并且根植于"中国农科院宁陵精神"，这使得宁陵梨产业具有非常丰富的文化内涵。

（2）宁陵梨产业拥有优秀的三产融合，梨园不断创新发展，提升品种的多样性与竞争力；龙头企业不断研发新的产品；旅游业迅速发展。

（3）宁陵梨产业不断开拓创新，与农业科学院以及各大高校进行合作不断培育新品种并对旧品种进行改良优化。

（4）政府对梨产业进行高度重视与引导，积极出台各项政策保证梨产业的稳步发展。

2. 宁陵梨产业的痛点

（1）宁陵梨品牌的知名度和影响力不够，宣传不够到位，没有专业的团队进行指导。

（2）村民拘泥于现状，只愿意维持现状不愿意创新，使得产业发展受限。

（3）对于梨品牌的管理不够有效，品牌没有一个明确的准入标准以及质量标准，没有统一的 Logo、标语、口号，缺乏品牌意识。

3. 对策建议

（1）拓宽销售渠道，大力开展技术交流活动、技术培训以培养优秀技术人才，提升品牌的全国知名度以及扩大影响力。

（2）改良现有品种，培育其他优秀品种，大力实现技术推广来实现村民不愿创新的问题。

（3）政府坚定落实政策，对农民种植进行补贴，提高农民的生产积极性。

5 蒲城酥梨^①

5.1 优越品质奠定品牌基础，政企协作助力品牌发展

5.1.1 引言

蒲城古称"重泉""南白水"，是陕西省历史文化名城，北京时间的诞生地，有"将相故里"之美誉。全县总面积1583平方公里，总人口66万，耕地面积138万亩，是陕西的人口大县、果业大县、建材能源基地和旅游名城，被称为"中国酥梨之乡"。

蒲城酥梨区域公用品牌是"生产地域+品种名称"的概括性组合，采用母子双商标制，在统一标示"蒲城酥梨"区域公用品牌商标的基础上，标明各生产企业的名称、商标、QS号和许可证、生产日期等。蒲城酥梨地域保护范围为陕西省蒲城县现辖行政区域。

本文将从蒲城酥梨的品质特性、品牌建设主力、产业现状和对相关产业周边地区起到的带动作用入手，探索蒲城县如何发挥区域公用品牌作用，推动农业产业化，实现农民增收和农村经济社会发展。

5.1.2 蒲城酥梨品牌建设物质基础——品质特性

5.1.2.1 优越地理条件助力酥梨生长

得益于蒲城得天独厚的自然地理条件，蒲城酥梨已成为代表性晚熟优良品种。蒲城县地处陕北黄土高原和关中平原交接地带，地形以丘陵、台原为主，海拔

---

① 本案例由南京农业大学经济管理学院副教授王艳及研究生姜曼婷、张嵘浩根据调研材料共同撰写。

500～1282米，境内有洛河及其支流白水河和大峪河，属温带大陆性气候。土层深厚、水源丰富、光照强、昼夜温差大，是酥梨和红提、葡萄的最佳生态区。

蒲城地区梨果产量稳定，对比温差更大、更适宜作物积累糖分的北部地区，蒲城县降雨量相对小、日照相对多，因此受寒潮、倒春寒等因素影响较小，不易出现春季冻花、秋季绝收的极端情况。

同品类梨果在蒲城地区品质表现更优，在蒲城县50个土种中，以黄绵土为代表的土壤有机质比较丰富，耕地肥沃，保水性、透气性都比南方梨产区条件优越。

5.1.2.2 优秀品类奠定酥梨品质基础

蒲城酥梨属白梨系，果型端正，近圆柱形，果皮绿黄色（套袋果为黄白色），果面光洁鲜亮，果点小而密，果肉白色，肉质酥脆，具香气，果汁多，果味甜，果大核小，有形美、果大、皮薄、色亮、含糖量高、郁香爽口、耐存储等特点，"咬一口、流一手"是中外客商对蒲城酥梨的真实评价。蒲城酥梨含有矿物质，有机酸和多种维生素，营养丰富，是果中佳品，除鲜食外，还可加工成梨酒、梨膏、梨糖和罐头等，是食品工业的重要原料。梨汁、梨膏具有祛热清痰、止咳润肺等药用价值。

5.1.2.3 多重保障措施优化酥梨品质

政府制定陕西省酥梨地方标准，严格按照《酥梨标准综合体》中的产地环境条件、苗木选育、生产管理技术、病虫害防治技术等方面标准进行质量管理；协会、合作社按照统一技术、统一农资、统一销售等方面进行管理。

每年果品收购时间，果业发展中心发布公告，内容包括天气情况和采摘时间。通过大力宣传引导，统一采摘、收购时间，依靠群众自觉和对品质的追求，保证产品质量，统一产品价格。

政府通过监督企业经营情况、产品质量，管理区域公用品牌授权。蒲城酥梨区域公用品牌试用期为一年，到期后企业需向政府重新申请。目前的授权机构以龙头企业、合作社为主，同时采用"区域公用品牌+自己品牌"的子母品牌嵌套模式。

5.1.3 蒲城酥梨品牌建设主力——政企协作创新发展

5.1.3.1 政府主导，推动公用品牌发展

蒲城县地方政府聘请浙江大学CARD中国农业品牌研究中心对蒲城县酥梨品牌全方位设计了整套《蒲城酥梨区域公用品牌战略规划》《蒲城酥梨品牌形象手册》，确定了蒲城酥梨宣传语、统一的包装、标识等；先后出台了《关于进一步加快酥梨产业发展的意见》《关于实施蒲城酥梨公用品牌的意见》《酥梨提质增效实施意见》；制定了《蒲城酥梨公用品牌标识使用管理办法》《关于蒲城酥梨果品包

装市场专项整顿的实施办法》，和西北农林科技大学合作共建蒲城酥梨试验示范站；先后在品牌建设中投入资金约 8000 万元；持续前往一线城市深入市场专题推介，带动企业前往布展。

政府通过在试用期对"蒲城酥梨"区域公用品牌包装进行补贴，一个纸箱补贴几毛钱来推广包装，吸引企业主动采用并规范品牌包装，扩大统一包装影响范围。政府通过农机补贴，由农机局向购买农业机械的农户提供 30% 的补贴，提升产业机械化水平，缓解产业老龄化问题。

5.1.3.2 协会辅助，护航公用品牌发展

每年酥梨收购前期，酥梨协会组织各企业、合作社召开会议，研讨分析市场，确定本年度收购价格，引导果农适时销售；负责技术服务、提供农资保障、组织培训推广先进经验等。

5.1.3.3 龙头企业、合作社、家庭农场创新，开拓公用品牌发展道路

企业、合作社承担品牌使用，采取精品化、特色化、大众化多种渠道，开拓果品贮藏、加工、销售新方式，延伸蒲城酥梨产业链，增加果品附加值，提升品牌知名度。

陕西蒲城建平实业有限公司成立于 2012 年，兼营蒲城酥梨产、销、加工，常年职工 200 人。2022 年，成立陕西秦古匠心食品有限公司，主营梨产品深加工。以"秦古匠心""小秦书"为品牌，以"秦梨膏"命名产品，摒弃"秋梨膏"，推广"秦梨膏"，以"秦"为名，致力于让客户将梨产品与陕西联系在一起，一步一个脚印，将自己的区域品牌区分开，助力长期销售。与北京业务公司合作，发掘梨的药用价值，用自己的品牌做好当地产品。产品约 20% 通过实体形象店销售，为 120 元/盒的礼盒装，12 枚梨大小、口感、颜色均一致；通过超市、批发市场进行销售，价格基本为农户处收购价格翻一倍。

蒲城勇奔果业有限公司成立于 2001 年，主营酥梨贮藏加工，常年职工 350 人。主营业务是为客商提供冷库租赁服务，价格为 0.25 元/斤；贮存周期为 9 月到次年五六月。既为种植大户提供服务，梨果收获后存入冷库，也作为中间商代卖，供外地客商看后再收购。

陕西蒲城金农源果蔬有限公司成立于 2014 年，主营酥梨加工、出口，常年职工 25 人。2015 年，注册品牌"秦智"，寓意用秦人的智慧放飞金农源的梦想。金农源将产品进行细分，形成"富微""富硒""高糖""免化肥农药"等多个单品，提高产品附加值。通过调研价格接受程度，磨合后协商定价。细分前，5 斤酥梨批发价为 23 元；细分后，5 斤"高糖"批发价为 36 元，5 斤"富硒"批发价为 47 元，5 斤"免化肥农药"批发价为 62 元。2/5 的产品出口至东南亚高端市场进行销售，价格为 350~500 泰铢/箱（合 71~101 元/箱），享受国家扶持外贸企业的

9%农产品出口退税政策。

蒲城县富硒水果家庭农场经营果园面积 136 亩，其中梨园面积 120 亩。注册品牌"重泉御品"。2021 年，在蒲城县农业农村局的支持下，带头成立了蒲城县家庭农场协会，吸纳了 50 多家农场加入。2022 年被评为陕西"最美示范家庭农场"。

5.1.4 蒲城酥梨品牌建设初步成效——产业现状

1997 年，蒲城酥梨经国家绿色食品发展中心检测批准使用国际通用的"绿色食品"标志。2012 年，获国家质检总局地理标志保护产品证书。2014 年，"蒲城酥梨"被评为陕西省著名商标。

蒲城酥梨在全国名特优果品展销会上获"中华名果"称号，还先后获得过中国昆明博览会金奖、杨凌农博会后稷博会后稷金像奖、中国农产品名特优新品种博览会国优产品，连续多年荣获陕西优质水果奖、农产品金奖，被选定为国庆宴会专用水果。蒲城县被农业农村部授予"中国酥梨之乡"荣誉称号。中国流通协会评定蒲城为"中国优质果品基地县"。

5.1.4.1 酥梨为主，优化品种结构

蒲城果业起源于 20 世纪 70 年代初期，陕西省共种植梨树约 70 万亩，蒲城县种植约 27.3 万亩，其中蒲城酥梨占梨果总面积超过 70%。砀山酥、早酥梨、红香酥已成规模，玉露香、秋月、六月酥、绿宝石等品种均在推广。

近年来，蒲城县积极推行果品产业化，实施优果工程和名牌战略，推广"四大技术"，发展绿色果品，使蒲城果品以形美色艳、个大质脆、含糖量高、郁香爽口、耐贮耐运、质优价实而闻名于世。

目前，蒲城县全县的果业面积 59.8 万亩，果品总产量 86 万吨，总产值 28 亿元。其中，酥梨面积 27.3 万亩，产量 46 万吨，第一产业产值 15 亿元。相继建成高标准基地 15 万亩、有机果品基地 4600 亩，绿色果品基地 4.8 万亩。高标准酥梨质量安全示范区 2 万亩。

5.1.4.2 稳定面积，实行提质增效

蒲城县梨种植面积相对稳定，维持在 20 万~30 万亩，近年来因为梨价格有所提升，农户意识跟进扩大种植，面积有所增加。

蒲城县委、县政府高度重视酥梨产业发展，县果业发展中心依托西北农林科技大学蒲城酥梨试验示范站积极实施酥梨提质增效，优化品种结构，提高酥梨品质，增加果农收入，助力乡村振兴。围绕"一镇三地"全力打造全国特色农业示范基地。

采取提质增效战略后，当地有策略地引进一些新品种，包括玉露香、秋月等，种植面积基本能达到总面积的 20% 左右。在总体果品过剩的大环境下，实现提质

增效最佳方案，即为发挥品牌作用。蒲城县选择对符合质量要求的除酥梨以外的其他品种，统一使用"蒲城酥梨"区域公用品牌作为母品牌，辅以特定品种的子品牌，通过子母品牌嵌套方式，在提质增效同时突破区域公用品牌品种限制，保证蒲城酥梨品牌活力。

5.1.4.3　延长产业，发展加工产品

蒲城酥梨深加工产品有果汁、果干、梨膏、梨饮等产品。果汁加工企业年加工酥梨 6 万吨，生产梨汁 1 万吨，年收益 7500 万元；梨膏、梨饮加工企业 2022 年底建成投产。

陕西秦古匠心食品有限公司主营的梨深加工产品包括"膏滋"系列的酥梨枇杷膏、秋梨膏、酥梨枣仁糕等，"露引"系列的小吊梨汤、乳鹿饮等，"果冻"系列的石榴梨果冻、梨百合果冻等产品。致力于优化产品成分、口味，同时根据消费者需求改良包装，形成酥梨加工系列产品，设计更为方便的包装，如糖块、棒棒糖、软糖、口服液等形式，全产业链面向各种人群，实现差异化竞争。与北京医药公司合作，开发梨的药用价值，加工品相对酥梨膏为微酸口味，适宜冬日咳嗽群体。

5.1.4.4　文旅融合，打造品牌效应

通过连续举办 6 届"梨花文化旅游节"，以花为媒，掀起乡村旅游热潮，打造蒲城酥梨品牌效应，提高品牌知名度，增加酥梨销售收入。向全国及周边省市全方位展示蒲城历史文化、旅游资源、自然风光、产业发展、乡村振兴、非遗文化、土特产品，央视、陕西头条等百余家媒体同步参与，全网收视浏览量达千万以上。

5.1.4.5　科技助力，实现提质增效

在生产种植方面，使用专用农机进行施肥、打农药，除套袋外均为机械化。采用智能化、数字化技术目前在部分梨园生产中试点，采用溯源系统对生产环节全程监控，实时监测气象、土壤、病虫害等，确保酥梨在生产过程中符合标准。

在品质保障方面，农户积极寻找同时满足增产提质的高品质肥料，标准化生产，迎合市场需求，进行产品生产。蒲城酥梨实验站主推全营养的平衡配方施肥，以解决盐碱地缺铁的症状。部分企业生产的鲜果外包装同时印有蒲城酥梨区域公用品牌及企业商标，箱子和果子上使用渭南市授权的溯源二维码，全程追踪肥料、农药使用记录。

在销售渠道方面，除了传统商超、批发市场，还积极采用电商经营模式推广蒲城酥梨品牌，在拼多多、淘宝等电商平台上设立蒲城酥梨旗舰店进行推广。

5.1.5　结语

5.1.5.1　区域公用品牌为蒲城带来产品溢价

品牌市场影响力的最直观体现就是品牌给酥梨产品带来的溢价。使用"蒲城

酥梨"区域公用品牌后，蒲城梨产品的价值及销量均得到了提升，在销售上有了竞争力，提高了销售价格，由 2019 年的 1.2~1.3 元/斤发展到 2023 年的超过 2 元/斤。品牌建设带动当地农户酥梨销售价格提升 0.6 元/公斤，亩均增收 900 元，全县果农增收约 2.1 亿元，农民实现年纯收 80 万元钱以上，大大提高了果农的生产积极性。

企业采取优质优价、产品细分等经营战略。通过筛选大小、个头、颜色，各方面一致的梨进行分级销售，采用区域公用品牌统一礼盒包装，在形象店、大型商超进行销售。培育"富微""富硒""高糖""免化肥农药"等多个单品，提高产品附加值。酥梨直接售卖价格约为 1 元/斤，而使用统一品牌标识、礼盒后价格显著提高，一个 10 元且"一果难求"。

5.1.5.2 区域公用品牌助力蒲城相关产业发展

全县种植酥梨的果农 18 万人；省级果品龙头企业 11 家，果品品牌 12 个，其中陕西省著名商标 2 个，市级知名商标 1 个；千吨以上酥梨储藏企业 80 余家，酥梨贮量 20 万吨；酥梨专业合作社 86 家，入社果农 2 万余户；纸箱厂 29 家，年生产纸箱 2 亿套，果袋厂 11 家，年生产果袋 30 亿只，发泡网 18 家，年产 12 亿只；果汁加工企业年加工酥梨 6 万吨产梨汁 1 万吨，大部分出口到欧美国家。蒲城酥梨全产业链产值达 51 亿元，其中农户生产总值 14 亿元，约占 27%；企业、合作社总产值 30 亿元，约占 59%。

蒲城酥梨 95% 由当地企业收购，当地企业收购后通过冷库贮藏，销售给外地客商。蒲城酥梨远销北京、上海、天津、广东、广西、福建、湖南、湖北、云南、江西等 20 多个省份，国内市场销售约占 80%。

5.1.5.3 区域公用品牌助力蒲城相关产业发展

为了蒲城酥梨品牌的推广，陕西将试验站建到蒲城，带动周边富平、阎良、大荔、澄县、河阳等地区的酥梨的种植，带动季节性女工 400 多人从事相关产业，客商的流动也带动了住宿、饮食等很多产业的兴起。蒲城酥梨品牌建设惠农，实现了果香美、果农富、果业强，真正让果农感受到区域公用品牌的影响力。

通过试验站等示范点的带动，树立典型，引导周边果农模仿学习、改进技术。通过建立微信群等方式，促进果农技术交流，吸引果农自发实地学习，推动果农前往典型园区参观学习，从心底里认可品牌价值，维护区域公用品牌发展。

建设试验站影响了蒲城周边地区，形成产业集群效应，在丰收季带动周边住宿、饮食等产业发展，让果农感受品牌影响力并自觉使用、维护区域公用品牌，实现产业良性循环。

5.1.6 结语

近年来，由蒲城县政府引导扶持、龙头企业响应引领，充分发挥"有为政府"

和"有效市场"协同作用，拉动其他参与主体共同推进蒲城酥梨区域公用品牌的创建、维护和宣传。各主体扎根品质基础，发扬蒲城酥梨地理、品类优势，按照"稳规模、提品质、降成本、增效益"的四新要求，全面贯彻"新品种、新技术、新装备、新主体、新机制"的五新理念，优化品种结构、发展加工产品、打造品牌效应、实现提质增效，成功带动相关产业、周边地区实现经济效益与社会效益的有机统一。

蒲城酥梨区域公用品牌建设过程中也曾遇到以自然条件限制、提质增效困难、商标使用混乱为代表的一系列问题。蒲城县是如何解决这些困难，不断改善梨果品质，发展深加工，做到延链、补链、强链，提升品牌知名度的呢？这一系列问题将引导我们深入探寻蒲城酥梨区域公用品牌建设中各主体的具体分工，挖掘以蒲城酥梨为代表的农产品品牌培育模式。

5.2 "蒲城酥梨"案例分析

5.2.1 引言

农产品区域公用品牌是一种将特定地域内的多个农产品生产者或供应商联合打造的品牌，旨在通过合作、共享资源和形成联合品牌，提升整个地区农产品的市场竞争力。这种模式可以带来多方面的好处，包括提高品牌知名度、提升产品质量、降低市场营销成本等。2017年中央一号文件明确提出，推进区域农产品公用品牌建设，支持地方以优势企业和行业协会为依托打造区域特色品牌，引入现代要素改造提升传统名优品牌。

农产品区域公用品牌主要由资源禀赋、产业集群、地方政府、人文历史文化等因素驱动（兰勇和张婕妤，2019），代表产品在种植、养殖环境上的独特性，依靠当地的自然因素、人文条件等相关联的品质决定其价值和鲜明特征。由农产品规模化生产向农产品区域地标品牌化经营转变，推进农产品区域公用品牌建设，有利于推进农业供给侧改革、促进农业提质增效（陈文珂，2023），推动实现农业规模化、产业化、标准化、科技化、数字化生产。

目前我国农产品区域公用品牌主要面临着品牌基础薄弱、品牌价值低、品牌保护力度小、设施建设不完善、农户"搭便车"生产行为、重申报轻培育、产品特色不鲜明等多种问题（程杰贤和郑少锋，2018；许朗等，2020）。农产品质量的传播能力受到品牌声誉影响，因此如何完善基础建设，提升品牌质量，引导各主体自觉维护区域公用品牌声誉，乃至进一步创建自主品牌，是农产品生产端、加工端实现产业链延长，走高附加值、高技术水平的发展道路，实现品牌建设绩效水平提升的必经之路。

农产品区域公用品牌的培育涉及多个主体的不同决策。一部分学者认为政府应当是区域公用品牌建设中的主导者和指挥官，充分发挥其在统筹规划和资源分配方面的优势，直接决定着区域品牌的发展结果，这种品牌发展模式被称为政府主导性。孙艺榛和郑军（2018）认为，除了政府主导性，农产品区域品牌的典型建设模式还包括农企对接型和多元联合型。其中，多元联合型将区域品牌建设者的身份从政府、企业和农户身上转移至合作社或农业行业协会承担（李亚林，2010）。

农产品区域公用品牌具有显著公共产品属性，需要政府、企业甚至农户组织对其加以维护和约束，控制"搭便车"行为的产生，避免其面临"公地的悲剧"，方可持续发展。已有研究表明，以政策规划、监督规范、宣传营销为代表的政府行为，会影响企业内外部环境，对农产品区域公用品牌整合绩效产生积极作用（李道和等，2020）；政府、市场"双强引擎"协同，引领行业协会、科研机构、农户参与了农产品区域公用品牌建设（李佛关等，2022）。

综上所述，农产品区域公用品牌是拉动乡村经济持续增长的有效手段。农产品区域公用品牌的建立、发展、维护，需要政府、企业、行业协会、农户等多重主体协同推进。"蒲城酥梨"区域公用品牌"生产地域+品种名称"的概括性组合，以蒲城县现辖行政区域为地域保护范围，本文借助扎根理论研究方法，通过一手、二手资料相结合，分析"蒲城酥梨"区域公用品牌创建过程中各参与主体的效用，着力讨论政府与市场的协同作用，推导农产品区域公用品牌培育模式，并提出构建农产品区域公用品牌的策略。

5.2.2 研究设计

本文以"蒲城酥梨"区域公用品牌为案例，采用扎根理论研究方法，运用半结构访谈、实地调研和文档资料收集的方式，对以蒲城酥梨区域公用品牌为代表的蒲城县梨果生产经营者开展研究，并对案例选取与介绍、扎根理论研究方法和数据收集的合理性进行论证，以期弥补理论与实践的缺口。

5.2.2.1 扎根理论研究方法

"扎根理论"通常是指基于特定环境和文化背景，通过深入研究和理解这一环境，形成相应的理论框架。扎根理论的核心思想是通过对数据的反复比较和分析，逐步发展出理论。研究者不事先建立理论框架，而是通过对实地数据的深入挖掘来构建理论，强调对实际情境的深入了解和基于这一了解构建理论。这种理论构建方式与传统的从理论出发进行实证研究的方式有所不同，强调对实际情境的深刻理解和实证观察。

本文以实际问题为依托，探讨农产品区域公用品牌建设过程中政府与行业协会、企业、农户以及科研机构的角色、策略及其对其他主体行为、农产品区域公用品牌建设绩效的影响，总结农产品区域公用品牌建设的培育模式。根据研究需要，本文运用扎根理论的案例研究方法，通过扎根理论三级编码分析案例农产品区域公用品牌的培育模式。通过分析调研过程中收获的文字、语音资料，提取与研究主题相关的信息，经由初始概念编码、副范畴、主范畴、核心范畴以及理论模型构建等步骤逐级凝练升华，把资料分解、概念化，然后再根据一定的逻辑关系将概念重新组合，借此从现实资料中抽象出理论的操作规程，补充、修正案例模型并进行理论饱和度检验，使研究结论具有普适性。

5.2.2.2　案例选取和介绍

案例选取是进行案例研究的重要前提，选取具有代表性的案例能够使研究结果更具普适性。通过深入研究一个或多个案例，研究者能够更全面、深入地理解所研究的现象。案例研究的结果可以为政策制定和实践提供指导，具有代表性的案例研究可以帮助决策者更好地了解问题的本质，制定更有效的政策和实践方案。

根据研究目的，案例选择标准如下（李佛关等，2022）：①农产品区域公用品牌价值较高。②案例资料丰富，能够保证资料的完整性，能够梳理出清晰的因果关系。③案例易于开展调研，能够保证资料的真实性。本文选取蒲城酥梨区域公用品牌作为研究对象，调查分析其品牌维护与可持续发展的历程与细节。

本文的研究目的是对农产品区域公用品牌建设过程中政府与市场发挥的协同作用进行探索，以总结农产品区域公用品牌的培育模式。"蒲城酥梨"是由陕西省蒲城县政府主导，由蒲城县果业发展中心注册商标，承担日常管理、运营工作，多主体积极参与共建的一个农产品区域公用品牌。该品牌创建突出了政府与市场的有机统一、协同发展理念，实现了农产品区域公用品牌效能增长。基于上述标准，本文选择"蒲城酥梨"区域公用品牌为研究对象进行分析。

5.2.2.3　资料收集

本文通过访谈、实地考察、文档资料等多种方式相结合，对资料进行三角验证，在很大程度上提高案例研究结论的可信度、准确度，开展扎根理论分析。

（1）访谈开展。

研究组于2023年9月18~20日前往陕西省蒲城县进行实地调研。在到访之前，事先与陕西省梨产业技术体系岗位专家进行联系。通过线上沟通，组织蒲城县果业发展中心（蒲城酥梨品牌注册人）、西北农林科技大学蒲城酥梨试验站、家庭农场、企业代表等进行预约访谈，事先告知访谈的目的和内容以做好相应的数据材料准备。与蒲城县果业发展中心的 2 位管理者、西北农林科技大学蒲城酥梨试验站的 4 位技术人员、4 位被授权经营户逐一进行访谈。参观试验站内中国酥梨博览馆。期间共进行了 2 次半结构化访谈，在征得受访者同意后，深度访谈中使用录音笔记录了整个访谈过程。采访最后，调研组根据访谈直观感受和事先预期的蒲城酥梨区域公用品牌培育模式进行确认和补充，随后调研组对访谈笔记、录音文字识别进行整理核对并整合录入电子文档。对于存在错漏的存疑信息，进一步通过多方考证并进行确认、修正和补充，最终共获得约 2.1 万字的采访资料。

访谈提纲如表 5-1 所示，主要包括受访者的基本信息、蒲城酥梨区域公用品牌的基本状况、遭遇的问题困境和未来规划决策等部分。

表 5-1　蒲城酥梨区域公用品牌半开放式访谈提纲

访谈主题	主要内容提纲
受访者基本信息	性别、年龄、学历、所在部门、职责等
品牌管理基本状况	基础资源、管理部门组织架构、经营数据趋势等
遭遇的问题困境	市场交易违规情况、问题主要表现等
未来规划决策	决策内容、资源运用、实施决策的职能分配、实施过程是否通畅、预期效果和实际效果等

表 5-2 为与被授权经营户的访谈提纲，除了对经营户的个人信息和经营情况进行了解，在访谈中着重了解品牌管理方的举措对其经营绩效和积极性的影响。

表 5-2　被授权经营户开放式访谈提纲

访谈主题	主要内容提纲
受访者基本信息	性别、年龄等
经营基本状况	基础资源、主营业务、经营年限、经营规模、主要经销渠道等
品牌维护决策对经营的影响	订单情况（数量、金额）、线上线下门店开设、授权细则变更情况等

（2）实地考察。

除了以上正式访谈，调研小组在调研期间还参观试验站内中国酥梨博览馆、陕西蒲城建平实业有限公司及其旗下梨产品加工企业陕西秦古匠心食品有限公司，在参观过程中与管理者和经营户进行交流，直观获取生产和经销过程中的相关信息。

（3）文档资料。

案例品牌的一、二手资料主要来源于以下几个方面：①政府部门、西北农林科技大学蒲城酥梨试验站、农产品区域公用品牌授权企业或公司等发布的各种有关农产品区域公用品牌建设的资料和数据。②政府官方网站上的相关材料，特别是官方发布的相关报告、文件和标准等。③各大新闻网站上有关农产品区域公用品牌案例的产品或活动报道等。④知网等数据库中有关农产品区域公用品牌案例的调查分析与学术研究论文等。⑤对部分区域公用品牌的实地调查，并对其核心利益相关者、主要利益相关者和支持利益相关者进行深度访谈和焦点组访谈获取的第一手资料。这些文档资料有助于更完整地刻画蒲城酥梨区域公用品牌的培育模式（见表5-3）。

表5-3 案例资料来源和收集方法

资料类型	资料来源	资料获取方法和主题
一手资料	实地调研、观察和开展访谈	对蒲城县进行实地考察，对蒲城酥梨区域公用品牌培育模式进行数据调研和半结构化访谈
	其他	电话访谈、线上沟通
二手资料	公开网络资料、年度总结报告、研究论文、新闻报道等	通过网络搜集蒲城酥梨相关报道、学术研究等资料

5.2.3 范畴提炼与模型构建

5.2.3.1 开放式编码分析——形成编码

进行开放式编码应以原始数据资料为基础，对"蒲城酥梨"区域公用品牌培育资料进行多次分解、比较、分析，提炼并界定出事件所属范畴，从成段或长句的资料进行关键词提取和归纳，从中发现初始概念。比如，蒲城酥梨区域公用品牌"目前授权使用蒲城酥梨地标的企业、合作社、电商有38家，存在使用率偏低、部分企业合作社使用意识不强的问题"，将长句子概念化成词语或短句"商标使用问题"，再将其归纳入"品牌发展困境"这一初始范畴。

本文借助 Nvivo 软件对访谈材料进行开放式编码，从蒲城酥梨区域公用品牌资料中抽象出258条概念，发掘出28个范畴，分别是：质量监管（A1）、政策激励（A2）、宣传营销（A3）、品牌授权（A4）、管理能力（A5）、补贴支持（A6）、协调发展（A7）、行业竞争（A8）、协调合作（A9）、品类创新（A10）、母子品牌嵌套（A11）、带动作用（A12）、种植意愿（A13）、品牌认同（A14）、科学种植（A15）、科技创新（A16）、改进要素（A17）、调整结构（A18）、市场销售（A19）、社会效益（A20）、品牌溢价（A21）、品牌口碑（A22）、品牌价值（A23）、品牌覆盖（A24）、产业规模（A25）、自然条件限制（A26）、提质增效困难（A27）、商标使用问题（A28），如表5-4所示。

表 5-4 "蒲城酥梨"区域公用品牌培育资料记录

序号	资料记录	概念	初始范畴
资料 a2	每年果品收购时间，我们会发布公告，内容包括天气情况和采摘时间	统一采摘时间	质量监管（A1）
资料 b	以点带面带动大户合作社，统一标准	以点带面	
资料 c	县政府先后出台《关于进一步加快酥梨产业发展的意见》《关于实施蒲城酥梨公用品牌的意见》《酥梨提质增效实施意见》	统一管控	
资料 c	每年酥梨收购前期，通过酥梨协会组织各企业、合作社召开会议，研讨分析市场，确定本年度收购价格，引导果农适时销售	统一价格	
资料 c	制定陕西省酥梨地方标准，严格按照《酥梨标准综合体》中的产地环境条件、苗木选育、生产管理技术、病虫害防治技术等方面标准进行质量管理	统一标准	
资料 c	对企业收购、销售果品进行管理，严把质量关，促进良性发展	监管企业	
	……	……	

注：限于篇幅，仅列出了与"质量监管"（A1）相关的部分资料记录。

5.2.3.2 主轴式编码分析

为了确定不同范畴之间的关联关系并进一步发掘主范畴，本部分将运用扎根理论的主轴译码分析程序整理资料。通过对 258 条概念发掘出 24 个范畴的主轴译码进行分析，可以得到 7 个主范畴，分别是：政府行为（AA1）、行业协会行为（AA2）、企业行为（AA3）、农户行为（AA4）、科研机构行为（AA5）、品牌建设绩效（AA6）、品牌发展困境（AA7），如表 5-5 所示。

表 5-5 主轴式编码形成的主范畴

编号	主范畴	初始范畴
AA1	政府行为	质量监管、政策激励、宣传营销、品牌授权、管理能力、补贴支持
AA2	行业协会行为	协调发展
AA3	企业行为	行业竞争、协调合作、品类创新、母子品牌嵌套、带动作用
AA4	农户行为	种植意愿、品牌认同、科学种植
AA5	科研机构行为	科技创新、改进要素、调整结构
AA6	品牌建设绩效	市场销售、社会效益、品牌溢价、品牌口碑、品牌价值、品牌覆盖、产业规模
AA7	品牌发展困境	自然条件限制、提质增效困难、商标使用问题

5.2.3.3 选择式编码分析

为确定核心范畴，需要将所有概念、范畴、主范畴联系起来，验证范畴之间的相互关系。本阶段运用扎根理论的选择译码分析程序进行分析，结合原始资料记录，对表 5-5 进行整合分析，确定"农产品区域公用品牌培育模式"这一核心范畴，其内涵是蒲城县政府基于蒲城县梨果品牌发展困境，确定由县政府引导扶持、龙头企业响应引领、其他参与主体协同共建农产品区域公用品牌，充分发挥"有效市场"和"有为政府"的协同作用，拉动其他参与主体共同推进"蒲城酥梨"区域公用品牌的创建、维护和宣传，最后实现"蒲城酥梨"区域公用品牌建设绩效（见图 5-1）。

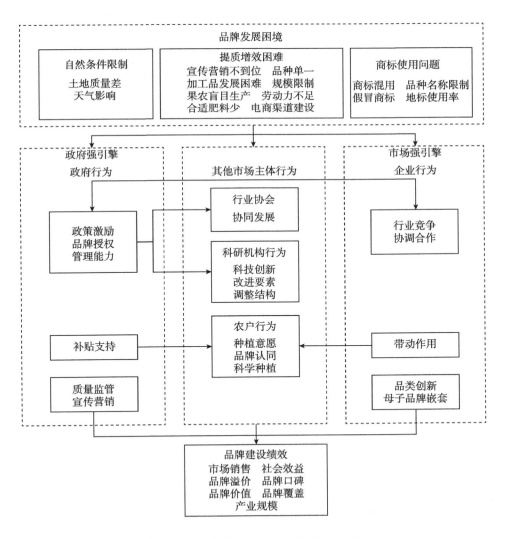

图 5-1 蒲城酥梨区域公用品牌培育模式

5.2.3.4　理论饱和度检验

根据扎根理论的要求，为了检验对材料概念、主范畴和核心范畴提炼的可信度和充分性，研究者需要进行理论饱和度检验。理论饱和度检验是指不能再从新收集的数据中发现新的理论见解和新的检验范畴。本文在核心范畴确定后，使用剩余资料对扎根理论产生的结果进行了理论饱和度检验。经过三阶段的编码，检验结果显示，没有出现新的重要范畴，概念开始出现大量重复。由此可以认为本文提出的蒲城酥梨区域公用品牌培育模式在理论上是饱和的。

5.2.4　蒲城酥梨区域公用品牌培育模式分析

优化生产要素配置，实现创新驱动，离不开有效市场和有为政府这"两只手"共同发挥作用。发挥好政府和市场"两只手"的作用，打造"双引擎"，是推动区域品牌实现长远发展的战略手段。政府强引擎表现在统筹规划、市场监管和品牌宣传，以及创建农产品区域公用品牌等方面，是品牌建设过程中的"总舵手"和"总指挥"；市场强引擎主要体现在创新，企业是市场资源配置的主体，培育壮大具有较强市场开拓能力的龙头企业是市场"强引擎"的直接表现。

5.2.4.1　政府"强引擎"行为机制分析

根据数据处理得到的初级范畴和主范畴，本文对蒲城县政府行为进行梳理，发现蒲城酥梨区域公用品牌建设模式属于政府主导型。蒲城县政府通过组建蒲城县果业发展中心，带动企业、行业协会、科研机构和农户不同主体协同推进，解决蒲城县果业发展中遇到的发展问题，最终影响品牌建设绩效。该机制主要体现为1个主范畴（政府行为）、6个范畴（质量监管、政策激励、宣传营销、品牌授权、管理能力、补贴支持）。

（1）政府"强引擎"带动多主体协同推进。

从编码资料具体来看，蒲城县政府带动多主体协同推进表现在：

第一，采取"政策激励"，如"B-03 政府加大政策和资金扶持力度，引导企业、协会转变观念，加强龙头企业自身建设，全面提升果业企业的综合实力"。时至今日，蒲城县梨果产业发展欣欣向荣，共有省级果品龙头企业11家，果品品牌12个，其中陕西省著名商标2个，市级知名商标1个；千吨以上酥梨储藏企业80余家，酥梨贮量20万吨；酥梨专业合作社86家，入社果农2万余户；纸箱厂29家，年生产纸箱2亿套，果袋厂11家，年生产果袋30亿只，发泡网18家，年产12亿只；果汁加工企业年加工酥梨6万吨产梨汁1万吨，大部分出口到欧美国家。蒲城酥梨全产业链产值达到51亿元，其中农户生产总值14亿元，约占27%；企业、合作社总产值30亿元，约占59%。

第二，重视"品牌授权"，如"A2-26 授权这一块我们很畅通的。只要你符合条件，保证你这个经营，包括你的这个品质等，这些符合条件我们就授权"。政府通过监督企业经营情况、产品质量，管理区域公用品牌授权。蒲城酥梨区域公用品牌试用期为一年，到期后企业需向政府重新申请。

第三，发挥政府"管理能力"，如"A1-08 与浙大合作制定了蒲城酥梨公用品牌战略规划，联合西北农林大学建成了果业中心和示范站"。为了蒲城酥梨品牌的推广，陕西将实验站建到蒲城，带动周边富平、阎良、大荔、澄县、河阳等地区的酥梨的种植。实验站主推全营养的平衡配方施肥，多数微量元素并重，就像陕西人吃面条一样，要面也好吃，菜也好吃，不能吃起来没有味道，要兼顾口味和营养。

第四，发放"补贴支持"，如"A6-01 农机补贴，农机局补贴30%"。政府通过农机补贴，由农机局向购买农业机械的农户提供30%补贴，提升产业机械化水平，缓解产业老龄化问题。政府通过在试用期对"蒲城酥梨"区域公用品牌包装进行补贴，一个纸箱补贴几毛钱来推广包装，吸引企业主动采用，规范品牌包装，扩大统一包装影响范围，解决地标使用率偏低的问题。

（2）政府"强引擎"促进区域公用品牌建设。

从编码资料具体来看，蒲城县政府促进区域公用品牌建设表现在：

第一，加强"质量监管"，如"B-13 制定陕西省酥梨地方标准，严格按照《酥梨标准综合体》中的产地环境条件、苗木选育、生产管理技术、病虫害防治技术等方面标准进行质量管理"。每年果品收购时间，蒲城县果业发展中心会发布公告，内容包括天气情况和采摘时间。通过大力宣传引导，统一采摘、收购时间，依靠群众自觉和对品质的追求，保证产品质量，统一产品价格，保证品牌口碑声誉建设的品质基础。

第二，广泛"宣传营销"，如"A1-11 通过广泛的宣传推荐，设立蒲城酥梨的直销窗口、品牌形象店，扩大蒲城酥梨的市场份额"。蒲城县政府聘请浙江大学CARD 中国农业品牌研究中心，对蒲城酥梨品牌全方位设计了整套《蒲城酥梨区域公用品牌战略规划》《蒲城酥梨品牌形象手册》，确定了蒲城酥梨宣传语、统一的包装、标识等。政府通过在国内大中城市进行专题推介，开设形象店、直销窗口，带动企业前往布展，促进品牌市场认可度大幅提升。

5.2.4.2 市场"强引擎"行为机制分析

龙头企业的决策是市场强引擎的主要表现形式，是发挥市场效用的重要主体。根据数据处理得到的初级范畴和主范畴，本文对获得蒲城酥梨区域公用品牌授权的龙头企业行为进行梳理。在蒲城县，龙头企业在政府的引导下，自发与科研机构、行业协会进行沟通交流，带动农户参与到品牌建设过程中，在激烈的市场竞争中进行品类创新、承担社会责任，协力扩大区域公用品牌影响力。该机制主要体现为1个主范畴（企业行为）、5个范畴（行业竞争、协调合作、品类创新、母子品牌嵌套、带动作用）。

（1）市场"强引擎"推动企业寻求多方合作。

从编码资料具体来看，被授权企业积极寻求多方"协调合作"，如"A2-07我们（陕西蒲城建平实业有限公司旗下深加工企业陕西秦古匠心食品有限公司）现在做膏滋主要是跟北京一个中医传统公司合作，主要做的就是中医传承配方的产品"。当地企业通过与医药企业合作，挖掘当地梨果特色化、有壁垒的差异化路径，实现产业链的延链、补链、强链。

（2）市场"强引擎"广泛带动当地农户参与品牌建设。

从编码资料具体来看，被授权企业起到了广泛的"带动作用"，如"A2-03这一块主要是种植酥梨，然后我们就辐射带动下面合作社，带动周边两万亩左右"。当地企业通过政府提供的定向平台，采取果园托管分红、提供就业岗位等措施，帮助200多户政府认定低收入户。龙头企业提出标准化、系统化管理的要求，促进梨果产业统一技术、统一农资，实现数字化、机械化生产，解决劳动力不足、规模限制、果农盲目生产等一系列品牌发展问题。

（3）市场"强引擎"促进区域公用品牌建设。

从编码资料具体来看，龙头企业促进区域公用品牌建设表现在：

第一，积极进行"品类创新"，同时实行"优质优价"和"品类细分"，如"C-25约20%通过实体形象店销售，为120元/盒的礼盒装，12枚梨大小、口感、颜色均一致；通过超市、批发市场销售，价格基本为农户处收购价格翻一倍""A4-11我们也生产了几个产品，一个是富微产品，就是含有微量元素。还有一个富硒水果和这个高糖酥梨"。在梨果生产段趋同化生产的背景下，当地企业、合作社采取精品化、特色化、大众化多种渠道，开拓果品贮藏、加工、销售新方式，延伸蒲城酥梨产业链，增加果品附加值，提升品牌知名度。

第二，采用"母子品牌嵌套"模式，如"A2-23我们有一个自己的蒲城酥梨的特定子品牌，还有这个公用品牌，都是在比较明显的地方"。区域品牌只代表着在种植环境上的一种独特性，依靠当地自然条件和人文条件等关联的品质决定它的权威性，企业品牌背后则是技术、品牌上的一种满足消费者的效用的能力。蒲城县认为"企业必须做他的子品牌，区域公用品牌要靠企业子品牌来支撑"，对符合质量要求的除酥梨以外的其他品种，企业也可以统一使用"蒲城酥梨"区域公用品牌作为母品牌，辅以特定品种的子品牌，通过母子品牌嵌套方式，在提质增效同时突破区域公用品牌品种限制，保证蒲城酥梨品牌活力。

5.2.4.3 政府"强引擎"与市场"强引擎"的影响效应分析

双引擎对蒲城酥梨区域公用品牌发展绩效影响效应的范畴有"市场销售、社会效益、品牌溢价、品牌口碑、品牌价值、品牌覆盖、产业规模"7个方面。

其中，市场销售涵盖了蒲城酥梨区域公用品牌旗下梨果和加工品包括品类优势和地理条件在内的品质特性、其与周边地区和类似品种的市场竞争情况，以及其在海内外市场上的销售情况。例如，"A4-06蒲城酥梨和其他酥梨一个不同的情况是蒲城酥梨酥、脆。再一个果形圆，从外观上比较美"。蒲城"A1-02县境内，地势东南高，西北低，耕地肥沃。有机质含量丰富，光照充足，昼夜温差大""C-36蒲城是酥梨优生区，种植历史悠久，果农生产技术先进，酥梨品质优于周边地区，未造成冲击""A7-01山西比较偏北，蒲城的梨就是从现在（9月）下树到明年4月，基本上市场卖的就是我们蒲城酥梨，因为山西地域偏北，口感可能硬，但是他们的梨储存时间比较长，然后到五六月我们这里都没有了他们再出库""C-06蒲城酥梨95%由当地企业收购，当地企业收购后通过冷库贮藏，销售给外地客商。蒲城酥梨远销北京、上海、天津、广东、广西、福建、湖南、湖北、云南、江西等20多个省份，国内市场销售约占80%；年出口10万吨"。

社会效益是指在蒲城酥梨区域公用品牌培育建设的过程中对周边地区的社会、环境、居民等带来了综合效益，对就业、增加财政收入、提高人民生活水平、改善环境等社会福利方面做出了较大贡献。例如，"A4-13带动这个季节性的女工有400多人，同时这样客商的流动，带动了像住宿呀，饮食等很多产业的兴起"。

品牌溢价是指农产品区域公用品牌使同样的产品比其他竞争品种、品牌卖出的更高的价格，也即品牌增加的附加值。例如，"A5-08酥梨直接售卖价格为1元/斤，而使用统一品牌标识、礼盒后价格显著提高，以10元/个的价格实现'一果难求'"。

品牌口碑具体表现包括人们口头上对品牌的赞颂、众人对品牌的各种议论和评价，以及消费者对于品牌的认可度，品牌对于消费者购买决策的影响。如"在我们周边，影响非常大。我给你们举一个活生生的例子，到西安卖梨，人家问这是哪里的梨，我说是蒲城酥梨，梨很快就被抢光了，所以这个酥梨的品牌影响力是非常大的"。

品牌价值是指农产品区域公用品牌的品牌、认可度高、估值高，且在行业内排名靠前。例如，"A1-12（蒲城酥梨）2022年品牌价值评估39.33亿元，品牌溢价25.33亿元""A1-05蒲城酥梨先后荣获国家地理标志保护产品，生态原产地保护产品，中国果品公用品牌五十强，互联网地标产品五十强，入选中国农产品品牌目录"。

品牌覆盖是指农产品区域公用品牌能够影响的规模和范围，体现了它的渗透能力和市场认可度。例如，"A1-04（蒲城酥梨）深受广大消费者青睐，出口全球30多个国家和地区，获得了检验检疫最为苛刻的美国、澳大利亚等国际高端市场的认可。并先后在越南以及北京、重庆、上海、福州、南京、西安等国内外大中城市建立了15个蒲城酥梨直销窗口和18个品牌形象店"。

产业规模是指参与生产经营的企业与农户数量多，产品品种丰富、结构完整，种植面积、产量、产值均有大幅增加。例如，"A1-03目前，全县的果业面积59.8万亩。果品总产量86万吨。总产值28亿元。其中酥梨面积27.3万亩，产量49万吨，产值13亿元。相继建成高标准基地15万亩、有机果品基地4600亩，绿色果品基地4.8万亩。高标准酥梨质量安全示范区2万亩"。

通过建设蒲城酥梨区域公用品牌，政府、龙头企业、科研机构等多主体协同助力向市场传递了"蒲城酥梨"区域公用品牌价值，塑造"蒲城酥梨"区域公用品牌形象，从而实现农产品溢价增值、农业产业结构转型升级和产业融合发展。

5.2.5　研究结论与展望

5.2.5.1　研究结论

本文选取了蒲城酥梨区域公用品牌，采用实地考察、调研访谈、网络收集资料等方式相结合的数据收集方法，运用扎根理论对农产品区域公用品牌培育模式进行了研究。通过抽象化、概念化等步骤后形成"资料记录—概念—初始范畴—主范畴"的系列编码，构建了相关理论模型并进行机制分析。研究表明，发挥有为政府与有效市场的双引擎协同驱动机制，才能实现蒲城酥梨区域公用品牌的品牌建设绩效。

本文结论如下：第一，政府"强引擎"通过"政策激励、品牌授权、管理能力、补贴支持"带动多主体协同推进，通过"质量监管、宣传营销"促进区域公用品牌建设，实现对区域公用品牌的创建、维护和宣传，避免"搭便车"现象的产生。第二，市场"强引擎"推动企业寻求多方"协同合作"，广泛带动当地农户参与品牌建设，通过"品类创新、母子品牌嵌套"促进区域公用品牌建设，以企业自有品牌为区域公用品牌提供支撑，维持品牌活力。第三，政府、市场双引擎共同影响其他主体，扩大市场销售总量，实现社会效益和品牌溢价的融合、品牌覆盖范围和品牌价值的增加，提升品牌口碑，扩大蒲城梨产业规模和增强效能，实现一二三产业融合发展，为乡村振兴赋能，提升蒲城酥梨区域公用品牌建设绩效水平。

5.2.5.2　局限及展望

本文以"蒲城酥梨"区域公用品牌为例，对农产品区域公用品牌培育模式展开研究，尚存在一些局限性，未来需要在以下几个方面进行进一步探索：具体而言：第一，在本文中"蒲城酥梨"区域公用品牌为政府主导型，在实际品牌建设过程中，不同品牌建设、发展、维护工作的实际承担者并不完全相同。承担主体的不同可能会造成品牌培育的措施和职责划分存在显著区别，品牌管理方权力范围和资源能力也会存在差异。第二，本文采用扎根理论方法，以调研访谈、实地考察、网络获取资料等方式获取资料，围绕农产品区域公用品牌培育模式展开研究，未来可以考虑使用计量分析等方法，多角度探究政府与市场对区域公用品牌建设的影响作用。

5.3 "蒲城酥梨"调研日志

调研时间：2023 年 9 月 18~20 日
调研地点：陕西省蒲城县
调研人员：王艳、张嵘浩、姜曼婷

2023 年 9 月 18 日

下午抵达蒲城县，与陕西省梨产业技术体系岗位专家王志刚老师交流蒲城酥梨生产销售情况。

2023 年 9 月 19 日

上午与蒲城县果业发展中心（蒲城酥梨品牌注册人）、蒲城酥梨试验站、家庭农场、加工、贮藏、出口企业代表座谈，参观中国酥梨博览馆。

地点：蒲城酥梨试验站三楼会议室。

参会人员：蒲城县果业发展中心主任李方辉、副主任雷向勇、西北农林科技大学蒲城酥梨试验站站长孙新平、果业中心办公室主任刘三武、高级农艺师缑耀武、陕西省梨产业技术体系岗位专家王志刚、陕西蒲城建平实业有限公司负责人杨建平、蒲城勇奔果业有限公司负责人晁双林、陕西蒲城金农源果蔬有限公司负责人李峰、蒲城县富硒水果家庭农场负责人燕晓斌。

1. 基本情况

（1）地理位置。蒲城古称"重泉""南白水"，是陕西省级历史文化名城，北京时间的诞生地，有"将相故里"之美誉。蒲城县地处陕北黄土高原和关中平原交接地带，地形以丘陵、台原为主，海拔 500~1282 米，境内有洛河及其支流白水河和大峪河，属温带大陆性气候，土层深厚，水源丰富，光照强，昼夜温差大，是酥梨的最佳生态区，被誉为酥梨之乡。

（2）种植情况。陕西省共种植梨树约 70 万亩，蒲城县种植约 20 万亩，其中酥梨约占蒲城梨果总面积的 75%。除酥梨外，还有玉露香、秋月等品种。

（3）经营情况。全县种植酥梨的果农 18 万人；省级果品龙头企业 11 家，果品品牌 12 个，其中陕西省著名商标 2 个，市级知名商标 1 个；千吨以上酥梨储藏企业 80 余家，酥梨贮量 20 万吨；酥梨专业合作社 86 家，入社果农 2 万余户；纸箱厂 29 家，年生产纸箱 2 亿套，果袋厂 11 家，年生产果袋 30 亿只，发泡网 18 家，年产 12 亿只；果汁加工企业年加工酥梨 6 万吨产梨汁 1 万吨，大部分出口到欧美国家。蒲城酥梨全产业链产值达到 51 亿元，其中农户生产总值 14 亿元，约占 27%；企业、合作社总产值 30 亿元，约占 59%。

（4）销售情况。蒲城酥梨 95% 由当地企业收购，当地企业收购后通过冷库贮藏，销售给外地客商。蒲城酥梨远销北京、上海、天津、广东、广西、福建、湖南、湖北、云南、江西等 20 多个省份，国内市场销售约占 80%，年出口 10 万吨。

（5）补贴。农用机械设备设施补贴 30%；纸箱补贴 0.5 元/个，推广统一包装、标识。

（6）加工品效益。蒲城酥梨深加工产品有果汁、果干、梨膏、梨饮等产品。果汁加工企业年加工酥梨 6 万吨，生产梨汁 1 万吨，年收益 7500 万元；梨膏、梨饮加工企业 2022 年底建成投产。

2. 品牌发展

（1）品牌价值。2022 年品牌价值评估 39.33 亿元。

（2）品牌核心竞争力。酥梨品质（果型、色泽、口感）优于同类产品。

（3）带动产业发展情况。使用地理标志产品后产品价值及销量均得到了提升，在销售上有了竞争力，提高了销售价格，增强了果农的生产积极性。

3. 品牌建设

3.1 蒲城县政府的重要举措

（1）县政府先后出台《关于进一步加快酥梨产业发展的意见》《关于实施蒲城酥梨公用品牌的意见》《酥梨提质增效实施意见》。

（2）聘请浙江大学 CARD 中国农业品牌研究中心对蒲城县酥梨品牌全方位设计了整套《蒲城酥梨区域公用品牌战略规划》《蒲城酥梨品牌形象手册》，确定了蒲城酥梨宣传语、统一包装、标识等。

（3）制定了《蒲城酥梨公用品牌标识使用管理办法》《关于蒲城酥梨果品包装市场专项整顿的实施办法》，以及西北农林科技大学合作共建蒲城酥梨试验示范站。

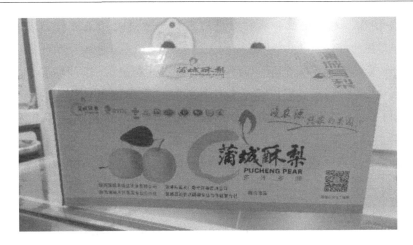

图 5-2　蒲城酥梨包装图

（4）先后在品牌建设中投入资金约 8000 万元。

（5）每年酥梨收购前期，通过酥梨协会组织各企业、合作社召开会议，研讨分析市场，引导果农适时销售。

（6）持续前往一线城市深入市场专题推介，带动企业前往布展。

3.2　品牌建设过程中，政府、协会、龙头企业之间的关系是怎样的？他们在品牌建设中分别承担了哪些工作

关系：政府加大政策和资金扶持力度，引导企业、协会转变观念，加强龙头企业自身建设，全面提升果业企业的综合实力。推动龙头企业、村级股份合作社、种植大户、家庭农场、专业合作社和小农户等融合发展，构建"政府+龙头企业（合作社）+村级股份合作社+基地+农户"等多种模式的果业产业化联合体。

政府：主要承担资金保障、品牌管理及宣传、新技术新品种推广、技术培训等。

协会/合作社：主要负责技术服务、提供农资保障、组织培训推广先进经验等。

龙头企业：主要承担品牌使用，果品加工销售，延伸产业链，增加果品附加值。

3.3　蒲城酥梨品牌定位是如何处理区域公共品牌面临的精品化、大众化与特色化之间关系的

精品化：高质量的精品果，利用高档礼品盒包装销售到高端商超。

大众化：大众普通果，用专用大包装在各大酥梨销售城市的批发市场进行销售。

特色化：增加品种多元化，开发梨膏、梨饮等深加工特色产品。

3.4 合作社、龙头企业和农户对接的主要合作模式（渠道）以及大致的利润分配方式是怎样的

主要合作模式是"龙头企业（合作社）+基地+农户"。以蒲城县四方果业专业合作社为例，大致的利润分配方式是合作社农资、果品销售总利润的60%按照社员入股比例进行分红。合作社收购社员的果品高于同等市场价格0.1~0.2元/斤。

3.5 品牌建设带动当地农户收入提高情况。

品牌建设带动当地农户酥梨销售价格提升0.6元/公斤，亩均增收900元，全县果农增收约2.1亿元。

3.6 蒲城酥梨质量管理（产品标准或者质量控制）有哪些措施

制定陕西省酥梨地方标准，严格按照《酥梨标准综合体》中的产地环境条件、苗木选育、生产管理技术、病虫害防治技术等方面标准进行质量管理；协会、合作社按照统一技术、统一农资、统一销售等方面进行管理。

3.7 智能化、数字化技术

智能化、数字化技术目前在部分梨园生产中试点，采用溯源系统对生产环节全程监控，实时监测气象、土壤、病虫害等，确保酥梨在生产过程中符合标准。

3.8 采用了哪些数字化手段推广蒲城酥梨品牌

采用电商经营模式推广蒲城酥梨品牌，在拼多多、淘宝等电商平台上设立蒲城酥梨旗舰店进行推广。

3.9 文旅融合发展给蒲城酥梨品牌带来了哪些效益

通过连续举办6届"梨花文化旅游节"，以花为媒，打造蒲城酥梨品牌效应，提高品牌知名度，增加酥梨销售收入。

4. 品牌治理

（1）地理标志商标授权和使用中存在什么问题？

目前授权使用蒲城酥梨地标的企业、合作社、电商有38家，存在使用率偏低、部分企业合作社使用意识不强的问题。

（2）如何激励授权企业维护品牌声誉，确保区域公用品牌良性发展？

政府鼓励企业积极开拓市场，对使用的企业、合作社在开设形象店、直销窗口等方面进行资金补助或项目支持。对企业收购、销售果品进行管理，严把质量关，促进良性发展。

（3）如何应对周边地区对蒲城酥梨品牌的冲击和竞争？

蒲城是酥梨优生区，种植历史悠久，果农生产技术先进，酥梨品质优于周边地区，未造成冲击。近几年，政府持续加大品种换优、提质增效等措施，进一步提高品质和市场竞争力。

5. 其他问题

（1）蒲城酥梨品牌建设有哪些亮点？

政府通过在国内大中城市进行专题推介，开设形象店、直销窗口，市场认可度大幅提升。

（2）蒲城酥梨品牌建设中有哪些亟待解决的问题？

第一，加大企业、合作社、个人地理标志使用率。

第二，目前酥梨品种比较单一，需要解决品种多元化问题。

第三，继续加大宣传力度。

6. 代表性企业/农户

6.1 陕西蒲城建平实业有限公司

（1）基本情况。法定代表人为杨建平，成立于 2012 年，是蒲城酥梨产、销、加工一体化企业，常年职工 200 人。2022 年成立陕西秦古匠心食品有限公司，主营梨产品深加工。以"秦古匠心""小秦书"为品牌，"秦梨膏"命名产品，摒弃"秋梨膏"，推广"秦梨膏"，以"秦"为名，致力于让客户将梨产品与陕西联系在一起。与制药企业合作，发掘梨药用价值。

（2）设施建设。普通机械制冷冷库 24 个，贮藏能力 8000 吨；种植基地 3000 亩，带动合作社 20000 亩；每年可加工鲜梨 5000 吨，加工产成品 250 吨。

（3）销售策略。约 20%通过实体形象店销售，为 120 元/盒的礼盒装，12 枚梨大小、口感、颜色均一致；通过超市、批发市场销售，价格基本为农户处收购价格翻一倍。

（4）品牌宣传与品牌管理。鲜果外包装同时印有蒲城酥梨区域公用品牌及企业商标，使用可追溯码，全过程溯源追踪肥料、农药使用记录。加工产品兼用区域公用品牌及公司品牌。

（5）生产管理。雇佣政府认证低收入户，工资 100 元/天；托管、租用梨园，取得分红后拿出 6%~8%交给政府，政府向低收入户分红。

（6）主要问题。近年来受天气原因影响，果面、果型有瑕疵，次果变多，影响鲜果销售。

6.2 蒲城勇奔果业有限公司

（1）基本情况。法定代表人为蒋兰洲，成立于 2001 年，主营酥梨贮藏加工，常年职工 350 人。

（2）设施建设。拥有蒲城县最大规模的冷库设施，气调冷库 60 个，贮藏能力20000 吨；自有梨园面积 1500 亩，种植酥梨 90000 平方米；企业建筑面积 16000

平方米；每年可加工鲜梨 17000 吨，加工产成品 15000 吨。

（3）销售策略。外地客商前来蒲城购买酥梨后，为其提供冷库租赁服务，收费 0.25 元/斤；种植大户收获后存入冷库，作为中间商代卖，外地客商看后再收购。贮存周期为 9 月到次年 5~6 月。

（4）品牌宣传与品牌管理。鲜果外包装同时印有蒲城酥梨区域公用品牌及企业商标，使用可追溯码，全程溯源追踪肥料、农药使用记录。

（5）生产管理。长期员工 30 多名，总员工 400 多名。

（6）主要问题。近年来受天气原因影响，果面、果型有瑕疵，次果变多，影响鲜果销售。

6.3　陕西蒲城金农源果蔬有限公司

（1）基本情况。法定代表人为李辉，成立于 2014 年，主营酥梨加工、出口，常年职工 25 人。2015 年注册品牌"秦智"。

（2）设施建设。自有梨园 600 亩、种植酥梨 520 亩、早酥梨 10 亩、长把梨 70 亩；每年可加工鲜梨 3500 吨，加工产成品 3500 吨。

（3）销售策略。将产品进行细分，形成"富硒""高糖""免化肥农药"等多个单品，提高产品附加值。通过调研价格接受程度再进行产品定价。细分前，5 斤酥梨批发价为 23 元；细分后，5 斤"高糖"批发价为 36 元，5 斤"富硒"批发价为 47 元，5 斤"免化肥农药"批发价为 62 元。2/5 产品出口至东南亚市场进行销售，价格为 350~500 泰铢/箱（合 71~101 元/箱），享受国家扶持外贸企业的 9%农产品出口退税政策。

（4）品牌宣传与品牌管理。鲜果外包装同时印有蒲城酥梨区域公用品牌及企业商标，使用可追溯码，全过程溯源追踪肥料、农药使用记录。

（5）主要问题。近年来受天气原因影响，表面多有果锈，次果变多，影响鲜果销售。

6.4　蒲城县富硒水果家庭农场

（1）基本情况。主要负责人为燕晓斌。经营果园面积 136 亩，其中梨园面积 120 亩。注册品牌"重泉御品"。2021 年在蒲城县农业农村局的支持下，带头成立了蒲城县家庭农场协会，吸纳了 50 多家农场加入。2022 年被评为陕西"最美示范家庭农场"。

（2）品牌使用情况。作为果农切身感受到区域品牌认证和自有品牌建设的重要性，酥梨直接售卖价格为 1 元/斤，而使用统一品牌标识、礼盒后价格显著提高，以 10 元/个的价格实现"一果难求"。

（3）主要问题。近年来受天气原因影响，果面、果型有瑕疵，次果变多，影响鲜果销售。

图5-3 蒲城县水果家庭农场协会室内

2023 年 9 月 19 日

下午参观陕西蒲城建平实业有限公司，及其旗下梨产品加工企业陕西秦古匠心食品有限公司。

1. 贮藏情况

冷库为机械制冷，中转包装为原色纸板包装，印有蒲城酥梨区域公用品牌标识，重复利用，保护环境的同时降低成本。

图5-4 蒲城酥梨包装图

2. 品牌包装

三种情况：酥梨包装印有蒲城酥梨区域公用品牌标志；酥梨包装上无区域公共品牌 Logo，但是强调了"蒲城酥梨"名称；其他品种梨包装印有"蒲城酥梨"区域公共品牌 Logo 和品种名称。

图 5-5　包装示意图（一）

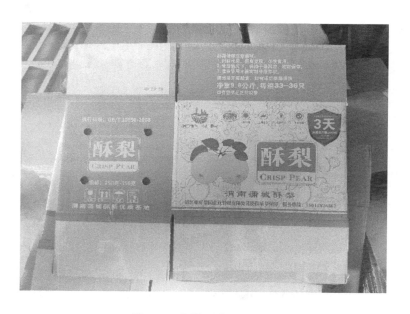

图 5-6　包装示意图（二）

图 5-7　包装示意图（三）

3. 加工产品

包括"膏滋"系列的酥梨枇杷膏、秋梨膏、酥梨枣仁糕等，"露引"系列的小吊梨汤、乳鹿饮等，"果冻"系列的石榴梨果冻、梨百合果冻等产品，优化产品成分、口味，同时根据消费者需求改良包装，实现差异化竞争。

图 5-8　酥梨枇杷膏

4. 面临问题

电商渠道建设相对落后，原因是进驻成本高。大电商要求大额保证金，一旦有环节没有做好，将面临大额罚金。

5. 展望

形成酥梨加工系列产品，设计更为方便的包装，如糖块、棒棒糖、软糖、口服液等形式，覆盖多类人群。今年会大量采购酥梨，扩大梨加工产品规模。

2023 年 9 月 20 日

讨论调研情况，探讨蒲城酥梨品牌发展和产业发展问题。确定案例写作重点和框架，制定案例撰写计划与分工。

返程。

1. 蒲城酥梨存在的主要问题

（1）受耕地红线影响，果园规模难以扩大。
（2）农户老龄化情况严重。
（3）电商渠道薄弱，地标使用率偏低。

2. 蒲城酥梨区域公共品牌优势

（1）突破品种限制，将"酥梨"解释为"口感酥脆的梨"，保留产地特色的同时迎合大众口感需求。
（2）形成母子品牌嵌套，将区域公用品牌和企业自有品牌结合起来，企业自有品牌发展通过区域公共品牌获得支撑，区域品牌发展通过企业自有品牌扩大影响。
（3）通过统一采摘时间，保证产品质量。
（4）地理、气候、环境因素优越，蒲城酥梨风味、口感表现优于其他地区。

3. 对策建议

（1）适当发展新品种，提升品质，增加果农收益。
（2）增加品牌授权数量，在监管与授权量间找到平衡点，提升区域公共品牌使用率，扩大品牌影响力。
（3）继续发挥差异化战略，实现提质增效，发挥品牌效应。

6 条山梨^①

6.1 黄河水养条山梨：甘肃省景泰县区域公用品牌建设

6.1.1 前言

随着生活水平的提升，民众对梨的消费需求正在不断升级。区域公用品牌作为农产品质量和信誉的重要载体，不仅可以凸显农产品特色与品质的建立与发展，也是我国各地优质农产品产区稳固自身市场地位、开拓市场领域的重要途径。甘肃省白银市景泰县在此背景下，充分把握国家实施乡村振兴这一战略机遇，巩固现有梨产业基础，积极推动"条山梨"区域公用品牌提档升级。

"一方水土养一方梨"，作为景泰县特产，"条山梨"与其他产区的梨果不同。"条山梨"原生长于荒漠草原的一条山镇，自引黄河水后，才有了如今万亩种植基地。特殊的生长环境成就了条山梨优良品质，同时，政府、企业等主体通过资源整合、营销设计、多元发展、形象维护等措施，协同共建条山梨区域公用品牌，进一步带动和促进了景泰县种植业结构调整和经济林果产业的快速发展。条山梨成为景泰县的主导产业，在省内外具有很高的知名度，在农业增效、农民增收中发挥了重要作用，产品销往全国各地20多个省份。

6.1.2 条山梨的区域公用品牌发展

6.1.2.1 历史底蕴

条山梨在景泰县种植历史悠久。明末清初在黄河沿岸已有梨的栽培，据传生

---

① 本案例由南京农业大学经济管理学院钟山青年研究员刘珍珍及牛佳、吴思璇、王梓根据调研材料共同撰写。

产的香水梨成为贡品。1949年，梨园面积31.78公顷，主要种植品种有冬果梨、香水梨、水梨、长把梨、酥木梨、吊蛋、牛奶头等。之后逐渐发展到泉水区。1965年，增加至55.87公顷。后在20世纪70年代发展至电灌区。90年代起，甘肃省农业科学院林果花卉研究所联合甘肃条山集团、景泰县农业技术推广中心等单位，先后引进黄冠、雪青、黄金、中梨1号、玉露香、新梨7号等品种。从山东引进黄金梨至景泰县进行接穗，对部分梨园进行高接换头，甘肃省农业科学院林果花卉研究所引进中梨1号等梨新优品种在景泰县试种，2005年景泰县及周边地区开始大面积发展黄冠梨。经过40余年的建设和发展，条山梨因黄金北纬37°的独特地理环境，优秀的食用品质，开始在甘肃当地颇具声名。

6.1.2.2 品牌认定

"三品一标"是农产品区域公用品牌建设的基础。2016年，农业部印发了《农业部关于推进"三品一标"持续健康发展的意见》，力争通过五年左右的推进，使"三品一标"生产规模进一步扩大，产品质量安全稳定在较高水平。景泰县政府意识到品牌兴农是促进农业优质高效发展的重要举措，同年便主导进行了"条山梨"农产品地理标志的申报；2017年，"条山梨"成功获批农业部农产品地理标志登记。在此之后，经景泰县政府和当地龙头企业条山集团的共同努力下持续推进品牌认定及推广工作。截至目前，"条山梨"多次获中国绿色食品博览会金奖、中国国际有机食品博览会金奖、甘肃农业博览会金奖、甘肃省名牌产品称号，受到省政府的表彰，被认定为"好中优"的"甘味"农产品区域公用品牌。

6.1.3 条山梨的区域公用品牌价值

不同区域公用品牌之间的品牌价值存在显著的差异，即使在产品相同、气候相似甚至产地临近的区域之间，品牌价值差异最高可以超过100%[①]。条山梨的品牌价值主要来源于其拥有的独特资源禀赋、标准化生产管理、优异的产品质量特征。

6.1.3.1 独特的资源禀赋

景泰县位于甘肃省腹地北陲，东临黄河，西接武威，南邻白银、兰州，北依宁夏、内蒙古，地处黄土高原与腾格里沙漠过渡地带，位于北纬36°43′至37°38′之间。全县总面积5483平方公里，黄河流经景泰110公里，最高海拔3321米，最低海拔1276米。景泰县属温带干旱大陆性气候，冬冷夏热，昼夜温差大，干旱少雨，蒸发量大，多风，通透性好。年均降水量180毫米左右，年平均气温9.1℃，年日照时长2718.3小时，无霜期159天。景泰县土地资源相对丰富，全

---

① 农业农村部市场与信息化司. 中国农业品牌发展报告（2002）[M]. 北京：中国农业出版社，2022.

县耕地面积 4.57 万公顷，水浇地 2.41 万公顷。"条山梨"果品种植基地地势平坦，土壤偏碱性，土层深厚，土质疏松，透水和保水性能好。"中华之最"的景泰高扬程电灌工程为条山梨的种植提供了丰富的水资源。高原干爽的天气和干净的土壤，充足的光照、黄河水的灌溉，显著的昼夜温差使得梨果更加饱满和香甜。

6.1.3.2　标准化生产管理

"条山梨"种植范围在一条山镇、寺滩乡、中泉镇、草窝滩镇、芦阳镇、上沙沃镇、红水镇、喜泉镇、五佛乡、漫水滩乡 10 个乡镇 41 个行政村和农场，主要集中于一条山镇和条山农场。栽培面积 2668 公顷，年产量 9.88 万吨。2010 年，一条山镇实施了景泰县创建农业部梨标准园项目，种植土地集中连片，形成了"龙头企业+合作社+农户"生产模式，以条山集团为主的企业进行统一生产管理，统一程度高，同时鼓励种梨能手进行土地承包实现规模化种植经营，条山梨的种植规模普遍较大，小规模的种植者很少。条山梨整体生产过程采取集约化管理，种植操作非常规范，严格按照《早酥梨栽培技术规程》《黄冠梨栽培技术规程》《国家 A 级绿色食品果品基地建设管理技术手册》和《环境知识宣传教育手册》标准执行进行，条山梨的产量和质量均有可靠的保障。

6.1.3.3　优异的产品质量

条山梨严格按照无公害、绿色、有机食品的生产标准进行规模化种植，农残含量更低，人工采摘，产品分级，追求品质至上。主栽品种为早酥梨、黄冠梨。其中早酥梨呈圆卵形或长卵形，具有色泽黄绿，果皮薄脆，果肉细腻，酥脆汁多，味甜略带清香。而黄冠梨果实近圆形，色泽淡黄，皮薄肉厚，口感质细，水分足，风味酸甜适口且带蜜香，可食率高。条山梨还具有多种营养物质的特点，含有丰富的蛋白质、脂肪、钙、磷、铁和葡萄糖、果糖、苹果酸、胡萝卜素及多种维生素等。具有润肺凉心、消痰降火，解疮毒醉酒的独特功效。条山梨耐贮藏性极好，冷藏可至次年 3~4 月，且冷藏后香气口感更佳。

6.1.4　条山梨的区域公用品牌建设

区域公用品牌是在一个区域的自然资源、生产工艺和产品特征的共同演进下，所形成的具有代表某一农产品市场价值，以商标为载体作为市场信号的一组符号具体构成的标识。由该区域所有人群共同所有，并由政府及其行业组织具体运营。如何抓住条山梨区域公用品牌核心特征进行品牌建设是品牌价值有效提升的根本路径。

6.1.4.1　整合资源，构建品牌价值共创体系

农产品区域公用品牌建设是一个多元主体共同参与、协同推进的发展过程。因此需要全面调动各个主体的积极性与创造力，鼓励不同主体广泛参与，为不同

主体的互动创造条件，建立多元主体协同共进的局面。各主体间的协同不仅包括政府、企业、合作社、行业协会和农民等不同类型主体间的协同，还包括同一类型主体内部的协同。通过整合组织、资金、技术等资源，条山梨品牌的建设形成了"政府负责、社会协同、村民参与"的多元主体共同参与、协同推进的品牌共建模式。

在政府层面，景泰县委、县政府按照"西涵水源、北治风沙、中保农田、建设绿洲"的林业发展思路，提出了"东护、南封、西保、北治、中扩"的总体布局，因地制宜地发展优势梨果树种。认真落实"甘肃省千万亩林果基地建设"方案，将推动梨产业发展作为推进乡村振兴战略和农业供给侧结构性改革的重要举措，列入"五个八万亩"发展规划，确定分管领导和工作班子，建立健全监督检查机制，帮助申请省部项目资金，协调金融部门信贷支持，对梨产业发展给予政策倾斜和资金扶持，大力促进了条山梨的规模化发展。在此基础上，制定条山梨品牌的发展规划，挖掘条山梨区域产业特色，包括区域特色农业资源、特色农业生产工艺和人文历史遗产等，发挥区域比较优势，在专项资金的支持下组织"三品一标"的申报。同时牵头打造"政府+企业+农户"的品牌建设的多主体体系，签订授权协议后可将品牌授权给企业、农户进行使用，主要有条山集团在内的7家相关企业使用"条山梨"品牌，解决了"谁来运营"的发展问题。

在企业层面，条山集团坚持"好产品是生产出来"的理念，致力为消费者提供绿色、健康、安全的产品。企业建设了万亩梨果标准化生产示范梨园，组建农机服务中心，引进和购置先进的农机具，大农机配套作业率100%，大田作物耕种机械化率达100%，收获机械化率90%。引进生物防治病虫害技术，整体农残仅为限量标准的1/50；建成1万吨配肥站，在肥料厂设有5个母液罐，3个成品罐，配套13座总容量100万立方米蓄水设施，采用水肥一体化管理模式，建造滴灌站过滤黄河水，土地中铺设管道，根据梨树的不同生长时期创新液体肥料配方，注入滴灌管，提高水肥使用效率，实现精准信息化灌溉；套袋、疏果、采摘等环节采用人工进行操作，轻拿轻放，采摘后的梨果按照标准严格检查，产品分级；建立果品保鲜气调库123座，储藏能力25.36万吨，贮藏保鲜，包装销售。解决了"如何生产"的问题，企业高度重视品牌建设，围绕发展现代农业的目标，大力实施品牌战略，按照"高产、优质、高效、生态、安全"的要求，积极推进"三品一标"认证和农产品质量追溯。降低了生产成本的同时全面提高农产品品质，使条山梨从"有没有"向"好中好"迈进，开启高质量发展之路。增强了品牌的核心竞争力。

在农户层面，通过土地流转，农户租给企业承包商的同时成为公司员工，通过梨果采摘等工作领取工资。条山梨产业的发展壮大为当地农户提供了就业岗位，

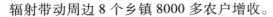

辐射带动周边 8 个乡镇 8000 多农户增收。

6.1.4.2 营销设计，促进品牌市场价值提升

在条山梨品牌发展的过程中，为了提升品牌的市场价值，以品牌建设为核心，围绕"产品""价格""渠道""宣传"四个方面的战略目标形成品牌营销的工作内容。

在产品方面，条山梨品牌形成了以"早酥梨、黄冠梨"为主，包括"条山早酥梨""条山蜜梨""景龙早酥梨""沙漠酥梨""沙漠蜜梨"的产品体系，同时，制定产品分级标准，根据果面情况和果实大小选入仓库，果实果面应无破损和疤痕，个头过小的果实废弃处理，按重量区分大小果。所有进入仓库的梨果，分为精品和通货两类。通过市场细分，将不同等级的产品输入不同的市场满足不同人群对于产品的需求，提高品牌收益。

在价格方面，价格随市场需求变化。条山梨品牌的认可度正处于在本地和市场不断提高的发展阶段，精品量上升，通货会进一步减少。随着条山梨品牌建设的加强，高品质梨果的"优质"在消费市场得以体现，申报地理标志农产品后条山梨的价格整体有显著提升，申报地理标志前价格 1.6 元/公斤左右，申报后 2023 年批发价为 4 元/公斤，地理标志很好地向市场传递了产品质量信息。同时以电商为例，从批发商这里 4 元/公斤进的货，商家在考虑包装成本、运输成本、产品积压风险和个人利润后，加价到 10~12 元/公斤，在网上进行售卖。以零售市场为例，从冷库直接批发 4 元/公斤的梨，在商超上基本上可以卖到 8 元/公斤，中间的差价为零售商的成本和利润。因此，企业针对部分梨果的销售开始直接与市场对接以减少中间商赚差价。

在销售渠道方面，条山梨产品的销售主要有直销和分销两种渠道。直营渠道是指直接面向消费者提供产品的渠道，包括店内直销、网络直销、人员直销等，即线下直营店、展销会以及线上网络直播带货等。直销有利于让消费者直观地了解到农产品的外观、质量、新鲜程度等外在形象，减少了中间环节的层层剥削。分销渠道是指经过的全部中间商联结而成的整个渠道，当产品从生产者转移到消费者手中时，产品不会直接从生产者对接到消费者，而会经过中间环节的流通。中间商包括商场、超市、政府企事业单位等零售商。

在宣传方面，为建立消费者对条山梨品牌的认知基础，政府出资 6 万元作为条山梨品牌的宣传推介费，策划并拍摄《条山梨》宣传片，全面体现条山梨的生态环境、先进生产技术、历史文化等，向消费端传递条山梨的独特风味品质；积极参加产品推介会，鼓励地理标志的用标企业参加"农产品地理标志推介会""农交会""绿博会""有机博览会"等重要展会和全国性、全省性宣传推介活动，扩大品牌的知名度和影响力。企业在使用品牌过程中，将"条山梨"品牌 Logo 和自

知名梨区域公用品牌典型案例研究

有商标一并印在包装上，根据客户的不同需求进行不同的包装，一般情况进入二级市场用黑框包装再流通，进入商超用纸箱包装，直接售卖；利用龙头企业对周围中小企业产生的辐射影响，以期更多的企业参与使用"条山梨"品牌；通过网络媒体、广告、杂志以及打折、赠送、免运费等促销方式进行宣传，提升条山梨销量，吸引消费者购买，从而促进品牌价值的实现。

6.1.4.3 多元发展，实现品牌产业链的延伸

切实推进果品深加工，完成黄冠梨、苹果梨梨汁开发工作并进行销售，提升了条山梨产业抵御市场风险的能力，提升条山梨产品附加值。将条山梨品牌的悠久历史与农村旅游等资源相结合，加快推进农旅项目建设，探索产业融合、城乡融合新路径，与地方文化共同发展，能更好地发挥品牌溢价功能。条山集团在条山梨生产加工的基础上，以充分开发具有旅游价值的农业资源和农产品为前提，利用农业自然资源、景观资源和农场的人文资源，融入农业生产、农户生活、传统民俗庆典等环节，将农场体验、生态消费与观光旅游相结合的综合性旅游休闲项目。条山集体建成集农业观光、休闲度假、现代农业文化、科普教育、餐饮住宿、休闲娱乐、生态产品开发及销售于一体的综合性园区。园区与现代农业滴灌泵站相毗邻，形成具有"游、住、食、娱"四大功能的综合服务体系。因此，条山梨产业初步形成了生产稳定发展、产销衔接顺畅、质量安全可靠、农旅娱乐休闲的发展体系。

6.1.4.4 形象维护，建设质量提升和监管机制

院企合作对于帮助各大农户提升农产品质量与产量，对维护品牌形象有着重要的积极作用。建设国家梨产业技术体系兰州综合试验站，邀请国家梨产业首席科学家及多位专家学者指导条山梨种植工作，甘肃省农业科学院林果花卉研究所梨团队长期驻扎，示范推广梨树省力化栽培、花果管理、果园机械化、水肥一体化、病虫害绿色防控等技术，为"条山梨"标准化、规模化生产提供强有力的支撑。景泰县农业技术部门开展技术攻关，通过新成果应用、新技术培训、基地示范等方式，解决技术瓶颈和短板，提升科技实力，引领创新驱动，提高果园产量及效益，推动条山梨产业质量、效益双提升。同时，在品牌发展资金管理方面，实行项目专账管理，专款专用，加强资金监管，规范使用行为；通过"信用授权"的模式开展标志授权，对具有一定规模和信誉企业部分授权的集体商标或证明商标的使用权，由工商局和执法队主要监督条山梨地理标志品牌的申请使用，打击假冒伪劣产品；打造甘肃省追溯平台，普及溯源码的使用，消费者扫码识别原产地，提高其对区域品牌的产地认知，为品牌的含金量和公信力提供了保证。

6.1.5 结语

自 2017 年以来，景泰县依托"三品一标"创建条山梨区域公用品牌，以市场

· 142 ·

需求为导向，以科技创新为支撑，以机制创新为保障，强化质量安全体系建设，致力于不断提高条山梨生产经营专业化、规模化、标准化、集约化和信息化水平。条山梨参与主体不断增加，产品经历了从"有"到"好"的升级过程，品牌也逐渐得到市场的认可，品牌价值不断提升，给当地梨业带来了实实在在的经济效益。作为一个新兴发展的区域公用品牌，条山梨的品牌发展空间巨大，若要充分发挥品牌价值，在此过程中将面临诸多的挑战，如如何进一步维护和提高品牌声誉，如何解决参与主体缺乏行业性的规范与推动的问题等。在未来，为了加大条山梨的品牌化建设，参与主体应充分认识到乡村振兴战略提出的目标更明确、内容更丰富和路径更多元的新要求，紧紧抓住其所赋予条山梨的发展契机，从加大区域公共品牌保护和拓宽农产品销售渠道等方面进一步建设条山梨品牌，以促进梨产业的健康发展，实现增效增收。

6.2 "条山梨"案例分析

6.2.1 引言

种于景泰，始于明清，名为条山梨。景泰县，位于甘肃省中部，东临黄河，西接武威，南邻白银、兰州，北依宁夏、内蒙古，地处黄土高原与腾格里沙漠过渡地带，介于北纬36°43′至37°38′之间，为河西走廊东端门户景泰最出名的"条山梨"。

作为甘肃省白银市景泰县特产，条山梨在景泰县种植历史悠久，明末清初在黄河沿岸已有梨的栽培，生产的香水梨成为贡品。20世纪90年代起，甘肃省农业科学院林果花卉研究所联合甘肃条山集团、景泰县农业技术推广中心等单位，先后引进黄冠、雪青、黄金、中梨1号、玉露香、新梨7号等梨新优品种在景泰县试种，2005年景泰县及周边地区开始大面积发展皇冠梨。

"条山梨"目前主栽品种为早酥、黄冠，种植范围涉及景泰县10个乡镇41个行政村和农场，主要集中于一条山镇和条山农场。2017年景泰"条山梨"成功获批农业部农产品地理标志登记。2019年"条山黄冠梨"荣获第二十届中国绿色食品博览会金奖。2020年"条山早酥梨"荣获第十四届中国国际有机食品博览会金奖。

6.2.2 条山梨品牌发展困境

"条山梨"作为一个新兴的区域公用品牌，品牌的使用者和品牌管理者对品牌的认知仍处在不断变更阶段，品牌在发展过程中也不可避免地遭遇一些困境。只有当品牌管理者和品牌使用者协同优化品牌管理方案，才能更好地发挥区域公用品牌的价值和作用。经过课题组的调研和分析，我们认为目前条山梨区域公用品牌面临的发展困境主要存在于品牌营销和品牌管理两个方面，具体如下：

6.2.2.1 梨果销售渠道单一，产品终端去品牌化

"条山梨"区域公用品牌的使用者通常为了避免供销环节的复杂流程，在产品销售时主要担任供应商的角色，一般选择直接将梨供应给批发商和商超。而条山梨经过一轮轮的加价，在达到消费终端时大部分利润已被中间商瓜分，同时产品往往已被去品牌化，重新贴上经销商自有的商标和 Logo，仅有部分产品可通过扫描溯源码查询到生产产地，但已很难直接识别产品品牌。从结果来看，即使"条山梨"本身的品质已被批发商和消费者认可，但从品牌传播角度仍未将品牌声誉传播出去。作为批发商，对企业自有的渠道品牌认可度更高；作为消费者，对商超等消费场所的品牌认可度更高。另外，条山集团等企业也在品牌营销方面做了其他积极尝试，通过建立直销渠道，如设立直营门市部和展销厅，将产品以最短路径送达消费者手中，避免中间环节的产生。但条山集团等企业进行直销的梨果销量仅占总体的很小一部分，无法实现全面的品牌传播。而其他线上销售方式如开设网店、直播带货等方式仍在尝试阶段。销售渠道的单一、品牌传播方式有限，导致消费者对品牌的认知程度较低，生产端和消费者终端的对接点尚未全面打通。因此，"条山梨"区域公用品牌的传播很大程度上受到传统销售渠道的制约。

6.2.2.2 品牌营销措施单一，品牌价值尚未充分体现

政府虽然是农产品区域公共品牌管理者，但缺乏足够的动力推动品牌发展，同时，政府也缺乏相应的部门对品牌进行有效的维护，当政府人员出现变动时品牌工作存在断档风险。因而，品牌营销的重心应该在企业。相比于政府，企业为了追求利益，更有动力进行品牌的形象包装、宣传，也更有能力优化资源要素提升品牌市场竞争力。引导企业积极参与区域公用品牌建设，不仅能够提高农产品的附加值，更有助于实现农产品区域公共品牌的市场化运行。

在景泰县，"条山梨"区域公用品牌的授权使用通常为政府主导，企业在品牌管理和维护中的参与度非常有限。在品牌营销方面，企业更偏向于使用自有商标，例如，甘肃龙胜林果有限公司销售"景龙"产品的数量是销售"条山梨"产品数量的一倍，虽然"条山梨"出园价更高，但是总体只高1~2元/公斤。就区域公共品牌随产品传递的情况而言，企业从农户手中完成农产品收购之后直接对其进行内销或者出口，在销售过程中均是以通货的方式或者批量销售，并没有进行进一步的营销或者包装，未体现区域公共品牌相关的产品信息，使得区域公共品牌

的作用难以发挥，品牌影响力的提升也较为缓慢，农产品品牌的附加值较低，难以有效提升农产品的销售价格。消费者了解到的区域公共品牌相关的信息较少，对品牌的认可度也很难提升，使得通过区域公共品牌搭建的由生产者通向消费者的"优质优价"链条传递受阻，相关主体的福利下降。

6.2.2.3 品牌发展处于初始阶段，管控主体单调

景泰县大多农户秉持"小富即安"价值观，仅期望能够销售自己梨园生产的梨果即可。而大多小农户生产规模有限，生产的梨品质不稳定，且农户品牌意识淡薄，因而只能依靠政府主体规范区域公用品牌发展。"条山梨"区域公共品牌的初期是以政府为主导，并推动品牌成长。但若政府过多干预品牌运营的市场活动，从短期看对农产品区域公共品牌的发展是有利的，但不利于品牌的长期发展。综观其他农产品区域公共品牌，在从无到有、从生存到强大的过程中，其管控主体存在从"地方政府"到"地方政府+龙头企业"再到"联合组织"的演变过程。协会等联合组织可以保证品牌同市场完美对接，使产前、产中和产后各环节形成良性利益分配机制。但景泰县梨果生产经营企业，多数规模体量很小，发展能力不足，各自为营，缺乏行业性的规范与推动。并且"条山梨"利益相关主体共同维护品牌的发展的意愿不高，因此，尚未成立相关的行业协会。缺乏协会这一品牌管控主体就很难合理协调区域内各方主体的需求，以致挫伤企业进行品牌管控的积极性。

6.2.2.4 品牌管控薄弱，存在公用品牌失灵风险

区域公用品牌属于典型的公共物品，公共物品为一个群体共同享有，且具有效用不可分割性、使用非竞争性以及受益非排他性三大特征的物品。这就要求隶属于农产品公用品牌所在区域的市场主体使用公用品牌时必须标明公用品牌名称，并且共同维护品牌声誉。被授权使用品牌的企业有义务和责任严格按照规定的标准进行梨果的生产和产品质量分级，然而，未经授权使用的主体生产的梨不一定对标达到"条山梨"产品品质，若违规使用品牌，将低质产品混入其中，会对品牌声誉造成损害。同时地理不适宜区的散户也会使用"条山梨"品牌，印上"条山梨"的其他区域产品在市场上也均可销售，会严重损坏品牌声誉，影响"条山梨"品牌授权使用经营主体的整体利益，打击其使用"条山梨"品牌的积极性。目前，政府针对未授权使用品牌的假冒伪劣产品的打击措施不够严厉，仅为口头教育和罚款，而企业只是使用区域公用品牌而没有采取对外的品牌监督措施。政府的质量监督管理力度有限，很难发挥像行业协会这一类的产业协会一样发挥市场监管作用。如果内部标准制定与执行不力，农产品区域公共品牌内部没有相应的、更加细化的排他标准，或标准的执行力度不够严格，将会导致区域整体商品质量参差不齐，甚至酿成"公地悲剧"。

6.2.2.5 信息披露机制不够完善，品牌认可度有待加强

政府部门对于市场状况的把握不如企业精准，无法直接参与市场竞争来进行品牌管理措施的调整，而企业对公用品牌建设缺乏全局性的清晰认知，对政府政策要求的把握则相对薄弱，在政府的引导和要求下，企业虽参与品牌使用但无法对品牌产生的成本收益进行具体衡量，因此造成区域公用品牌的建设停留在初级阶段。条山集团作为龙头企业，是区域公共品牌的顶梁柱，其产品技术、标准、质量较高。但是企业将早酥梨定位为低端产品，消费者更多只知道早酥梨这个品种，而不是品牌，同时消费者也不了解条山梨的种植生产过程，质量管理标准，营养物质含量和保健功能，对品牌溢价的接受程度低。

6.2.3 理论基础

6.2.3.1 信息传递理论

信号传递理论一般指在财务领域企业可以通过资本结构或股利政策的选择向潜在投资者传递信息；扩展到一般领域，即具有信息优势的一方通过"信号传递"将信息传递给处于信息劣势的一方，以实现有效率的市场均衡。

区域公用品牌能够帮助消费者将普通产品与优质产品进行区分，为消费者缓解市场信息的不对称等问题。区域公用品牌产品凭借其公信力与号召力，将其所代表的质量信号传递给消费者，提升消费者的购买意愿。现实中，水果质量特征具有隐蔽性，消费者很难真实完整了解其产品信息（周明发，2006）。区域公用品牌作为一种优质产品的信息表示，间接衡量了水果产品在口感、质量等特征上的差异（李亚林，2010），从而为消费者购买行为提供了一种地方的独特身份证明，决定了区域公用品牌具有较强的标识功能（Calbolii，2015）。区域公用品牌有效缓解了生产者与消费者之间的信息不对称，帮助消费者获取农产品信息，降低农产品的搜寻成本，为消费者购买决策提供参考。消费者认为带有区域公用品牌的产品具有独特的味道、颜色、口感等品质特征，因此愿意对带有地理来源标签的产品支付更高的价格（Crozetm 等，2012）。

6.2.3.2 市场机制

现实中，农产品质量特征具有隐蔽性，消费者很难真实完整了解农产品的信息（周发明，2006），而区域公用品牌作为一种优质产品的信息标识，将质量和产地来源联系到一起，用农产品在"行业—产地"层面的差异间接衡量其在口感、质量等特征上的差异，从而为消费者购买行为提供一种地方性的独特身份证明。一方面，对当地企业而言，区域公用品牌所传递的良好地区质量声誉能够向消费者传达一种优质的产品质量信息，帮助企业在市场中开展品牌宣传，从而节约企业市场运营成本，进而间接增加企业经营利润，使企业有更多资金进行技术研发

工作，增强产品市场竞争力；另一方面，对消费者而言，区域公用品牌作为消费者进行购买决策的重要信息源，有助于提高消费者对单类别产品的购买意愿，提升了农产品市场交易效率，降低市场交易成本，进而增强消费者对该产品的忠诚度，以形成稳定的市场消费群体。

6.2.3.3 集聚理论

与产业集聚相关的理论最早可追溯至斯密第一次提出分工的观点，斯密阐述了劳动分工不但有利于提高劳动的生产率而且能够起到增加国民收入的作用。马歇尔则发现各部门间存在分工现象的制造业在空间上集聚，并由此提出了"产业区"的概念，并阐述了产业集聚的经济动因，即企业在特定空间上集聚能够共享专门化的劳动力和中间投入品市场以及由集聚带来的知识溢出，这也是促使产业集聚的三个因素。马歇尔有关产业区位的论述为产业集聚理论奠定了基石。

区域公用品牌作为优质农业资源，归属于某特定地方政府、生产集体等单位共同拥有，具有很强的地区属性。发展区域公用品牌产品能够为水果产业化生产、分工化生产提供平台。农产品从种植到出售的全过程需要依赖相关产业的共同合作，无法从某个生产环节单独剥离，以此形成了围绕区域公用品牌农产品的前期、中期、后期的全产业链，将区域公用品牌农产品生产的原材料、中间品、加工生产环节紧密联系，实现资源共享。在资源共享的同时，企业之间相互竞争、相互学习，不断筛去生产低质量产品的企业留下高质量产品的企业，从而使产品的质量不断升级。

6.2.3.4 消费者溢价理论

区域公用品牌是经过地方政府筛选、源自特定原产地、具有特定自然、人文内涵的高质量产品。理论上所有的区域公用品牌都能作为有效质量认证，提升消费者对农产品的质量感知，缓解信息不对称，进而增加消费者的溢价支付。即消费者对区域公用品牌的溢价高低取决于其对该原产地的质量及声誉的认知和接受程度。于是知名的区域公用品牌与非知名的相比就会因为传递不同的质量信息而具有差异化的溢价获取能力。

一方面，从品牌影响力与知悉度的角度来看，相对于非知名地理标志，知名地理标志往往经过较长的历史发展与积累，具备较高的声誉和可信度，能够得到消费者更多的青睐。另一方面，从品牌信任的角度来看，由于地理标志的非竞争性和非排他性，在缺乏监管的环境中，生产者具有"搭便车"即生产低质量产品的动机。但根据信号传递理论，知名地理标志在生产低质量产品时面临更高的机会成本。因此，知名地理标志的相应制度建设和监管维护往往也就更加严格高效，能够更加有效地保障集体声誉，进一步增强消费者的认可和信任。

6.2.4　条山梨品牌发展分析

6.2.4.1　拓宽营销渠道，提高条山梨知名度

根据信息传递理论，随着品牌重要性的不断上升，农产品之间竞争的不断增加，产品之间的差异化识别愈加重要。条山梨如果要将高质量信号传递给消费者，增加消费者的购买欲望，就需要做好品牌的营销，将产品特色传播出去。

首先，条山梨的品牌宣传要紧扣其地域文化，以大家对甘肃西北文化、民族特色的好奇心为引入，将条山梨产地的历史渊源、传奇故事作为着色点，大力挖掘其文化内涵。把独具特色的文化优势合理应用到条山梨的品牌宣传上来，通过"历史人物对话"让人们贴近条山梨，了解其根源。

其次，在信息技术高速发展的现代社会，数据信息更新换代飞速，数字化数据信息会不定时间不定空间出现在消费者的视野，消费者会在主动或者被动的条件下接收到各种各样的信息，条山梨可以抓住这一契机，主动出击，利用微信、抖音、淘宝等电商直播平台加大短视频推广。努力在信息化时代的发展潮流里站稳脚跟，积极打出自身品牌强有力的一拳，将条山梨的知名度打响。通过引入大数据、农业、品牌、管理等专业团队，为条山梨品牌创新注入新活力。同时，在品牌推广业务各个环节中，定期对工作人员进行专业知识培训，更新其品牌思想与品牌观念认知，注重人才激励、人员素质培养，保证在条山梨品牌后方有着强力且源源不断的人才储备。

最后，在条山梨产业转型升级时，还需注重产业链上下游的产业协作，依托内部优势的同时积极吸收新型大数据资源，利用大数据平台、数字技术、电子商务平台将业务信息化、服务信息化，充分发挥龙头企业的带动效应，积极披露条山梨品牌的种植信息、产品信息，推动条山梨产业的数字化转型升级，依靠技术创新为品牌创新提供保障，通过品牌创新为条山梨价值提升注入活力，促进条山梨品牌可持续发展。另外，还应该通过硬广告的手段在机场、高铁站、公交车设置广告来加强条山梨的宣传。

6.2.4.2　强化品牌认同，提高顾客信任

根据成本节约理论，如果要使区域公用品牌能够实现成本节约，首先要使该品牌得到顾客的认可。而得到顾客认可最主要的形式就是进行品牌文化的建设，品牌文化可以提高消费者对产品的信任度，强化条山梨区域公用品牌的品牌内涵，这样才能形成顾客黏性，从而达到成本节约的效果。景泰县必须挖掘与追溯与条山梨有关的历史文化、风土人情等，进一步扩大条山梨的影响。

此外，可以推进梨文化的宣传，大力营造人人吃梨、懂梨、爱梨的良好风尚和浓厚氛围，支持当地企业和批发商参与梨专题的品牌宣传会、博览会等活动，

持续推进品牌宣传工作。充分利用当地媒体资源提高农户和消费者对于品牌的理解能力，从而让农户和消费者发自心底认可条山梨这一品牌。政府和企业可以利用当地媒体资源开展条山梨品牌宣传和推广活动。例如，可以邀请当地媒体到条山梨的种植基地进行采访和报道，向消费者展示条山梨的生产全过程，让消费者更加深入了解条山梨的品质特色。同时可以通过当地政府开展品牌教育和培训活动，传授条山梨相关的品牌知识，提高农户和消费者对品牌理解，向农户和消费者传递品牌形象和价值观，让更多人了解到条山梨的品牌故事和产品信息，这样不仅能让农户和消费者更加深入地了解到条山梨的特点和优势，也能增加农户和消费者对条山梨这一区域公用品牌的信任和认同。

6.2.4.3 成立产业协会，增加管控主体

根据产业集聚理论，如果景泰县要实现产业集聚，就需要将散户以及龙头批发市场以及企业联合起来，组建产业协会，形成合力共同促进条山梨的发展。产业协会规范的管理和经营体系在品牌建设过程中起到不可或缺的作用，它能够帮助政府明确职能、强化职责，为农户和企业提供更加优质、便捷、高效的服务；企业层面要将品牌塑造认知、品牌塑造手段以及品牌塑造策略等融入内部组织结构，实现品牌塑造的完善化和企业的可持续发展；在农户层面，要用好条山梨这一品牌，加强品牌宣传与保护，提升品牌价值与影响力。

首先，在调研过程中发现，当地条山集团有成立梨产业协会的想法，但并未付诸实践。景泰县可以以政府为主导创立条山梨产业协会，将当地龙头企业、大型批发厂商以及各个种植散户包括进来，这样可以使得当地形成一种合力，共同维护条山梨的品牌发展。成立行业协会不仅能够及时向政府及相关部门反映目前条山梨的发展中的困难与问题，大家共同参与制定行业发展规划并解决问题。其次，条山梨协会可以在市场上代表并维护条山梨这一品牌，能够在一定程度上做到反倾销、反制约，且能够把条山梨从大家认知中的"低端产品"上升到一定档次。再次，成立协会制定公约，能够有效地制定条山梨的种植、生产以及售卖标准，并且能够建立统一的质量认证，政府也能进行统一的质量检测，这样能够帮助条山梨建立良好的市场声誉，在一定程度上避免散户冒用条山梨品牌而损害条山梨的品牌声誉。最后，成立协会之后，能够组团参展，进行系统的培训学习、参观、考察，一同推进行业的进步。

6.2.4.4 加强品牌管控，严厉打击侵权

针对条山梨这一区域公用品牌，前期品牌声誉的建立固然重要，但是后期的品牌声誉的管理和维护也必不可少。首先要增强当地生产主体的品牌意识，从调研中我们可以得知，当地老百姓对于条山梨这一品牌并没有归属感，也不会去特意申请使用条山梨这一区域公用品牌。政府、企业、农户等主体应加强重视、加

大投入，系统规划条山梨区域公用品牌建设。当农户们的品牌意识提高后，在市场上见到假冒条山梨品牌的其他商家就会自发去抵制。

此外，品牌维护不能只靠政府，企业也要在自己能力范围内做一些力所能及的事情，比如在生产过程中不断提升梨果的品质，在销售过程中更加注重品牌等。条山梨作为一个区域公用品牌具有公用性和资源共享性，对条山梨的品牌权益保护要涉及多方面。

第一，要建立健全品牌保护机制，严守商标申请门槛。对条山梨品牌使用的申请条件要严加把控，坚持对条山梨梨果品质进行科学检测。条山梨包装设计要趋于统一而不统一，对梨果品质的分级实现标准划分，分级后的包装要求同存异，让消费者清晰识别条山梨标识。

第二，要坚守品牌底线，拿起法律武器，运用合法手段维护条山梨品牌合法权益，加大监管力度，对不良商家的侵权行为严厉打击，而不是仅仅口头教育和罚款，建立健全工作任务清单、年度工作计划和工作台账，将考核结果与年度评奖评优挂钩等，利用这些方式提高行政执法效率，严厉打击售假贩假行为，为条山梨产业创造一个高透明度的良性竞争环境。

第三，要普及品牌保护意识，开展品牌知识培训活动，让参与条山梨种植、生产、销售的相关人员明确什么是品牌保护，为什么要进行品牌保护，让生产经营者、销售人员尤其是设计品牌管理工作的相关人员从思想上认识到品牌保护的必要性和重要性，让品牌保护意识深入人心，更好地指导实践工作，更有力地维护条山梨品牌形象，提升条山梨的声誉。

6.2.5 条山梨品牌发展方向

6.2.5.1 加大政府支持力度，发展政府引领作用

（1）整合优势资金，加大资金扶持力度。

政府应明确规划各笔资金的使用，并且集中资金解决关键问题，避免出现资金的浪费及重复使用。此外，要对具有发展潜力的企业或者合作社加大帮扶力度，引领区域公共品牌的发展，例如当地的条山集团以及龙胜生态林果公司，使资金利用率最大化，提升品牌的知名度和影响力。另外，景泰县政府可以建立产业支持资金，推广农业保险等保障措施，在霜冻严重颗粒无收的年份，能够给予农户一定程度的经济补贴，保障生产端的稳定。另外，对于企业等区域公用品牌的使用主体，可以提供区域公共品牌建设和发展维护相关的资金支持，最大限度地调动各个主体对发展区域公共品牌的参与度与积极性，发挥良性的主体带动和监管作用，提高区域公共品牌的市场影响力和品牌价值，为品牌高质量发展扫清障碍。

（2）发挥引领作用，推进产业化进程。

发展农产品区域公用品牌是落实乡村振兴战略的基本要求。因此，景泰县政府需要牵动当地龙头企业，深入推进景泰县条山梨的产业化进程，延伸条山梨区域公用品牌产业链，发展特色农业。此外，政府应该将景泰县种植梨的散户集中起来，引导和扶持梨产业协会的建立，这样既可以帮助扩大规模种植面积，带动散户的种植积极性，还能在一定程度上稳定市场价格。

（3）健全自然灾害预警机制，防范化解农业灾害风险。

在访谈中我们了解到，自2016年开始景泰县与其他北方梨产区一样，在梨树花期及幼果期霜冻灾害频发，2018年霜冻最严重时甚至造成全县梨果绝产，且该产区霜冻灾害存在降温幅度大、发生频次多、持续时间长等特点，致使条山梨的生产受制于霜冻灾害的困扰。这种霜冻采用传统熏烟防霜法效果不佳，为此以条山集团、龙胜公司为代表的龙头企业先后购置130余台果园防霜机等先进的防霜设备，结合实时温度监测与无线传输技术，使覆盖的7000余亩梨园有效降低了霜冻灾害损失。

但由于果园防霜机成本较高，只有经济实力强的大型企业可以购置安装以规避霜冻灾害，而小规模生产者对于自然灾害的抵抗力依然较弱。因此，景泰县政府可以考虑向甘肃省农业农村厅申请，将果园防霜机纳入农机购置补贴，让小规模生产者也能安装果园防霜机有效防控霜冻灾害，同时建立针对霜冻等自然灾害的监测站，覆盖全县的梨重点产区，对相关气象指标进行监测和预警，并及时共享气象信息，使生产者能够实时掌握梨园气温变化信息，及时采取有效措施应对自然灾害，尽可能将风险和损失降到最低。对于生产者购买农业保险给予一定的补贴和支持，提升生产者抗风险的能力。此外，在灾害发生后，政府可以组织相关专家赶赴灾区，调查灾害发生情况，指导企业和果农做好灾后生产自救工作。

6.2.5.2 提升产品质量，助力品牌发展

（1）加大质量安全监测力度，建立市场准入机制。

景泰县政府应该对条山梨的质量在生产全过程中进行监测，避免在生产过程中出现疏忽影响梨果品质，降低品牌口碑。产品质量要从源头把关，对产品监测、质量检测要统一全覆盖式管理。打造景泰县条山梨，产品有特色、质量有保障、消费者有口碑的高质量区域公用品牌。在销售过程中，企业要对梨果质量严格把关，对不符合标准的条山梨严禁进入市场，避免低质果品进入市场，以次充好，导致消费者对条山梨做出负面评价，对区域公用品牌造成负面影响。

此外，要加强溯源体系，禁止其他地方的梨冒充条山梨进入市场。此外，要加强工商局还有执法队的监察力度，对其他地区违规使用条山梨区域公用品牌的，给予严厉打击。要是放任市场上区域公用品牌的滥用，将会对条山梨的口碑造成

巨大损害。

（2）提高科技含量，增加产品附加值。

提升景泰县条山梨产品的科技含量，首先要培育、发展、壮大科技人才队伍，培养并选拔一批懂科学技术的全能型人才担任领导干部，让他们成为推广新科学、新技术的中坚力量。此外，还可以与高校专家开展合作，邀请专家和技术人员推广和普及农业科学知识，对文化程度高、易接受新知识和科学理念的人员进行技术培训，从而提升农业科技含量，使得果品品质进一步提升。

6.2.5.3 树立品牌意识，加强品牌宣传

（1）创新宣传方式，提升品牌知名度。

在调研的过程中，发现景泰县对条山梨这一区域公用品牌、区域公用品牌产品以及获得绿色食品认证的产品宣传极其匮乏。提升品牌知名度和品牌忠诚度都是获得长期客户的重要途径。目前处于"互联网+""大数据"时代，景泰县政府应当充分认识到时代特点，紧跟时代脚步，整合现有媒体资源，将传统媒体、电视购物、电商平台、线下销售等多种模式相结合，做好景泰县区域公用品牌的推广与宣传。

一方面，可以设计独特的产品标识，产品标识如同对外的名片，消费者可以凭此将其与其他品牌进行区分。好的产品标识突出醒目、简明易记、能够很快吸引消费者的注意力，加深消费者对品牌的印象，在消费者下一次购买中，能够精准识别并能购买该产品。久而久之，产品标识就是这一产品的质量保证，在一定程度上能够起到对条山梨的宣传作用，为条山梨开拓市场。

另一方面，打造可视农业，产品信息透明化。抓住顾客追求梨果新鲜绿色的特点，在大数据时代的背景下，依托互联网、云计算以及现代视频技术，使消费者在扫描条山梨套袋上的二维码时，不仅能显示出产地，还能给消费者清晰展现种植、生产、采摘等画面。通过可视化农业，让更多人放心购买条山梨。还能够通过网络平台远程观察，在任意时段能够了解自己的订单，让消费者买得安心。

（2）培育新型农民，增强品牌发展动力。

《关于加快推进乡村人才振兴的意见》中指出要坚持把乡村人力资本开发放在首位，围绕全面推进乡村振兴的需要，全方面培养各类人才，扩大总量，提高质量。景泰县政府应该和企业联合培养各类人才，扩大总量，提高质量。鼓励景泰县青年群体意愿涉农，开拓农业发展的新思想，激发农村发展新活力，为增强品牌意识，推动景泰县条山梨发展储备专业知识人才。丰富培养模式，积极推动乡村城镇涉农青年与农业高等院校联合开办培训班，委托培养、指导品牌专业人才进行系统全面学习。梳理品牌价值观，为条山梨树立品牌意识提供强有力的理论与科学支持。

做好品牌规划，在当代竞争压力巨大的时代，创新思路，适当调整品牌规划，才能持续满足顾客多变的需求，使条山梨能够向梨果优势品牌不断迈进，创建条山梨的产业影响力。

6.2.5.4 建立多元化营销模式，提升品牌溢价

（1）强化"互联网+"思维，拓宽品牌销售渠道。

近年来，全国各地的农产品已经开始通过电商平台和直播等网络渠道进行销售，以互联网为基础的电商平台是近年来发展最快的新型营销方式，这些方式开发成本低、接受程度高、传播速度快，逐步成为销售产品的新手段、新趋势。中国邮政等物流公司在当地也布有站点，具有网络销售的渠道基础，因此景泰县政府应该重视电商的发展，积极探索果品通过电商分销的销售方式，开拓产品销售新渠道。

政府还应强化电商专业人员的培训，建立一支专业的队伍。首先，要做到优化课程，突出适用、易懂的特点，做到培训成果明显；其次，应该动态跟踪，及时解决电商人员遇到的问题，要求受训人员实时反馈，根据反馈内容以及效果做出调整；最后，重视培训结果的转化，尽可能做到电商达人直播带货，通过网络平台提升景泰条山梨的流量和知名度。

（2）细分市场，明确品牌定位。

目前梨果市场同质化严重，想要在市场中占有一席之地，就急需对产品有明确的市场定位，根据市场需求主要生产适合市场的产品。与此同时，在调研中我们了解到，条山梨绝大多数都是贩卖，很少进入大型商超或者直接对接消费者。

因此，条山梨还应尝试产品向高端市场发展，这样能够使产品利润最大化。以果品的品级划定不同的价格是企业打开不同层次市场、获取利润的重要手段，它对企业的生存和长期发展起着至关重要的作用。品牌能够成功发展，品牌定位起到关键作用，因此尽可能满足消费者的需求，明确品牌定位，使自己的品牌树立明确的内涵、形象、符合消费者需求的定位，在消费者的意识中占据有利的位置，这样才能够在众多同类产品中脱颖而出。

（3）推动三产融合，开拓产品销售新方式。

推动实施"梨树认养"新方式。随着生活水平的提升，越来越多的消费者开始注重健康，绿色无公害水果更加受人追捧，而且现代生活中越来越多的都市人向往回归自然，体验绿色生活，因此果树认养模式应运而生。景泰县企业和政府应学习并推广运用认养果树的销售模式，在标准化梨园里划分梨树认养区域，消费者实地认养，认养期间梨树认养者可在专业人员的引导下自行对果树进行农事管理，采摘期间消费者自行采摘可以体会到休闲旅游的乐趣，梨树认养方式对企业和消费者是共赢的销售方式，不仅使消费者能够体会种植、采摘的乐趣，给消

费者带来成就感，还能够使企业梨果滞销的风险降低，因此景泰县应推动梨树认养的新型销售模式。

此外，条山梨作为景泰县的区域公用品牌产品，还能将其与景泰县的人文结合起来，可以依托当地旅游业开展梨花节等活动，在活动过程中为消费者讲解当地的地理环境及在这片土地上种植条山梨背后的艰辛以及努力，使消费者对条山梨印象更加深刻，对条山梨有更浓厚的购买欲望。

6.3 "条山梨"案例调研日志

调研时间：2023 年 9 月 10~12 日
调研地点：甘肃省白银市景泰县
调研人员：刘珍珍、牛佳、吴思璇、王梓

2023 年 9 月 10 日

调研内容：景泰县条山梨的历史渊源和生长环境背景考察；条山梨的种植及管理过程调查及梨园相应设施的调研考察（依托于条山农场）。

图 6-1 条山农场

（1）条山梨生长环境概况。景泰县位于河西走廊东端，腾格里沙漠南缘，北纬37°黄金农产品种植带。这里平均海拔1610米，地势平坦，土壤偏碱性，土层深厚，土质疏松；这里温差大，光照强，常年干旱少雨，土壤污染少，病虫害发生率低。黄河流经景泰110公里，享有"中华之最"的景泰川电力提灌工程滋润着这片土地，恰到好处的自然环境使得这里出产的瓜果格外甘甜。全县梨园总种植面积3万余亩，梨产量约为8000公斤/亩，近年来霜冻灾害发生频繁，产量为3000～5000公斤/亩。

（2）梨园情况概括。分为老式和新式，主要种植品种皇冠梨、早酥梨、玉露香，条山集团种植面积8000多亩，近万亩，种植密度4米×3米，质量上乘，地域优势，病虫害少。

（3）农机具。具有进口除草剂，弥雾机VS.无人机，标准化程度高，农残低，套袋/疏果/采摘等仍人工。

图6-2 条山农场农具

（4）灌溉采用铺设管道，精准滴灌。过滤黄河水，多年使用历史，故事积淀，浑浊的黄河水如何种出清脆可口的条山梨？

（5）施肥采用水肥一体化。统一管理的模式。肥料厂五个母液罐，三个成品罐，水肥一体化，创新配方，管道建设基础优秀。

（6）采后贮藏。建有冷库，梨果保鲜，冷藏后口感更佳（初加工）。

（7）电商销售状况。少量梨果以电商形式售卖，个人微商，邮政快递，曾采取 KOL 直播营销，以失败告终，快递成本高。

（8）销售价格。出园价格平均 1~2 元/斤，主要对象为批发商（果园收购和固定合作商）和华联超市（少量），若采取直销是否可拓展利润空间？

图 6-3　条山梨包装图

（9）政府角色。经过各项合规手续，品牌营销的重心应放在企业。

（10）品牌管理措施。通过有机认证、地理标志品牌认证等合规手段提高产品价值，张贴溯源码品牌按合同要求符合标准可授权，生产资料统一采购，集约化管理，初步发展电商扩大区域影响力。

（11）存在的问题。品牌建设落后（农户小富即安价值观、品牌故事未挖掘不具有附加价值，产品分级标准根据市场需求各有不同，产品外形不够美观，营销渠道未完善，对假冒伪劣品维权意识不足）。

2023 年 9 月 11 日

调研内容：品牌管理和使用主体访谈。政府（景泰县园艺站）和企业访谈（条山集团、龙胜公司）。

1. 政府——景泰县园艺站刘站长

（1）政府在条山梨区域公共品牌建设过程中所做的工作及管理措施概况。

（2）政府在品牌建设中承担的角色。政府主要申请条山梨地理标志品牌，负责"条山梨"区域公用品牌授权，工商局和执法队主要监督条山梨地理标志品牌的申请使用，打击假冒伪劣产品，打造甘肃省追溯平台，普及溯源码的使用。

（3）条山梨产业协会。尚未建设，政府提倡建设产业协会，鼓励各企业积极参与，龙头企业可牵头。

（4）品牌建设和管理措施。停留在品牌标识认证环节，授权六七家相关企业使用条山梨品牌（授权时主要考虑规模和种植管理规范），监督不合规的品牌冒用问题，品牌宣传有拍摄宣传片《条山梨》等，管理措施单一，处于发展初始阶段。

2. 企业——条山集团高总

（1）近五年梨的生产、管理和销售状况。包括生产规模、管理模式、品牌建设和销售市场等。

（2）品牌建设对条山梨销售的影响。每年都能卖完，条山梨价格能高 1~2 毛就很不错了，出园价平均为 1~2 元/斤，品牌溢价体现得不是特别明显。

（3）主体的利益分配。不存在与农户的利益分配问题，农户作为员工，领取工资包含五险一金，企业主要为生产商，梨果主要分销给批发商和超市，中间环节多，很小一部分进行直销，直销存在营销和运输成本问题。

（4）质量管理。进行成分检测和产品分级，目前只有两级。

3. 企业——龙胜公司许总

（1）公司梨果生产、管理和销售概况。进行早酥梨和皇冠梨的传统种植，长期租地，到期续约，主要供货给批发商，商超稳定性差。

（2）品牌定位与管理。早酥梨目前处于低端产品，消费者更多只知道早酥梨这个品种，而不是品牌，龙胜有两个自己注册的商标品牌，消费者认可度高于条山梨这个区域公共品牌，带来的利益更大，条山梨为政府要求使用，但未进行具体管理，主要印在包装上。

（3）发现的问题。条山梨品质好，品牌建设处于初始阶段，品牌影响力不高，品牌管理措施单一，产品与品牌价值未充分体现，利润空间未充分挖掘。

2023 年 9 月 12 日

开会讨论调研情况，探讨条山梨品牌建设的问题，搭建条山梨案例分析框架；确定案例分工，制定案例撰写计划和进度安排。

返程。

主要问题概括：

（1）品牌的宣传力度不够，不够重视，品牌打不出去，企业重心在自身品牌建设，未形成合力。

（2）条山集团生产基础扎实，技术先进，但对品牌的价值认识、意识不足，企业协会的组织框架不完善，生产端比较完善，企业的定位主要在种植和批发，缺乏产品的设计，仅停留在品质上，很单薄。溯源系统的平台管理的意识缺乏。

（3）消费者对平台的认知程度有限，生产端和终端的对接没有做到，没有打通直销的渠道。

（4）产品的分级比较简单，仅从大小和外观分，包装上面也可以再琢磨，职业打假的隐藏风险。

（5）品牌名称与梨品种的对应较弱，通过"条山梨"品牌名称不能直观地认识到梨的品种。

（6）品牌建设：条山梨的品牌并没有做起来，只是申请了地理标志，但是并没有建立起相应的品牌影响力。

（7）品牌管理：政府端的管理缺乏，集团的销售主要面向批发市场，还有其他的渠道品牌，很难保留"条山"这个品牌。

（8）总结：公共品牌的目标是让当地的生产者都能够组织起来，发挥合力，从区域公共品牌的建设中受益。但目前条山梨区域公共品牌并没有建立起来，大企业有自己品牌，小生产者散卖或者买箱子，也没有品牌意识。企业怎么做品牌维护，品牌对企业的意义。产品质量管理措施，价值提升表现在哪些方面，销售渠道和产业链条如何。农户没有市场参与力，要和企业合力，需要有平台去规范品牌的使用和管理，这就需要政府的统筹，强调公用品牌性质，解决分散生产者难以形成合力的问题，牵头成立协会，统一包装统一标识与宣传，制定分等级标准等，监督品牌滥用的情况（多角度）最终达到当地生产者总体利润提升的目标。

7 隰县玉露香梨[①]

7.1 汇聚多元主体合力培育一颗富民好梨

7.1.1 引言

"咬一口，流一手"是对隰县玉露香梨最形象的描述。自 1984 年玉露香梨引入隰县以来，国家梨产业体系以及隰县县委、县政府高度重视隰县玉露香梨的产业发展情况，久久为功，持续汇聚多元主体合力，只为培育一颗富民好梨。目前，隰县玉露香梨种植面积共 23 万亩，产值达 10.8 亿元，品牌价值达 87.43 亿元。玉露香梨产业带动当地农户致富成果显著：隰县 80% 的土地种植梨果，80% 的农民从业梨果，80% 的收入源于梨果，80% 的低收入户依托梨果致富。2013 年，隰县玉露香梨在第十一届中华名梨·全国梨王擂台赛中获"中国梨王"称号。2015 年，隰县玉露香梨获中国果业品牌大会"中国果品区域公用品牌 50 强"称号。2023 年，隰县玉露香梨成功入选农业农村部农业品牌精品培育计划，标志着其品牌化进程迈上了又一个崭新的台阶。

回溯隰县玉露香梨产业发展历程，是一部励精图治的奋斗史，国家梨产业体系专家、隰县县委及县政府、龙头企业、农户等均扮演着重要的角色。在这部奋斗史中，从最初的尝试种植梨树，再到后来的规模化生产、品牌化发展，每一个参与其中的人都付出了辛勤的努力和不懈的奋斗，凭借多元主体合力应对各种风险和挑战，推动隰县玉露香梨不断迈上更高的台阶。

---

① 本案例由南京农业大学经济管理学院教授葛继红及研究生舒琦、王猛、刘静、刘薇、李仟莹根据调研材料共同撰写。

7.1.2 专家培育优选珍稀品种

玉露香梨是在国家梨产业体系的指导下由山西省两代科研人员，历经30年自主培育的优良梨种。久久为功、精益求精，科研人员始终奋斗在玉露香梨品种优化、品种推广的一线上。

7.1.2.1 久久为功，传承数代科研人员心血

1974年，山西省农业科学院果树研究所的邹乐敏专家以新疆库尔勒香梨为母本，河北雪花梨为父本进行杂交，选育出代号为"74-7-8"的新型梨果品种。2003年，这一品种经山西省农作物评审委员会评议审定，被命名为"玉露香梨"。至此，玉露香梨正式进入人们的视线。经过生物学上的优选优育，玉露香梨克服了原有品种的缺点，继承了母本、父本的优点，既具有库尔勒香梨的口感，同时又优于母本，个大、核小，可食率在90%以上，无沙质，甜度大。

好梨要有好地栽。经过多年多地的引种试种和观察鉴定之后，山西省农业科学院果树研究所专家发现在隰县独特的自然生态环境条件下，玉露香梨指标性状稳定，相比其他地区，产出的玉露香梨品质最佳。隰县所产的玉露香梨果个大、果形端正、果面光洁，具有皮薄、肉细、核小、可食率高、含糖量高等诸多优点。因此山西省农业科学院果树研究所专家最终选定隰县作为玉露香梨的主要推广产区。一方面，隰县独特的地形地貌和气候条件使隰县尤其适合梨果生长。隰县位于山西省西南部、临汾市西北，属黄土高原残垣沟壑区，境内有三川、七垣、八大沟，垣面高阔残缺，沟壑纵横交错，海拔在950~1300米，为典型山区县；且隰县居于暖温带大陆性季风气候区，四季分明，雨热同期，日照充足，昼夜温差大，降水偏少。另一方面，隰县梨果种植历史悠久，当地梨农种植经验丰富。早在明清时期，隰县金梨就已是皇家贡品。

事实上，山西省农业科学院果树研究所的新品种推广之路异常坎坷。1984年，在玉露香梨培育出来的10年后，邹乐敏专家将玉露香梨试栽在隰县城南乡牛家沟张天生梨园，进行实验观察。此后的10多年间，玉露香梨一直"养在深闺"，其品种价值并没有被市场发现和认识。因为在当时，隰县农户大多种植酥梨，要让百姓们砍掉酥梨树，换种新品苗，需要有如壮士断腕般的决心。再加上玉露香梨种植尚未形成规模，即使有产量，经济效益也偏低，农户普遍不愿意接受玉露香梨这一新品种。2000年，以山西省农业科学院果树研究所郭黄萍为代表的国家梨产业体系专家团队在山西省果品展销会上结合实地调研、数据分析情况向隰县领导极力推荐玉露香梨品种，以期联动政府力量，推广隰县的玉露香梨种植。由于郭黄萍专家的极力推荐，隰县人开始留意玉露香梨，在经过不同场合的多种"测试"后，隰县人开始相信玉露香梨是未来的"梨中之王"。山西省农业科学院果树

研究所联动隰县政府乘势而上，通过技术培训、资金补贴等方式多措并举推广玉露香梨种植，并取得了明显的成效。2003~2005 年，隰县先后推动习礼等 37 个村的 391 户酥梨换接玉露香梨，完成了 2084 亩 223 万个接芽，并在坪城等 10 多个村新栽玉露香梨 1000 亩共计 5 万多株。隰县由此进入了玉露香梨多村多户大面积示范的发展阶段。

玉露香梨作为梨中"最娇嫩"的品种之一，在不同生长周期对应的种植要求也不同，这对于刚刚接触新品种的农户无疑是一个巨大的挑战。于是，山西省农业科学院果树研究所专家总结栽种经验，归纳了玉露香梨的六大生长周期，分别是萌动期、花期、幼果期、膨大期、采摘期、休眠期。并对不同生长周期的种植要求进行了明确，例如，在花期需要进行花前复剪、疏花疏蕾、高接换优等操作，在膨大期需要进行摘果转叶、秋季修剪等操作。如此环环相扣，以保障隰县玉露香梨的优秀品质，也让农户们寻得了玉露香梨种植的章法。2010 年，隰县被山西省政府确定为"一县一业"玉露香梨生产示范基地县，也被山西省政府划定为山西省中南部无公害果蔬高效产业区，同时也被临汾市政府确立为山西百万亩优质水果生产基地县。截至 2023 年，隰县果品种植总面积 38 万亩，其中玉露香梨面积 23 万亩，"一县一业"格局基本形成。

7.1.2.2 精益求精，攻坚冻害等发展难题

和其他农产品类似，在玉露香梨的生长过程中，可能会遇到各种各样的问题，包括自然灾害、病虫害、土壤贫瘠等。其中，冻害作为常见的自然灾害之一，对玉露香梨的产量和质量有着极大的影响。梨树进入生长期后，抗寒性急速下降，耐受低温能力明显减弱，而玉露香梨作为中晚熟梨受冻害等低温天气的影响极为明显，如 2018 年受冻害影响，隰县玉露香梨产量较前一年锐减一倍。

为攻坚冻害这一阻碍隰县玉露香梨产业发展的难题，以杨盛为代表的山西省农业科学院果树研究所专家团队从技术指导、品种改良两方面着手，双管齐下，以降低冻害给隰县玉露香梨产业发展带来的损失，进一步提升隰县玉露香梨的品质和产量。一方面，专家团队为农民提供详尽的技术培训和现场指导，传授如何预防和应对冻害的知识和技能。通过各种科普讲座、视频教程和实地演示，农民们学会了如何正确使用防寒设备，以及如何合理安排种植时间、地点和间距，有效地降低了冻害的发生率。另一方面，专家团队为从品种上攻克冻害难题，深入研究冻害的原因和机制，正在进行推迟花期等相关研究，以期优化玉露香梨性状、助力玉露香梨的稳产增产。同时，还运用杂交育种和基因工程技术等技术，探寻提高隰县玉露香梨的抗寒性品种改良新方向，以期选育出抗寒性更强的优良品种。

此外，为帮助隰县玉露香梨开拓销售市场，山西省农业科学院果树研究所专家团队从消费者视角出发，发现目前玉露香梨主要以清香型为主，且表皮颜色为

黄绿色，相较于芒果等浓香型水果以及苹果等亮红色水果，香味和外观上对消费者的吸引力较弱。基于此，果树研究所也正从玉露香梨的颜色、香味等方面探索改良品种，以期更好满足消费者需求。

精益求精、追求卓越，科研人员始终凭借丰富的专业知识和严谨的态度，一次次突破技术瓶颈，实现玉露香梨品质的不断提升。可以说国家梨产业体系的专家们始终奋斗在玉露香梨品种优化、品种推广的一线上。

7.1.3 政府引领打造稀有好梨

自20世纪山西省农业科学院果树研究所专家将玉露香梨引入隰县后，隰县历届县委、县政府就依托其得天独厚的自然优势把梨果产业确定为全县的主导产业，一届接着一届抓、一任接着一任干，久久为功，持续发力，强势推进玉露香梨规模扩张、品质提升、品牌建设、营销推介系列化工作。隰县政府从隰县玉露香梨产业发展现状出发，着力打造当地区域公用品牌，提出以隰县玉露香梨品牌建设为核心，同步推进创塑价值符号、提升产品品质、拓展营销渠道、强化品牌管理、促进产业融合、实现系统传播等内容，六位一体全面发展的战略路径。

7.1.3.1 精准定位，培育区域公用品牌

隰县综合玉露香梨独特的品种价值以及独特的种植区域造就的罕见品质再加上隰县特有的地域资产，概括出了珍稀品种、稀有品质、隰有好梨的隰县玉露香梨品牌核心价值，确定了"稀有好梨"的品牌定位。

"稀"字作为产品与品牌的链接点，既有稀有、珍稀之意，也与隰县的"隰"字同音，既能表现出隰县玉露香梨之稀有，也能表现隰县生产的玉露香梨确实是好梨；既突出了隰县玉露香梨的独特性和优质性，也强调了产地隰县独特的自然环境和历史文化背景。隰县期待围绕"稀有好梨"的品牌定位，在稀有品种、稀缺区位、珍稀经验、良心梨农等多方面的价值支撑下，将隰县玉露香梨推广成为全国乃至全球知名的高品质水果品牌，并以此促进当地经济的发展和农民的收入增长。因此，"稀有好梨"既是隰县玉露香梨对外宣传的核心要点，也是隰县玉露香梨产品销售的核心卖点。

图7-1 隰县玉露香梨品牌视觉符号

2017 年"隰县玉露香梨"地理标志证明商标在国家知识产权局注册成功，其间，隰县玉露香梨被中国品牌文化管理年会组委会授予"中国大美梨"称号；2017 年 4 月，中国果品流通协会联合隰县人民政府发布"隰县玉露香梨"区域公用品牌，标志着隰县玉露香梨品牌化的华美蜕变。2020 年，在中国农业品牌盛典上，隰县玉露香梨入选第一批中国农业区域公用品牌目录，隰县玉露香梨品牌价值被评估达 87.43 亿元。

7.1.3.2 多措并举，建设隰县特色品牌

为着力打造隰县玉露香梨区域公用品牌，隰县政府联动国家梨产业体系、隰县北纬三十六度电子商务有限公司等当地龙头企业，整合各方资源，发挥引领作用，以品质为核心、以"数智"为依托、以延链补链为重点，探索推动隰县玉露香梨产业高质量发展、隰县人民增收致富的品牌之路。

第一，以品质为核心。隰县政府将保障和提升玉露香梨品质作为产业发展的核心抓手。出台《玉露香梨生产技术规程》《隰县玉露香梨质量要求》等多项生产规范，为玉露香梨种植、加工、贮藏等生产全程提供标准化指导；还依托梨产业体系专家，构建了"县—乡—村"三级技术支撑体系，为隰县玉露香梨生产全程提供专业化指导。值得一提的是玉露香梨作为中晚熟梨受冻害等低温天气的影响极为明显，严重制约着隰县玉露香梨的品质提升及增产增收。隰县政府通过推广防雹网覆盖栽培技术，建设三防一体防灾减灾设施共 3120 亩，有效减灾 64%；还引进了多普勒雷达气象监测仪和双偏振相阵控灾害预警仪，建设 14 座防雹增雨作业点，根据不同云层的物理特性向云中播撒干冰等催化剂，产生人工冰核，以实现防雹防霜、削减雨雾等目的，有效减小了气候灾害对玉露香梨生长的影响。

第二，以"数智"为依托。隰县聚焦玉露香梨产业发展需求，以数字农业新基建为依托，主导建设玉露香梨产业链数字化平台，赋能隰县玉露香梨产业高质量发展，带动当地农户增收致富。将人工智能、物联网、区块链等新技术与玉露香梨产业相融合，建成了覆盖数据采集、大数据分析、质量溯源等 12 大板块的"智慧农业云服务平台"，并对接山西省农业云平台，推进农业数据资源整合，提升了玉露香梨产业的信息化、智慧化程度。在生产方面，智慧农业云平台除了能够实时监测种植基地的空间温度、湿度、光照、土壤 pH 值等，远程实现数据收集；还能录入每年由隰县果业服务中心组织的专项调查小组，深入田间地头，收集的土壤养分、墒情、土层厚度等信息，为玉露香梨的科学种植提供指导与预测。同时，在大数据的实时监控下，也便于梨产业体系专家依靠信息和通信技术为农户提供专业技术指导，并在提供服务的过程中基于数据要素实现"有据可依"。在销售方面，借助智慧农业云平台的质量溯源板块，以"玉露香梨二维码质量追溯体系"为基础，推行一品一码，通过网站、微信等互联网手段，架起了一座果农、

果商与消费者之间无缝对接、互联互通的桥梁。每个隰县玉露香梨都有其独一无二的身份码，消费者在购买时，拿出手机扫一扫，即可查询产品的生产流通过程信息、检测报告等，实现明白消费、放心消费。早在2021年，隰县就已完成2948家农户、108家农民合作社、15家企业等主体的生产档案全过程数字化，覆盖生产主体基本信息、施肥、病虫害防治、花果管理、采摘等全过程。迄今，隰县开展供应链及追溯管控，累计发放3.8亿枚隰县玉露香梨专属二维码，质量追溯覆盖率达100%，推进了隰县玉露香梨品牌认知度和产品销量的大幅提升。

第三，以延链补链为重点。随着隰县玉露香梨种植面积、产量的增加，如何进一步提高产品附加值，成为摆在隰县面前的新课题。当地政府以延链补链为重点，为玉露香梨产业再上新台阶提供现实方向。在延链方面，隰县联合70家村级合作社，投入资金1200万元，采取"市县公司+村级合作社+龙头企业+农户"模式合作建厂，完善梨果产前、产中、产后系列配套服务体系。在加工业链条延伸方面，隰县引进山西仁道生物科技有限公司，开发了"念极青"玉露香梨膏；发挥隰县玉露香酒有限公司技术人才优势，开发了"享之乐"玉露香酒；借助隰州天天饮料有限公司加工平台，推出了"天天饮料"梨汁等优质产品。现已形成集梨果分选分级分装，梨汁梨膏梨干、果醋果酒果糖食品加工，果框果袋果箱配套服务加工等多元化加工格局。在营销链条延伸方面，隰县围绕玉露香梨产业大力发展电商，着力解决梨果销售问题。依托"乡村e镇"，吸引汇集电子商务、物流配送、金融保险、网络运营等相关企业，建成区域性电子商务园区，并引导龙头企业、合作社、家庭农场等开展网络销售业务。全县共建立了1024个电商创业团队。其中，农村电商服务站135家，专业合作社86家，各类公司215家，个体户516户，还有百余家淘宝、快手等平台网店。全县电商队伍逾2万人，为隰县玉露香梨产品营销打开了广阔市场。在补链方面，当地政府经实地调研发现冷链仓储不足是制约玉露香梨产业发展的短板之一。2020年以前，全县冷库保有量不到5万吨，只能满足30%的需求，且存在老旧设施偏多的问题。基于此，隰县依托中央冷链建设的政策支持，加快产地仓储保鲜冷链设施建设，在危机中育新机，构建了县域的农产品产地仓储保鲜冷链体系，现已建成果库156座，库容可达10.9万吨。果库的建设不仅能够有效解决以前农户储存梨果路途远、费用高的问题，有效调剂销售市场、延长玉露香梨的货架期，还契合了隰县玉露香梨跨地域、大流通、反季节的现实需要，起到稳定市场行情，提高抵御市场风险能力的作用。同时，以果库存量为单位对接大客户，实现了散户联结销售，解决了散户量少卖难的问题，促进了小农户与大市场的有效衔接，为梨果产业插上了腾飞的翅膀。此外，传统的果品分类选级，多数依托大量人工完成，耗时费力且不精准。为推动玉露香梨实现优质优价，隰县政府与当地龙头企业合作，联合研发出全球第一条玉露香梨智能分选线并制定了相关行业标准，为隰县玉露香梨分等分级销售提供了技术保障。

区域公用品牌建设是一项长期而复杂的工作，隰县久久为功，依托品牌打造的系列举措，隰县玉露香梨出园价由 2017 年的 3.4 元/斤升至 2022 年的 5.8 元/斤，丰年出园价可达 6.3 元/斤。同时，为促进玉露香梨市场良性健康发展，政府坚守授权准入门槛，对申请使用"隰县玉露香梨"区域公用品牌的主体就梨园规模、梨果品质、种植过程等方方面面进行严格审查把关，并制定《隰县玉露香梨区域公用品牌使用细则》对已授权的 55 家企业开展考核，考核不合格者将撤销授权。此外，政府还通过定期巡察、果库核查、群众举报等方式监管市场上销售的假冒伪劣产品，以进一步规范隰县玉露香梨生产经营秩序。

7.1.4 市场推动形成"隰县模式"

隰县玉露香梨市场以梨果分等分级为基础，实现了产品的优质优价，以龙头企业为核心，立足玉露香梨的高品质，凭借先进技术识别并向市场供应精品梨果，打开高端客户通路，形成市场的良性循环的"隰县模式"。

作为当地龙头企业代表之一的隰县北纬三十六度电子商务有限公司，在隰县政府的支持下，研发引进国际领先的首台大型智能化玉露香梨商品化处理分选线，实现玉露香梨产业发展的数字化设计、智能化操作、信息化管理。分选线搭载 36 个高精度徕卡镜头、配备两台测糖仪，可从外观、大小、糖度等方面对玉露香梨进行数字化、自动化筛选，生产能力可达 6 万斤/天。该智能分选线为玉露香梨的精品果的识别提供了技术基础，也为隰县玉露香梨分等分级定价提供了技术保障。不同等级的梨果对应不同的价格，以天猫旗舰店经典款为例，品牌基础款 7 斤 12 颗售价 130 元/盒，品牌旗舰款 8 斤 12 颗售价 178 元/盒，品牌升级款 8 斤 12 颗售价 248 元/盒，品牌金木水火土钻石款 10 斤 9 颗售价 598 元/盒。分选线很快在当地推广开来，大中型企业纷纷引进相应智能化分选线。此外，隰县北纬三十六度电子商务有限公司基于该智能分选系统，建立了信息采集制度，搭建全国性信息平台，按照规范化、标准化生产要求，配备计量称重、视频采集、温湿感应等设施设备，实现仓储保鲜冷链信息的自动采集、汇总处理和统一发布，为宏观决策提供数据支撑。

与此同时，区域公用品牌的出现无疑为隰县玉露香梨的发展注入了一股强劲的动力。在隰县玉露香梨区域公用品牌的加持下，龙头企业发挥品牌优势，树立品质标杆，成为隰县玉露香梨产品销售的掌舵者，引领隰县玉露香梨销售价格风向。一方面，龙头企业充分利用品牌优势，提高产品知名度，引导消费者认可和信赖隰县玉露香梨。严格把控产品的质量，设定标准的销售价格，保证消费者的购买利益。这不仅带动了其他中小型企业的良性竞争，也提高了整个隰县玉露香梨的行业标准。另一方面，在销售情况向好时，农户们也看到了品牌化的好处，他们自发规范生产过程，加强技术学习，梨园管理更加绿色化、精细化、专业化，所生产的玉露香梨品质也更加优良。

良好的市场环境为农户增收致富带来了好消息。隰县80%的农户依托玉露香梨致富，上留村的刘老汉就是一个典型的例子。刘老汉夫妇育有两个儿子，夫妇俩常年打理着10亩的玉露香梨果园，两个儿子则负责通过抖音、微信等平台销售自家的玉露香梨，分工明确，每年都能完成产销一空。依托玉露香梨良好的产销情况，刘老汉一家已经在市中购房安居，生活质量蒸蒸日上。像刘老汉这样的农户隰县还有很多，良好的市场信号让农户们更有动力、更有信心。

7.1.5 结语

近年来，隰县坚持"以梨为基、多元发展"，持续汇集多元主体合力，推动玉露香梨全产业链提质升级。尽管隰县玉露香梨在品牌建设及产业发展方面取得了显著的成绩，但在品牌建设过程中仍存在一些不容忽视的问题，主要包括缺乏专业化人才、市场力量尚未充分激活，品牌影响力小等。机遇与挑战并存，未来，隰县将继续发挥国家梨产业体系的技术支持作用、强化政府的政策引领作用、激活市场的主体支撑作用，加快产业升级、规范品牌运营，持续推动隰县玉露香梨标准化、品牌化、优质化，以促进产业高质量发展，努力打造可复制推广的乡村振兴"隰县样板"。

7.2 "汇隰县玉露香梨"案例分析

7.2.1 品牌建设经验

7.2.1.1 理论分析

借助区域公用品牌集体声誉向市场传递有效信息是产业突围的制胜法宝。作为农产品的玉露香梨，兼具信任品和经验品的特点，因此需要主动向市场传递质量信息。据买方和卖方的信息不对称程度，将商品分为三类：搜寻品、经验品和信任品。其中，搜寻品是指购买前就能确定产品质量的商品；经验品是指使用后才能确定其质量的商品，如汽车、菜品的味道等；信任品是指无论是在购买前还是消费后都很难判定其质量的产品，如医疗、食品药品安全等。在激烈的市场竞争中，与消费者建立长久、稳定的关系是维护竞争优势的基础，而品牌信任则是这种关系的核心所在，尤其是同时具备经验品和信任品两种性质的隰县玉露香梨，其信任感尤为重要。相关研究表明，当消费者对某品牌有深厚的信任感时，他们会在消费行为上展现出一定的忠诚度，乐意持续购买该品牌的产品，甚至能够抵消外界负面影响。正是因为隰县玉露香梨兼备信任品和经验品的双重属性，消费者难以判断所购买玉露香梨的质量，因此打造区域公用品牌，借助公共品牌声誉向市场传递有效信息是隰县玉露香梨建立品牌信任，改善品牌与消费者的联系并增强品牌形象，最终在竞争激烈的市场中脱颖而出的法宝之一。

汇聚多元主体合力是区域公用品牌持续发展的保障。作为公共物品的农产品区域公用品牌具有非排他性和非竞争性的特点。非排他性，即无法排除他人享用公共物品的权利；非竞争性，即一个人使用公共物品并不会减少其他人的利益。正是区域公用品牌的以上特性，任何单一的组织或个人都无法独立打造隰县玉露香梨这一区域公用品牌，也无法实现从产品到品牌的跃迁。因此汇聚多元主体合力是隰县玉露香梨区域公用品牌持续发展的关键所在。隰县玉露香梨的发展不仅需要政府的引领，也需要国家梨产业体系、龙头企业、农户等多方参与和协作。生产优质好产品并向市场传递隰县玉露香梨就是稀有好梨的质量信息。总之，只有多方携手，才能共同推进隰县玉露香梨产业高质量发展。

7.2.1.2 多元共治，打造"稀有好梨"

优秀的产品品质是品牌成功的基础。只有高质量的产品才能满足消费者的期望，赢得他们的信任和支持，从而建立起强大的品牌形象和影响力。在产业发展过程中，隰县围绕"好产品"，打造"好品牌"，汇集国家梨产业体系、隰县政府、当地龙头企业等多方主体力量，多元共治，着力打造真正的"稀有好梨"。

（1）国家梨产业体系专家提供强有力的技术支撑。

国家梨产业体系正双管齐下，从技术指导、品种改良两方面为隰县玉露香梨区域公用品牌打造提供技术支持。

在技术指导方面，以山西省农业科学院果树研究所为代表的岗位专家经常性组织公益技术服务活动。开展了果树整形修剪、病虫害防治管理、花果管理、土肥水管理、有机旱作、降雪低温冻害后的栽培管理等科技服务培训指导工作。通过对果农开展玉露香梨采收贮藏保鲜技术理论指导和实践培训指导，发放玉露香梨管理技术手册，为果农进一步了解并掌握玉露香梨优质生产管理的关键技术提供了科技支撑。另外，为从品种上攻克冻害这一影响玉露香梨稳产增产的难题，专家团队深入研究冻害的成因和机制，正在进行推迟花期等相关研究，以期优化玉露香梨性状、助力玉露香梨的稳产增产。同时，还运用杂交育种和基因工程技术等技术，探寻提高隰县玉露香梨的抗寒性品种改良方向，以期选育出抗寒性更强的优良品种。此外，为帮助隰县玉露香梨开拓销售市场，山西省农业科学院果树研究所专家团队从消费者视角出发，发现目前玉露香梨主要以清香型为主，且表皮颜色为黄绿色，相较于芒果等浓香型水果以及苹果等亮红色水果，香味和外观上对消费者的吸引力较弱。基于此，果树研究所正从玉露香梨的颜色、香味等方面探索改良品种，以期更好满足消费者需求。

国家梨产业体系内专家总结过往经验，着眼现实需求，在隰县玉露香梨产业发展的各阶段提供全过程的技术指导，研究市场需求，为产业升级提供依据，输出新的研究成果，以满足隰县玉露香梨产业的发展要求，在隰县玉露香梨产业发展过程中起着至关重要的作用。

（2）隰县政府强势发挥引领作用。

隰县政府通过出台优惠政策，设立专项基金，加强科普教育和技术推广，提升隰县玉露香梨区域公用品牌的质量，拓展市场渠道，提高农民收入，推动玉露香梨产业转型升级。

首先，隰县出台了多项生产规范，为玉露香梨种植、加工、贮藏等生产全过程提供了标准化指导。虽然玉露香梨这一品种本身口感好、汁水多，但其对生产管理的要求比较严格，不同生产标准下种植出来的玉露香梨口感会有偏差。通过建立严格的产品质量标准，可以确保所有隰县玉露香梨的生产和加工过程都有章可循，保证产品品质和安全性，塑造良好的品牌形象。2018 年 7 月，当地制定并发布了省级《隰县玉露香梨质量要求》，该要求由隰县果业局、山西省农业科学院果树研究所等联合起草，其中详细规定了隰县玉露香梨的术语和定义、质量要求、试验方法、检验规则、标志、包装、运输和贮存。2019 年 6 月，隰县制定发布了省级《隰县玉露香梨优质生产技术规程》，为标准化生产提供全面的科学依据。此外，隰县果业局还因地制宜编制了《三字生产标准》，以通俗易懂的方式指导果农生产。

其次，隰县形成了健全的技术服务体系。依托国家梨产业体系，隰县进一步推进技术网络和人才队伍建设，形成了高效运转的县、乡、村三级技术服务网络，服务内容涵盖技术推广服务、生产社会化服务、商品流通服务、金融服务、信息服务等。隰县定期开展实地培训，邀请国家梨产业技术体系岗位专家、山西农业大学的专家等，深入田间地头授课，开展实地技术指导，宣传最新市场信息，每年培训 1 万人次。当地还组建社会化服务队伍，向农户提供病虫害防治、枝叶修剪、梨果采摘等专项服务，提高玉露香梨种植的组织化专业化程度。健全的技术服务体系是破除隰县小梨农"信息无能"困境的"灵丹妙药"，也是促成小农户与大市场有效对接，进而融入现代农业发展的有效路径。

此外，隰县依托智慧农业云平台，建立了完善的农产品溯源系统。实行一品一码，让每一颗梨都有自己的身份证，消费者可以通过扫描商品上的二维码获取该产品的产地信息、生产日期、质检报告等详细信息，有效保证了产品的可追溯性。不仅增加了消费者的信任度，还有效约束了生产者行为，实现了源头的质量把控。并利用区块链技术对生产信息进行上链存证，进一步升级溯源体系，把二维码从原来的单一的身份识别、产品宣传的功能，升级为集生产管理、市场分析、渠道拓展、质量安全、品牌保护等功能于一体，同时依托现代农业发展、物联网建设、资源共享，实现了玉露香梨生产可追溯、管理可追查、流通可追踪，梨品质量安全追溯管理比例达 100%。

隰县政府充分发挥后发优势，自 2017 年隰县玉露香梨区域公用品牌发布以来，6 年时间，隰县打造了具有隰县特色的高质量区域公用品牌。2020 年，在中国农业品牌盛典上，隰县玉露香梨入选第一批中国农业区域公用品牌目录，隰县玉露香梨品牌价值被评估达 87.43 亿元。

（3）市场良性循环效应显著。

隰县龙头企业等相关市场组织规范生产和经营行为，以梨果分等分级为基础，实现了产品的优质优价。立足玉露香梨的高品质，凭借先进技术识别并向市场供应精品梨果，打开高端客户通路，形成市场的良性循环。

产品分等分级对农业生产和市场营销具有重要意义，不仅可以提高农产品的附加值和竞争力，而且有助于实现公平贸易和优质优价，提高农户收入，促进农业产业的可持续发展。《隰县玉露香梨质量要求》根据果实横径、果形、色泽、口感、果梗、果面缺陷等标准，将隰县玉露香梨划分为特级果、一级果、二级果三个等级。隰县玉露香梨的定价策略与梨果分等分级息息相关。隰县玉露香梨以分等分级为基础进行定价，不同等级的梨果对应不同的价格，以天猫旗舰店经典款为例，品牌基础款 7 斤 12 颗售价 130 元/盒，品牌旗舰款 8 斤 12 颗售价 178 元/盒，品牌升级款 8 斤 12 颗售价 248 元/盒。

以往的果品分等分级，多数依托大量人工完成，不但耗时费力，分选的果品级别还不精准。为补齐这一短板，在政府的支持下，隰县北纬三十六度电子商务有限公司引进国际领先的首台大型智能化玉露香梨商品化处理分选线。分选线搭载 36 个高精度徕卡镜头、配备两台测糖仪，可从外观、大小、糖度等方面对玉露香梨进行数字化、自动化筛选，生产能力可达 6 万斤/天。该智能分选线为玉露香梨的精品果的识别提供了技术基础，也为隰县玉露香梨分等分级销售提供了技术保障。

在区域公用品牌的加持下，龙头企业充分发挥品牌优势，立足"稀有好梨"的品牌定位，树立品质标杆，成为隰县玉露香梨产品销售的掌舵者，引领隰县玉露香梨销售价格风向。筛选出来的特级果、一级果等精选玉露香梨被包装销往北上广深等一线城市，严选限量款 8 斤 9 颗的售价可达 598 元/盒。

与此同时，在隰县玉露香梨销售市场成绩斐然的情况下，农户们也看到了品牌化的优势，并积极响应品牌化的要求，加强技术学习，实行绿色化、专业化、标准化生产，自主规范生产过程，提高玉露香梨品质。市场良性循环效应显著。

7.2.2 存在的问题

尽管隰县玉露香梨在品牌建设及产业发展方面取得了显著的成绩，但在品牌建设过程中仍存在一些不容忽视的问题。这些问题主要包括缺乏专业化人才、市场力量尚未充分激活，品牌影响力小。

7.2.2.1 缺乏专业化人才

人才对一个组织或行业来说非常重要，因为他们可以带来新的观点、技能和知识，推动行业的创新发展。拥有高素质的人才可以使组织具有更强的竞争优势，他们能更快地学习和应用新技术、新方法和新策略，创造更好的产品并提供更好的服务。只有不断引进、培养和发展人才，才能取得持续的发展和进步。然而隰县玉露香梨产业发展过程中，自 2000 年全国城镇化加速以来，青年人口大量外出，从业人员老龄化、专业化人才缺位现象凸显，主要包括缺乏专业的技术能人、市场开拓人才、品牌打造人才等。

缺乏专业的技术人员。目前隰县从事玉露香梨产业的人才主要是农民和其他非专业人员，他们大多以夫妻搭档从事生产经营，年龄偏老龄化，且种植品种多元化，虽具有多年的农作物种植经验但缺乏专业的技术和管理知识，但无法针对玉露香梨提供高效、科学的管理，这对梨树的生长和果实的品质产生了负面的影响。例如，隰县上留村的刘师傅总共经营 50 亩地，除了种植 10 亩玉露香梨，还种植了酥梨、苹果、山核桃等，不同品种作物对种植要求不同，多元化种植使刘师傅难以对玉露香梨提供精细化管理。

缺乏市场开拓人才。基于隰县玉露香梨的优秀品质及"稀有好梨"的品牌定位，隰县玉露香梨的销售市场大多布局在北上广深等一线城市。当前的市场开拓主要由国家梨产业体系专家宣传、隰县政府背书、龙头企业负责人亲历等，市场开拓范围及能力有限，亟须更多懂市场、善经营的专业人士，扩大隰县玉露香梨的销售市场。

缺乏品牌打造人才：品牌打造是一个系统性的工程，涉及品牌定位、策划、推广等多个环节，需要具备丰富经验和专业知识的人才才能完成。隰县玉露香梨虽然品质优秀，但是品牌知名度不高，且品牌打造工作主要由政府引领，市场主体中缺乏品牌打造相关的专业化人才。

综上所述，隰县在发展玉露香梨产业的过程中，缺乏专业的技术能人、市场开拓人才、品牌打造人才。应着力引进和培养更多具有专业知识和技能的人才，为隰县玉露香梨的高质量发展提供人才支撑。

7.2.2.2 市场力量尚未充分激活

尽管隰县玉露香梨产业已经取得了一定的成就，但是市场的力量在这个过程中的作用还未得到充分的发挥和激活。换句话说，隰县玉露香梨产业的发展在很大程度上还依赖于政府的支持，而市场经济本身的作用并没有得到足够的重视和利用。

政府的支持对隰县玉露香梨产业的发展起到了重要的推动作用，在区域公用品牌建设的全程起到了至关重要的作用。比如，隰县政府通过举办订购会、梨花节、采摘节等各种活动来推广隰县玉露香梨，扩大其知名度和影响力。同时，政府还投入大量的资金和技术支持，用于改良品种、提高产量和质量等方面的工作，进一步提升了隰县玉露香梨的竞争力。

然而，仅靠政府的力量并不足以支撑隰县玉露香梨产业的长期稳定发展。市场经济自身的调节机制也是产业发展中非常重要的因素。例如，市场需求的变化、价格波动等都会影响隰县玉露香梨的生产和销售。当前隰县尚未形成能够代表市场的隰县玉露香梨产业协会，龙头企业数量较少，市场关系有待进一步理顺，市场力量有待充分激活。隰县玉露香梨产业如何能够更好地激活市场的力量？这需要政府和企业共同努力，既要保持政府的支持力度，又要鼓励企业更加积极地参与到市场中去，不断提升自己的竞争力，建成有为政府和有效市场的良性发展格局。

7.2.2.3 品牌影响力小

隰县玉露香梨虽然在当地农业生产中起着举足轻重的作用，但是在全国乃至全球的市场上，它的品牌影响力还有待加强。这就意味着很多消费者对该品牌的认知程度还不高，甚至可能对其一无所知，无法建立起对隰县玉露香梨的信任感。品牌影响力的重要性在于它可以左右消费者的购买决策。消费者通常更偏向于选择他们熟悉的商品，这是因为他们认为知名的品牌产品质量更高，更能满足他们的需求。因此，隰县玉露香梨品牌的影响力不足，可能会影响其在市场上的占有率，使其难以在竞争激烈的市场中脱颖而出。此外，品牌影响力还可以为产品增添额外的价值。一个拥有良好的声誉和高知名度的品牌，常常能使消费者心甘情愿地为其付出更高的价格。所以，隰县玉露香梨要想在市场中取得更大的突破，就必须不断扩大自身品牌的影响力。要打造强大的品牌形象并非一日之功，而是需要长期的投入和努力，从产品质量、客户服务、市场营销等多个方面全面提升。只有当消费者真正认识到隰县玉露香梨的价值，信任并认可这个品牌，其影响力才能不断壮大，为隰县玉露香梨创造更多的机遇。

7.2.3 政策建议

针对隰县玉露香梨产业发展过程中存在的缺乏专业化人才、市场力量尚未充分激活，品牌影响力小的现实问题，提出以下三点政策建议：多措并举，吸纳懂梨爱梨的专业化人才；推动建立隰县玉露香梨产业协会，充分发挥市场主体力量；进一步推进品牌建设，扩大品牌影响力。

7.2.3.1　多措并举，吸纳懂梨爱梨的专业化人才

隰县玉露香梨产业的可持续发展，离不开专业化的人才。但是，目前隰县玉露香梨产业的人才队伍还有待加强，尤其是在管理和技术方面。因此，吸纳懂梨爱梨的专业化人才，对隰县玉露香梨产业来说至关重要。

加强校地合作是一种有效的途径。学校与地方联合，共同培养专业人才。这种模式的好处是可以有效地整合学校和地方的资源，提高人才培养的质量和效率。首先，学校可以提供专业的教育和训练环境，为学生打下坚实的基础。其次，地方可以提供实践的机会和经验，让学生能够在实际工作中应用所学知识，提高实践能力。这种模式也有助于推动地区经济发展和社会进步。一方面，它可以为当地企业提供高质量的人才，帮助企业提高竞争力，促进经济发展；另一方面，它也可以带动当地的就业和创业，改善居民的生活水平和社会福利。加强校地合作，充分发挥国家梨产业体系的支持，紧密联系山西农业大学农科院果树所专家，吸纳懂得梨树种植和管理的专业人才以及对梨果生产加工有着浓厚兴趣的技术人才。

同时，隰县也应该注重对现有从业者的培训和再教育，提升他们的业务能力和综合素质。通过持续的学习和实践，可以使其更好地理解和掌握梨树种植和管理的相关知识和技术，从而更好地应用于隰县玉露香梨产业的生产实践中。此外，政府还可以通过出台一系列政策和措施，如提供财政补贴、税收优惠、技术支持等方式，鼓励在外工作的青年人回到家乡进行投资创业，为隰县玉露香梨的发展注入新的活力和动力。

7.2.3.2　推动建立隰县玉露香梨产业协会，充分发挥市场主体力量

产业协会是指由相关产业的企业或其他组织组成的非营利性组织。它的目标是为了保护会员企业的利益，提高行业的整体竞争力，推动行业发展。产业协会一般会制定行业规范和标准，确保产品的质量和安全性；提供信息交流平台，让成员了解最新的行业动态和市场趋势；代表成员对外发声，向政府和其他机构提出意见和建议。成立产业协会是激活市场力量，提高产业整体竞争力的有效途径之一。隰县应该积极推动建立隰县玉露香梨产业协会，将玉露香梨生产的产前、产中、产后的利益相关者聚集在一起，有效整合各方资源，共同探索发展隰县玉露香梨产业的新模式。

隰县玉露香梨产业协会应该致力于制定行业标准、完善销售渠道和强化品牌建设，推动产业升级和转型，提高隰县玉露香梨的整体质量和销量。此外，协会还应发挥桥梁纽带作用，及时传达行业动态，搭建沟通平台，维护农户权益，推动隰县玉露香梨走向更广阔的舞台。

7.2.3.3 进一步推进品牌建设，扩大品牌影响力

品牌影响力是指一个品牌在消费者心中的影响力，即消费者对品牌的认识度、信任度和忠诚度。它是衡量一个品牌成功与否的重要指标，直接影响消费者的购买行为和产品的销售业绩。进一步推进品牌建设，提升隰县玉露香梨品牌影响力，可以从完善品牌形象建设、进行系统传播、增强客户体验感三方面着手。

完善品牌形象建设。品牌 Logo、广告语等视觉元素可以加深消费者对品牌的印象，吸引消费者的注意力。在实践中，应该进一步严格规范产品的包装、Logo、IP 形象等的使用，以统一的形象占领消费者心智。进行系统传播。系统传播是指通过系统性的方法来实现信息传播，而不是依靠单一的媒介或渠道。结合文字、图片、视频等多种形式，利用多媒体传播，依托网站、微博、微信公众号等网络平台，形成线上线下联动，将信息快速传递给消费者。隰县玉露香梨应以统一的品牌形象进行系统传播、形成传播矩阵，准确找到目标受众，有效提高营销效果，增强客户体验感。优质的售后服务和良好的客户关系管理，能有效增强消费者的满意度和忠诚度。隰县玉露香梨可以在销售前提供优质、便捷、个性化的服务，同时注重售后服务，高效处理类似因磕碰造成的果面受损等投诉，积极回应客户反馈，来增强客户的体验感。

7.3 "百里洲砂梨"调研日志

调研时间：2023 年 10 月 23~25 日
调研地点：山西省临汾市隰县
调研人员：葛继红、王猛、舒琦、刘薇

2023 年 10 月 23 日

与山西省农业科学院果树研究所座谈了解玉露香梨的生长环境、品种特性等基本情况，与当地龙头企业座谈了解品牌使用情况。

1. 访谈对象：山西省农业科学院果树研究所杨站长、郝老师、姚老师、刘老师

（1）种植面积。隰县果品总面积 38 万亩，其中玉露香梨 23 万亩，当地还种

有苹果、酥梨等品种。

（2）主产区。隰县主要有七大玉露香梨产区，其中比较大的是北庄塬、阳德塬、习礼塬、乔村塬。

（3）品质。隰县昼夜温差大且光照充足，种植的玉露香梨甜、脆、多汁，并且通过施有机肥，覆地膜等方法，进一步提高了玉露香梨的品质。

（4）智能化、数字化技术。部分果园采用水肥药一体化技术，能够智能化监测园内温度、湿度、土壤肥力变化等，还引进多普勒气象雷达、双偏振 X 波段雷达来预警极端天气。

（5）销售价格。玉露香梨在销售过程中采用分等分级策略，礼盒装的精品果能够卖到 9 颗 598 元，在丰产情况下，每年能优选出 2 万~3 万盒精品果，并销售一空。就出园价来说从 2017 年的 3.4 元/斤涨至 2022 年的 5.8 元/斤，农户平均销售能够达到 8~10 元/斤。

（6）储藏情况。截至 2023 年，当地共建成果库 156 座，库容可达 10.9 万吨。

（7）加工品。梨膏、梨汁、玉露香醋、梨膏糖等。

（8）品牌管理。目前品牌管理工作主要由隰县果业服务中心主持，当地尚未形成行业协会。

（9）遇到的最大问题。玉露香梨品种本身十分娇嫩，在采摘、运输过程中轻微的磕碰就会导致坏果、烂果，再加上当地容易受倒春寒、冰雹等恶劣天气影响，玉露香梨年产量十分不稳定。

2. 访谈对象：隰县北纬三十六度电子商务有限公司张总

（1）企业玉露香梨管理和销售概况。企业已经授权使用区域公用品牌，并且有自己的企业品牌"野里塬"。产品根据玉露香梨大小、果形、糖度等不同分为特级款、市场款、电商款等不同等级，产品定位中高端市场主要销往上海、北京、广州等一线城市。引进国际最先进的大型智能化、商品化玉露香梨处理生产线，生产能力达 6 万斤/天，可对隰县玉露香梨糖度、外观、大小等进行全线筛选，且无损内在品质，实现精准分选、精细分类、精心包装，能够为打造高端产品提供优质货源。

（2）公司产品核心竞争力。第一，是首家拥有智能化分选线的企业，所销售的梨果品质细分更精准，能够实现优质优价；第二，政府提供资金、技术等相关支持；第三，自有品牌进行产品延伸较成功。

（3）公司品牌定位与管理。"野里塬"定位中高端市场，推出如"春雪""宝宝梨"等差异化产品。

3. 访谈对象：隰县鲜农联萌电子商务有限公司石总

（1）企业玉露香梨管理和销售概况。企业已经授权使用区域公用品牌，并且有自己的企业品牌"玉贵妃"。承包农户的梨园建设种植基地约 200 亩，拥有小型的梨果智能分选线。销售渠道主要以电商为主，销售过程中注重梨果的分等分级，如二等果以鲜果礼盒的形式通过抖音等平台销售，三等果制成梨膏、梨膏糖等衍生产品销售。

（2）公司产品核心竞争力。第一，已获得区域公用品牌的授权，政府支持力度大；第二，推出定制化产品，针对不同客户的需求对包装、果个等进行调整，满足客户需求；第三，负责人熟悉电商运营，在电商销售渠道上有独特的优势，并形成了稳定的客户群体。

（3）公司品牌定位与管理。"玉贵妃"定位中端市场，根据不同的产品规格分级包装。

2023 年 10 月 24 日

实地调研玉露香梨的种植、管理及病虫害防治过程以及梨园的相应基础设施和种植优化过程，与隰县果业服务中心办公室主任座谈，了解品牌建设及管理情况。

1. 访谈对象：隰县上留村梨果种植刘氏夫妇

（1）梨园情况概括。首先，隰县玉露香梨主要种植在隰县各大塬面上，其中靠北方的塬面由于海拔高等原因种植出来的玉露香梨口感不是很好，因此玉露香梨梨园主要集中在隰县靠南面的几大梨园。梨园大多为传统梨园，少部分建成了智慧果园，并成为隰县玉露香梨生产示范园。智慧果园内配有水肥一体化技术、分区域高精度监控技术等，能够对果树进行实时观测、数字化操作。其次，在实际生产过程中为提高产品品质，市场倒逼农户施用有机肥的现象较多。最后，即使政府联合技术专家制定了较为完善的种植标准和规范，但相关规范在现实中的运用效果有待提高。

（2）病虫害防治。主要使用太阳能光诱杀虫灯和风吸杀虫灯、迷向丝。

（3）灌溉方式。以滴灌为主，少量使用水肥药一体化设施。

（4）施肥方式。有机肥和化肥并用。

（5）农户种植情况。人均有十余亩地种植玉露香梨，种植基本上由夫妇共同完成，在套袋、采摘等劳动较密集的时期会从周边雇工，雇工成本为 100 ~ 120 元/天。

（6）农户销售情况。每年基本能实现产销一空，即使 2023 年的冰雹让玉露香梨有果斑，但也能售空。农户的出园价格大概为 5 元/斤，销售渠道主要包括当地龙头企业收购，农户通过微信、抖音等平台自行包装销售。

（7）农户品牌使用情况。未获得区域公用品牌授权，自己购买梨果包装盒，盒上也会印有"隰县玉露香梨"字样。

2. 访谈对象：隰县果业服务中心办公室主任王一波

（1）隰县玉露香梨的产业概况。隰县位于北纬 36°黄土高塬优质梨果生产的核心地带，水果生产自然条件得天独厚。从 20 世纪改革开放伊始，历届县委、县政府就依托自然优势把梨果产业作为全县的主导产业来抓，久久为功，推进玉露香梨规模扩张、品质提升、品牌建设、营销推介系列化工作。截至目前，玉露香梨规模、产量居全国第一。"一县一业"格局基本形成，"四个 80%"凸显成效：80% 的土地种植梨果、80% 的农民从业梨果、80% 的收入源于梨果、80% 的低收入户依托梨果致富。

（2）政府在隰县玉露香梨品牌建设中承担的工作。资金支持、信贷担保、国家现代化产业园建设、智慧农业集成平台建设、溯源系统建设、参加展销会推介会等。

（3）品牌建设和管理措施。规范授权流程，对未经授权使用隰县玉露香梨区域公用品牌的商户通过诉讼进行打假；积极拓展销售市场等。

（4）遇到的问题。品牌建设资金不足，缺乏懂产业、懂品牌的人才。

2023 年 10 月 24 日

开会讨论调研情况，探讨隰县玉露香梨品牌建设的问题，搭建隰县玉露香梨案例分析框架；确定案例分工，制定案例撰写计划和进度安排。

返程。

8 辛集黄冠梨[①]

8.1 梨果香飘追梦路：辛集黄冠梨"四品模式"建设

8.1.1 引言

乡村振兴，产业是基础，品牌是抓手，市场是引擎。2023年11月，旨在唱响农业品牌、助力市场拓展、推动乡村振兴与农业产业高质量发展的"2023中国品牌农业与市场年度评选"活动启动，辛集黄冠梨入选候选名单。辛集，依太行、临滹沱，大美之地，土白水软，气候温宜，高天厚土，成就了梨树得天独厚的生长条件。近年来，辛集市积极调整农业产业结构，发展特色梨果种植，鼓励种植户们自主化、规模化发展果树产业，全力推进了梨果产业的发展。截至目前，辛集市果树面积18.6万亩，其中梨树11.7万亩，年产量达20.8万吨。梨果品质提高的同时，辛集市坚持创优品牌，积极引导企业注册梨果商标，为辛集黄冠梨"戴"上"皇冠"。2020年，在第七届全国A20新农展暨"三农网红盛典"颁奖典礼现场，"辛集黄冠梨"荣获"第七届A20新农展最受新零售欢迎地标产品奖"。2020年8月，市政府结合中国果协梨产业年会召开契机，同步举办辛集黄冠梨品牌战略发布会，百度新闻、中国小康网、新华网等56家媒体进行了报道，奠定了辛集黄冠梨行业的地位，打响了辛集黄冠梨区域公共品牌建设和2020年新梨上市"第一枪"。

"中国梨看河北，河北梨看辛集"。"辛集梨"一直走在改革创新的路上，其发展更是我国梨产业进步路上的一个缩影，辛集黄冠梨区域公共品牌建设对我国

[①] 本案例由南京农业大学经济管理学院教授耿献辉及研究生李娅闻、沙雨晨根据调研材料共同撰写。

梨产业发展进步具有十分重要的启示意义。辛集梨业究竟走过怎样的历程？辛集黄冠梨如何发展至今天的 4.0 模式（四品模式：品种、品质、品味、品牌）？辛集黄冠梨又将前往何方？本案例深入辛集黄冠梨的"四品"模式建设，追寻辛集梨果飘香的逐梦之路，以期窥得辛集黄冠梨区域品牌建设的成功经验。

8.1.2 辛集梨果产业发展情况

8.1.2.1 黄冠梨果生产种植条件

打开深蓝色包装的箱子，辛集黄冠梨独有的清甜香气扑鼻而来，9 颗拳头大小的黄冠梨，个头均匀。"不光斤两一样，糖度也都保持在 13 度左右。一斤梨卖到了 4 块钱，比市场价高出一倍多。"果园负责人又指着箱上的二维码说，"扫码就能看到从种植、采摘到包装入库的全过程，保证买得放心、吃得放心"。

辛集属暖温带半湿润季风型大陆性气候，适宜黄冠梨生长。20 世纪 90 年代，辛集作为全国黄冠梨的试种基地之一，通过高接改造引进黄冠梨，成为远近闻名的黄冠梨之乡。

"抢市场，关键靠品质"，果园从 2018 年开始探索绿色种养循环农业，利用 4 个 5000 立方米的大型厌氧发酵罐，将农作物秸秆与畜禽粪便进行混合发酵后，用沼渣、沼液灌溉梨园，土壤改良效果明显，土壤有机质含量从 2018 年的 0.34% 提高到现在的 2.26%，黄冠梨变得更香了，口感也更甜了。

使用"辛集黄冠梨"地理标志证明商标商品的生产地域范围为：东经 115°07′~115°18′，北纬 37°38′~38°08′，分布在辛集市的辛集镇、小辛庄乡、张古庄镇、中里厢乡、天宫营乡、位伯镇、旧城镇、新垒头镇、前营乡、和睦井乡、田家庄乡、新城镇、马庄乡、南智邱镇、王口镇、经济开发区境内。

目前，全市梨果种植面积 11.7 万亩，10 万亩为黄冠梨，黄冠梨已经成为辛集梨果的当家品种。黄冠梨果年产量 20 万吨，2019 年出口 5.5 万吨，创汇 3200 万美元，果品销售及转化率达 95% 以上，果品产业链产值逾 12 亿元，农民从果品业获得的收入占人均收入的 30% 以上。

辛集市属暖温带半湿润季风型大陆性气候，四季分明，雨量充沛，春季干燥多风，夏季炎热多雨，秋季温和凉爽，冬季寒冷干燥，无霜期 190 天，年平均气温 13.7℃，温度可满足辛集黄冠梨各阶段的生长需求：3 月气温上升到 10℃ 以上，黄冠梨植株结束休眠开始萌芽生长；4~5 月平均气温在 18℃ 左右，加快辛集黄冠梨花芽分化的速度及分化量，加速梨花盛开和授粉；6~8 月平均气温在 24℃ 左右，适宜的地温有效提高黄冠梨坐果率，保障果梗牢固坚韧，果蒂大小适宜而且整齐；该地处在河北平原腹地，地势由西北向东南倾斜，海拔在 25.0~37.8 米，自然坡降为 1/2500~1/4000，地势落差导致昼夜温差加大，特别在黄冠梨收获时（7 月下旬至 8 月下旬），昼夜温差达 12℃ 左右，差异明显的昼夜温度，可促进黄冠梨树根部将吸收的养分转化到果实内积累更多糖分，使辛集黄冠梨糖分增大、膳食纤维素含量高，果实着色效果好，果肉浆汁饱满，口感更加细腻脆甜；12 月至次年 2 月，境内气温在 -3℃ ~ 5℃，黄冠梨树进入休眠期，相对降低的温度使黄冠梨树安全进入休眠，既避免冻害，又可加强果树的抗病力，减少病虫害的发生，保障来年的辛集黄冠梨仍可保持其优良品性。

该地是滹沱河故道，境内具有以石津灌渠为主体的干、支、斗完整的灌溉系统，水资源丰富，水质清冽，且平均年降水量 458.6 毫米，能满足辛集黄冠梨整个生长期对水分的需求，有效促进黄冠梨植株和根部呼吸通畅，加快根部的新陈代谢，使根部吸收更多的无机营养物质输送到母株及果实，转化成糖类和氨基酸等有机物。此地地下水矿物质含量较高，每 100 毫升水中含镁 ≥370 微克，镁是黄冠梨体内酶的重要活化剂，对黄冠梨体内多种代谢活动有促进作用，使辛集黄冠梨枝桠坚韧繁茂，果实长势紧密、饱满，大小均匀，皮薄肉厚，果核小，果肉细腻，汁水丰盈，膳食纤维结构平衡。该地年均日照时数 2737.8 小时，日照百分率达 66%，充足且丰富的光照使辛集黄冠梨光合作用旺盛，加速磷元素转变成糖磷脂、核苷酸、核酸、磷脂，还能加速钾元素促进蛋白质合成，利于植株蛋白质、维生素等营养物质的聚集和输送，促进果实膨大，果形周正，色泽鲜艳，果梗柔韧健壮，保证了辛集黄冠梨皮薄肉细、入口化渣、甜蜜多汁、齿颊留香。

该地系太行山山前冲积扇平原，海拔一般在 25.0 ~ 37.8 米，成土母质主要是黄河和滹沱河的沉积物，土壤以新生土壤为主，具有土层深厚，透气性良好，保水、保肥力强的特性，pH 值在 6.5 ~ 8.2，土壤多含微量元素，尤以铁元素含量丰富，有效铁 10 ~ 20 毫克/千克，促使辛集黄冠梨植株发育粗壮深长。另外，土壤中有机质含量达到 2.5% 以上，可刺激黄冠梨根系向周边伸长，充分吸收合成土壤中维生素、碳水化合物和微量元素等营养成分，有利于辛集黄冠梨可溶性固形物、维生素 C 等营养成分积累，成就辛集黄冠梨香味浓郁，细腻爽脆，入口化渣，甜蜜多汁，唇齿留香，糖分含量高的特定品质。

8.1.2.2 梨果加工运销产业发展情况

龙头企业崛起的同时，各产业协会、社会化服务组织也迅速发展起来。按照谁有能力当龙头就依托谁、扶持谁的原则，辛集成立了以河北天华实业有限公司为核心单位的"辛集市优质果品产业协会"，通过协会组织果农进行标准化生产，将新品种、早丰优技术传授给广大果农，公司则挑起销售大梁，并分红给基地果农。

而一些实力梨村不仅拥有专业的修枝、套袋、疏花疏果等服务队，也形成了较为完善的供应链。据统计，辛集全市现有 244 座果品机械冷库，4 座气调库，总贮量 13 万吨；500 多个经销网点，2000 多名经纪人，可实现梨果全年不间断供应。

关于梨果销售，辛集翠王果品有限责任公司总经理徐广达说，近年来公司大力发展线上交易，通过天猫、拼多多、京东等平台进行销售，最近与线上、新零售端的渠道对接明显增多，这也是将来重点布局的方向。

为拓展销售新渠道，辛集一方面牵手中国果品流通协会，承办 2020 年中国梨产业年会，巩固传统渠道优势；另一方面与新零售社群"新农堂"合作，举办线上新零售招商会，邀请国内新零售领域的 KOL（电商领袖级人物）、渠道代表走进黄冠梨基地、企业，向全国新零售渠道商直播辛集黄冠梨产业情况，实现云端产销对接。

辛集梨产业供应链完善，黄冠梨更是品质优良，有极好的市场前景。"云招商"反馈良好，为辛集打开新零售市场开了好头。招商会上，天猫、拼多多、展卉贸易、侠侣优选等平台现场与辛集的"翠王""龙华""裕隆"等多个梨果品牌达成认购协议。辛集还将参加 A20 新农展、举办高端公关宣传等，进一步提升辛集黄冠梨知名度。未来，辛集将积极整合发展梨产业的项目资源和科技资源，从组织化、标准化、科技化三大方向进行突破，补齐产业链短板，推进渠道创新，夯实品牌基础。同时，利用辛集商贸强市与身处河北大梨区的优势，建设黄冠梨交易中心，实现"果园在河北，交易在辛集"。

衡量辛集黄冠梨的市场竞争力。放眼全国梨市场，华东华南地区的消费者更喜爱口感绵密甜度较高的梨果，已有莱阳秋月梨、玉露香梨、库尔勒香梨等中高端梨果占据主要市场，辛集黄冠梨依仗清甜爽冽的口感以及皮实耐储的特点，更被珠三角和闽南地区的消费者喜爱。因而辛集黄冠梨选择了与广东地区相连的诸多综合性较强的二线城市为主要的销货市场，规避了一定程度的竞争。

考虑到辛集黄冠梨的地理区域公共品牌的建设。现如今的流通链存在着市场零售终端品牌意识萎缩的问题。无论是低端市场（集贸市场），还是高端市场（品牌商超，如盒马、山姆）都存在着不同程度的逆品牌化。在低端零售市场，零售商对产地以及梨果种类认知模糊，消费者品牌意识淡薄，对区域公共品牌的认知不强烈，难以产生较好的市场反响。在高端市场，即使消费者对产地和品牌的概念强烈，但大型品牌商超考虑到更大的利润空间，会选择掩盖地理区域公共品牌，重新套换自有品牌，来形成新的竞争优势。

溯源运销链上游环节，收购企业除自有基地果园外多选择点对点收购，上游生产者多零散分布，村集体未形成经销社，供销社等信息流通中心，果农在上游环节的议价能力较弱，而收购企业为了追求高端市场，追求优异品质，在梨果收购时不惜消耗较高的人工验货成本，这一环节产生了一部分人力资源的浪费。关于缩短运销环节和电子商务推广方面。在走访后得知,当地政府曾花费大量的的财政用于集中培训梨园主播,并进行电商品牌推广。企业也曾花费较高的资金用于电商直营建设,和直播团队建设。长时间以来,企业与政府都觉见效甚微,考虑到投入产出比,最终都浅尝辄止。

8.1.3 辛集黄冠梨的品牌发展

河北是梨果种植大省,同时也是梨果贮藏企业主要聚集区之一,无论是种植面积还是产量均居全国乃至世界第一,其中尤以辛集产区为代表。辛集梨产区分布在黄河古道区域,位于整个华北平原平坦区域,较易形成大规模的商品化农业基地。区位地理上的优势,也让辛集得到了环京津、沿渤海的科技资源的倾斜。20世纪90年代,辛集意识到梨的新市场变化,大力引进新品种多达50多个,率先开启河北的梨品种结构改革,并对梨树进行树体结构改造,减少主枝,降低树高,使树体光照得到改善、果品质量提升。随着市场的淘汰选择,黄冠梨这个品种因在辛集具有良好的适应性,不仅抗病,而且丰产,在这50多个品种中脱颖而出。2003年,在最早引种黄冠梨的新城镇前杜村,4亩半的黄冠梨收益12万元,黄冠梨由此逐渐成为辛集梨的主栽品种。

辛集黄冠梨从品种诞生,到成为区域公共品牌,是一代代人辛勤的见证。1986年10月,34岁的刘恒春就任东张口村党支部书记,那时的村子又穷又乱,上任伊始,刘恒春就着手谋划致富路子。因地处滹沱河故道,成土母质主要是黄河和滹沱河的沉积物,土白水软,加上四季分明、雨热同期、日照充足,辛集非常适合梨树生长,刘恒春决定带领村民走"梨果富民兴村"的路子。到1995年,东张口村种植鸭梨等梨树6000亩,年收入超过2000万元,还出现了不少梨果"万元户",一跃成为全市有名的富裕村。在经济效益的带动下,20世纪90年代前期,辛集全市掀起梨果种植热潮。几年时间,以鸭梨为主的果树面积达29万亩,占耕地总面积的近30%。

黄冠梨带来的品种红利,不仅富了大批梨农、梨村,更助推了一批果品销售企业的崛起。走进辛集市裕隆保鲜食品有限公司的粗加工车间,一个个大小均匀、果面光洁的黄冠梨经过分选,形成8个一组的标准化包装,贴上"亚洲梨"英文标识和溯源二维码,等待着进入集装箱。"黄冠梨皮薄多汁、果形好看果核小、清甜爽口,也耐储运、货架期长。"裕隆公司总经理纪宇说,鲜梨出口在质量上的要求格外严格,品种、品质的保障尤为关键。"辛集黄冠梨在市场上一直表现优异,除了品种优势,也得益于辛集这片土地和梨农丰富的种植经验"。据了解,裕隆公司将辛集黄冠梨出口到了南美市场;辛集果企的"天华"牌黄冠梨畅销香港。如今,辛集9家果企拥有自营出口权,将梨果出口到东南亚、美国、加拿大、欧洲、澳大利亚等 20 多个国家和地区，年出口量超 5 万吨。2012 年，当地获得国家级出口鲜梨质量安全示范区称号。

国际市场畅销的同时，国内市场发展更加迅速。辛集梨成功打入广东、福建、北京、江苏、浙江等市场。在辛集市 13 家梨果龙头企业中，天华、杏园等公司为省重点农业产业化龙头企业，年经销量均达万吨以上。这几年，辛集还引导企业注册梨果商标，对获得全国或省级驰名商标或名牌产品，市政府给予不同等级的资金奖励。如今，"天宇""杏园"企业品牌，被认定为河北省著名商标；"翠王""天华"等企业品牌为河北省名牌产品，全市梨果注册商标达 17 个。龙头企业崛起的同时，各产业协会、社会化服务组织也迅速发展起来。按照谁有能力当龙头就依托谁、扶持谁的原则，辛集成立了以河北天华实业有限公司为核心单位的"辛集市优质果品产业协会"，通过协会组织果农进行标准化生产，将新品种、早丰优技术传授给广大果农，公司则挑起销售大梁，并分红给基地果农。

而一些实力梨村不仅拥有专业的修枝、套袋、疏花疏果等服务队，也形成了较为完善的供应链。据统计，辛集全市现有 244 座果品机械冷库，4 座气调库，总贮量 13 万吨；500 多个经销网点，2000 多名经纪人，可实现梨果全年不间断供应。

市场在不断变化。据报告显示，我国人均鲜梨占有量远超世界平均水平，梨果消费已达到相对供过于求的状态，近年梨的净消费量几乎没有增加。而从整个梨果市场来看，随着消费的升级和多元化，新品种不断涌现。

黄冠梨发展已逾 20 年，品种红利接近"天花板"。目前整个河北省种植黄冠梨六七十万亩，全国种植面积已有百万亩。国家梨产业体系岗位科学家、河北农业大学教授张玉星表示，辛集黄冠梨要保持产业优势，需要寻找新的出路。

8.1.4 辛集黄冠梨"四品模式"蜕变

8.1.4.1 好梨果离不开好"品种"

黄冠梨是河北省农林科学院石家庄果树研究所于 1977 年以雪花梨为母本、新世纪为父本杂交培育而成。1978 年播杂交种子并育得实生苗。1979 年定植，1981 年开始结果。1990 年进行中试，1996 年 8 月通过农业部鉴定，并于 1997 年 5 月通过河北省林木良种审定委员会的审定。

1996 年，我国梨果生产出现了区域性过剩，鸭梨、雪梨等出现滞销，价格下跌，果农收入急剧减少，当时梨农叫苦连天。彼时，村委副主任为了寻找出路，他们三次到石家庄果树研究所请教专家，交流中发现通过嫁接引入新品种是适应市场需求的一条有效路子。

1992 年，前杜科村村民率先引进了石家庄果树研究所培育的新梨种黄冠梨，第四年开始结果，梨售价 1 元/斤，亩收入超 6000 元，而当时鸭梨等才 0.3 ~ 0.4 元/斤。

当地果园园主从石家庄果树研究所购进黄冠梨芽，嫁接了 6 亩黄冠梨。头年挂果后，不仅收回了投资，还挣了 2 万多元，黄冠梨收购价达到了 2 元/斤以上。在这些能人的带动下，越来越多的果农种上了黄冠梨。通过品种结构调整带来的效益明显，辛集梨果产业逐渐重新焕发生机。

8.1.4.2 好卖相离不开好"品质"

2000 年，辛集市委市政府邀请中央、省、市林业主管部门领导、科研院所专家以及国内外著名水果经销商，召开"辛集市梨果产业结构调整研讨会"，做出"人换思想树换头、调整结构促增收"的决定，在全省率先以高接换头的方式进行全市梨果结构调整，连续三年把果树结构调整列入市级利民实事和经济建设重点项目。通过调整梨果的种植结构以及当地的市场结构，辛集黄冠梨迎来了第一次巨大的丰收。黄冠梨的市场反应开始变好，因而当地梨果种植户的热情也被调动。当地果农开始思考如何提升梨果品质。此次大规模的品种结构调整中，辛集大力发展了市场畅销的黄冠梨、绿宝石、水晶梨、黄金梨等新优梨树品种，基本实现早、中、晚熟品种的搭配。伴随品种结构调整，辛集梨业再次迎来快速发展。在种植高峰期，梨树种植面积曾达 25 万亩，全市几乎村村种梨树。梨果在种植结构和化肥农药使用比例调整后，病虫害减少，坐果率提高，果树成活率高，梨果的果形卖相也显著提高。经过当地经销企业的反馈，梨果不仅更加耐于储存，还有了更加稳定的品质。

这几年，辛集也引种了新梨 7 号、玉露香梨等市场优质品种，全市梨果品种达到数十种，但黄冠梨始终是当地主打品种，达到了 10 万亩，种植规模、管理技术及果品品质，在河北省均处于领先地位。2005 年，辛集市梨果全部通过了省无公害果品中心的环评测定。当地还被国家标准委员会命名为梨果标准化示范区。

8.1.4.3 留人心离不开好"品味"

使用"辛集黄冠梨"地理标志证明商标的梨果，香味浓郁，细腻爽脆，入口化渣，甜蜜多汁，唇齿留香，糖分含量高，果实椭圆形，果个大，单果重 280 ~ 350 克，最大可达 500 克以上；果心小，果肉洁白、细而松脆，果实表皮呈绿黄色，外观品质极佳；果点小，石细胞及残渣少；果皮薄，极易消化，可食率达 91% ~ 94%。可溶性固形物含量 12% 以上，最高可达 15.6%，维生素 C4.2 ~ 4.7 毫克。辛集地处河北平原腹地，地势由西北向东南倾斜，海拔在 37.8 ~ 25.0 米，自然坡降为 1/2500 ~ 1/4000，地势的显著落差导致当地昼夜温差加大，显著的早晚温度差异，特别在黄冠梨收获时（8 月中旬至下旬），昼夜温差可达 12℃ 左右，差异明显的昼夜温度，可促进黄冠梨树根部将吸收的养分转化到果实内积累的更多的糖分，以上得天独厚的自然条件优势使辛集黄冠梨果糖分大、膳食纤维素含量高，果实着色效果好，果肉浆汁饱满，口感更加清爽脆甜。因而深受消费市场青睐，尤其是有清甜饮食习惯的闽南两广地区消费者的喜爱。

8.1.4.4 拓市场离不开好"品牌"

辛集黄冠梨地理区域公共品牌最初依托企业成立协会，后以河北辛集市政府职能部门农技站中心向省里省报商标。申报过程中曾因为历史资料不充分被驳回。但是"品牌化将成为辛集梨产业高质量发展的'新引擎'"。中国果品流通协会梨分会副理事长张玉星表示，当年辛集从品种结构调整入手提升产业效益，为梨产业蹚出一条转型之路，如今随着市场环境的变化，梨产业在产量、贸易、生产成本、消费结构、可持续生产等方面表现出新特征和趋势，整体效益出现下滑，突破发展瓶颈要做足品牌文章。

2019 年，辛集市引进了国内知名农业品牌智库"农本咨询"，为辛集黄冠梨品牌进行战略规划。"多年来辛集黄冠梨畅销海内外，但它面临农产品的一个'通病'，即市场见产品不见品牌"。"农本咨询"首席专家贾枭介绍，为强势推出品牌，"农本咨询"为辛集黄冠梨创意了"喜欢清甜，就吃辛集黄冠梨"的广告语，并设计了"戴皇冠的梨"独特标识，助推辛集黄冠梨打响知名度，抓住核心消费者。

不少企业已经体会到了品牌化发展的甜头，认品牌购买已是消费趋势，从线上的消费情况就可以看出。10 斤装的梨果在线上卖到 50 元，比线下批发高一倍多。

近年来，辛集积极引导企业注册梨果商标，对获得全国、省级驰名商标或名牌产品的企业，市政府给予资金奖励。如今，全市梨果注册商标达 17 个，"天宇""杏园"被认定为河北省著名商标，"翠王""天华"等被认定为河北省名牌产品。根据辛集黄冠梨品牌战略规划，接下来辛集将从培育产销一体化的现代梨企、建立辛集黄冠梨标准综合体系、打造黄冠梨国家级技术试验站、完善社会化服务体系、建设人才梯队等工程着手，补齐产业短板，提升产业竞争力，为品牌经济发展夯实基础。

"品牌化是推进农业供给侧结构性改革的重要抓手，是辛集梨产业高质量发展的'牛鼻子'"。原辛集市委书记王现坤表示，辛集将以品牌为引领，大力发展梨产业，打响辛集绿色经济名片，助力乡村振兴，打造"中国黄冠梨之都"。

8.1.5 品牌发展存在的问题

黄冠梨发展已逾 20 年，品种红利接近"天花板"。据悉，目前整个河北省种植黄冠梨六七十万亩，全国种植面积已有百万亩。国家梨产业体系岗位科学家、河北农业大学教授张玉星表示，辛集黄冠梨要保持产业优势，需要寻找新的出路。

8.1.5.1 本地梨园面积自然萎缩

由于地方性政策原因，当地对农地使用方面存在限制，农民收益低、劳动力缺乏等因素也都在导致梨园面积自然萎缩。这可能使得品种、产量和品质在未来发展上受到限制，对辛集黄冠梨品牌的长远发展带来极大的挑战。

为了解决梨园面积自然萎缩的问题，当地农技站可以加大技术支持力度和培训力度，帮助农民了解最新的种植技术和管理方法，提高梨园的产量和品质。推出激励政策，如补贴和奖励措施，为农民提供经济支持，鼓励他们积极参与梨园种植。加强农民组织和合作社建设，通过集体经济合作的方式，共同投资、经营梨园，提高农民的收益和种植积极性。

8.1.5.2 农村老龄化严重，梨果种植后备力量不足

农村老龄化严重导致梨果种植的后备力量不足。缺乏年轻人参与梨果种植业，可能导致种植技术和经验的流失，对未来的梨果产量和品质造成威胁。

为了解决梨果种植后备力量不足的问题，可开展梨园种植培训计划，向年轻人普及梨果种植知识和技术，增强他们的种植能力和兴趣。提供贷款和资金支持，帮助年轻人在梨果种植业创业，减轻他们的负担和风险。加强与农业高校和研究机构的合作，推动科技创新在梨果种植中的应用，吸引年轻人参与研发和技术推广。

8.1.5.3 城市化工业化用地驱赶梨园用地

辛集当地的城市化和工业化发展增快，导致梨园用地被逐渐占用，最大的威胁就是种植环境被污染。

当地应该积极与城市规划部门合作，设立农业保护用地或农业园区，用于保护梨园和农田，确保梨园的稳定发展。推动农业生态文明建设，加强梨园环境保护，减少污染和农药残留，提高产品质量和安全性。鼓励和引导企业和城市居民参与梨园保护，提高公众对农业生态保护的认知和意识。

8.1.5.4 品牌认可度依旧不足

辛集黄冠梨地理区域品牌的认可度仍然不足；一方面，可能是因为市场推广力度不足，消费者对品牌的了解程度不高；另一方面，可能是由于销售手段存在逆品牌化的利润激励。

为了提升品牌认可度，一方面，当地政府可以加大品牌在线上渠道的推广和营销力度，通过多种渠道和媒体进行品牌宣传，增加品牌曝光率，提高消费者对品牌的认知程度。另一方面，加强品牌形象塑造，通过品牌标识、品牌故事等手段，向消费者传递品牌的价值和独特性，增强品牌的吸引力。最重要的是，加强与销售端的合作，通过加强与零售端的利益联结合作，共同推动品牌的发展和传

播，扩大品牌的影响力，实现双赢。

8.1.6 结语

河北省辛集市作为全球最大的梨果种植区，在梨果产业发展上拥有极高的声誉，尤以黄冠梨品种最为突出。这种优势可以源于其有利的地理位置和得天独厚的科技资源的倾斜。辛集地区位于华北平原上，地势平坦，容易形成大规模的商品化农业基地，适宜大面积种植梨树。其又处在环京津、沿渤海的科技资源利益带内，可以获取大量的科技资源。20 世纪 90 年代，辛集采取积极策略，引入了 50 多个梨的新品种，并对梨树进行树体结构改革，降低主枝，减少树高，以改进光照条件和提升果实质量。这一系列的标新立异和包容并蓄，使黄冠梨在众多新品种中，因其抗病性强、丰产稳定、口感良好（皮薄多汁）且耐储运的特性，而一骑绝尘。在如今的现代果品市场中，辛集的黄冠梨不仅在国内市场受到广泛好评，同时也成功进军国际市场，验证了其超优质的口感和卓越的商业价值。

然而，一切并非那么一帆风顺。随着我国人均鲜梨的占有量远超全球平均水平以及梨果消费已达到相对供过于求的状态，辛集的黄冠梨产业正在面临新的挑战。这不仅考验着辛集在优质果品产业的持久竞争力，也对辛集在激烈的市场环境下保持黄冠梨优势品种地位的能力提出了严峻的挑战。接下来，我们再用理性的目光和科学的方法，系统分析解剖辛集黄冠梨区域公共品牌成长的路径机制。

8.2 "辛集黄冠梨" 案例分析

8.2.1 引言

我国高度重视区域公共品牌的建设和发展，从 2017 年开始，中央一号文件连续五年提出要推进区域农产品公共品牌建设，将其作为实施乡村振兴战略的重要抓手。品牌是农业竞争力的核心标志，是现代农业的重要引擎，更是乡村振兴的关键支撑（唐珂，2018）。区域公共品牌是一种基于特定地理区域的品牌，它反映了该区域的特色、优势、文化和价值，具有较高的市场竞争力、声誉和影响力。

区域公共品牌的"公共"强调了其公共属性：一方面，是以区域的整体资源为背书的综合性产业集合体，包括自然地理、社会环境、政策制度、基础设施、人文风貌等诸多要素，它是由部门政府、行业组织、企业、社区及居民等诸多利益相关者共同提供；另一方面，他的品牌声誉、联合营销、资源统筹、文化内涵等也是区域内针对主体的共用共享。区域公共品牌最终也是一种品牌类型，具有和企业品牌一样的心智功能属性，区域公共品牌同样具有关联区域的品牌联想，而这种联想是从区域品牌产品的特性、品牌的情感传播和与品牌之间的关系中获得的。

农产品区域公用品牌具有显著公共产品属性，需要政府、企业甚至农户组织对其加以维护和约束。已有研究表明，以政策规划、监督规范、宣传营销为代表的政府行为，会影响企业内外部环境，对农产品区域公用品牌整合绩效产生积极作用（李道和等，2020）；政府、市场协同引领行业协会、科研机构、农户参与了农产品区域公用品牌建设（李佛关等，2022）。周启荣和叶滨（2021）等认为，政府在品牌建设中扮演了引导者、推动者、服务者、监管者4种角色，主要通过制定战略决策、建立机制制度、统筹协调资源、搭建服务平台和实施规范管理等5方面对农产品区域公用品牌建设发挥作用。在农产品品牌整合中，政府扮演了倡导者、规划者、扶持者、管理者和服务者五种角色，因此农产品品牌战略整合需要在政府的支持和规范下才能顺利完成（罗高峰，2010）。

农产品区域公用品牌主要由资源禀赋、产业集群、地方政府、人文历史文化等因素驱动（兰勇和张婕好，2019），区域品牌是特定区域内的某特色或优势产业集群，经过长期发展、沉淀和成长而形成，具有较高的市场竞争力、良好的声誉和影响力的集体品牌。区域公共品牌既包含区域特征、自然人文和产业特色的集群属性，又具有差异性、价值感和符号化的品牌特性。农产品区域品牌的典型建设模式还包括农企对接型和多元联合型（孙艺榛和郑军，2018）。地方政府应制定政策保护和支持合作社运营区域品牌，合作社应联结农户共同提升区域品牌，龙头企业应为区域品牌建设提供资金和技术支持（李大垒和仲伟同，2017）。

综上所述，辛集黄冠梨区域品牌作为我国农产品区域公用品牌的典型代表，它不仅反映了辛集市的自然地理、社会环境、政策制度、基础设施、人文风貌等区域资源的综合优势，也展示了辛集市政府、企业、农户等多主体的协同合作、创新发展、共享共赢的区域治理模式。辛集黄冠梨区域品牌的成长路径和机理，可以为其他区域公共品牌的建设和发展提供借鉴和指导，也可以为区域公共品牌的评价和监管提供依据和标准。同时，分析辛集黄冠梨区域品牌成长路径及其机理，也有助于发现辛集黄冠梨区域品牌存在的问题和不足，为辛集黄冠梨区域品牌的持续优化和提升提出建议和对策。

8.2.2 研究设计

本文以"辛集黄冠梨"区域公用品牌为案例，采用扎根理论研究方法，运用半结构访谈、实地调研和文档资料收集的方式，对以辛集黄冠梨区域公用品牌为代表的辛集梨果生产经营者开展研究，并对案例选取与介绍、扎根理论研究方法和数据收集的合理性进行论证，以期弥补理论与实践的缺口。

8.2.2.1　案例选取与介绍

案例选取是研究开展的基础，典型案例有助于准确把握现象和理论之间的关系。辛集黄冠梨在发展过程中面临品牌认知缺乏、发展不均衡、品牌管理欠完善等此类问题在区域品牌成长过程中具有很强的代表性。本文秉承"研究对象与研究主题相匹配"的案例选取原则，选取辛集黄冠梨公用品牌作为研究对象研究区域品牌成长路径及其机理。

8.2.2.2　扎根理论研究方法

"扎根理论"通常是指基于特定环境和文化背景，通过深入研究和理解这一环境，形成相应的理论框架。这是一种从下往上建立实质理论的方法，即在系统收集资料的基础上寻找反映社会现象的核心概念，然后通过这些概念之间的联系建构相关的社会理论（陈向明，1999）。这种理论构建方式与传统的从理论出发进行实证研究的方式有所不同，强调对实际情境的深刻理解和实证观察。本文将采用贾旭东和解志文（2023）提出的"中国管理扎根研究范式"对问题进行研究。

8.2.2.3　数据来源

为尽量确保样本材料的真实、全面、可靠，本文采用深度访谈、实地考察与文档资料相结合的方式开展扎根理论分析。

课题组于2023年9月25~27日到河北辛集进行实地调研。在到访之前，事先与辛集当地负责人进行联系。通过线上沟通，组织当地的农业农村局负责人、辛集农技站及相关企业、农户代表进行预约访谈，事先告知访谈的目的和内容以做好相应的数据材料准备。深度访谈中使用手机录音和手写提要记录了整个访谈过程。

访谈提纲如表8-1所示，主要包括受访者的基本信息、辛集黄冠梨区域公用品牌的基本状况、遭遇的问题困境和未来规划决策等部分。

表8-1　辛集黄冠梨区域公用品牌半开放式访谈提纲

访谈主题	主要内容提纲
受访者基本信息	性别、年龄、学历、所在部门、职责等
品牌管理基本状况	基础资源、管理部门组织架构、经营数据趋势等
遭遇的问题困境	市场交易违规情况、问题主要表现等
未来规划决策	决策内容、资源运用、实施决策的职能分配、实施过程是否通畅、预期效果和实际效果等

表8-2为与被授权经营户的访谈提纲，除了对经营户的个人信息和经营情况进行了解，在访谈中着重了解品牌管理方的举措对其经营绩效和积极性的影响。

表8-2　被授权经营户开放式访谈提纲

访谈主题	主要内容提纲
受访者基本信息	性别、年龄等
经营基本状况	基础资源、主营业务、经营规模、主要经销渠道等
品牌决策对经营的影响	订单情况（数量、金额）、线上线下门店开设、授权细则变更情况等

8.2.2.4　实地考察

调研小组在调研期间，参观翠王果品有限公司，京东农场（辛集黄冠梨合作基地），长城果品股份有限公司，在参观过程中与管理者和经营户进行交流，直观获取生产和经销过程中的相关信息。

8.2.2.5　文档资料

案例品牌的一手、二手资料主要来源于以下几个方面：①政府部门、石家庄果树研究所、农产品区域公用品牌授权企业或公司等发布的各种有关农产品区域公用品牌建设的资料和数据。②政府官方网站上的相关材料，特别是官方发布的相关报告、文件和标准等。③各大新闻网站上有关农产品区域公用品牌案例的产品或活动报道等。④知网等数据库中有关农产品区域公用品牌案例的调查分析与学术研究论文等。⑤对部分区域公用品牌的实地调查，并对其核心利益相关者、主要利益相关者和支持利益相关者进行深度访谈和焦点组访谈获取的第一手资料。这些文档资料有助于更完整地刻画辛集黄冠梨区域公用品牌的培育模式（见表8-3）。

表8-3　案例资料来源和收集方法

资料类型	资料来源	资料获取方法和主题
一手资料	实地调研、观察和开展访谈	对辛集进行实地考察，对辛集黄冠梨区域公用品牌培育模式进行数据调研和半结构化访谈
	其他	电话访谈、线上沟通
二手资料	公开网络资料、年度总结报告、研究论文、新闻报道等	通过网络搜集辛集黄冠梨相关报道、学术研究等资料

8.2.3　数据分析

首先，根据"压力—结构—行为—绩效"（TSCP）逻辑，识别辛集黄冠梨区域品牌生长的动力来源、所处的环境结构、采取的应对措施以及最终绩效情况的主要阶段和关键事件。其次，通过文献指引，在"压力"部分对辛集黄冠梨不同阶段的压力进行概念化编码；在"结构"部分对辛集黄冠梨不同阶段所面临的环境结构进行概念化编码；在"行为"部分对辛集黄冠梨不同阶段所采取的措施进行概念化编码；在"绩效"部分对辛集黄冠梨不同阶段区域品牌成长结果进行概念化编码。在具体编码过程中，主要采用扎根理论对资料进行分析。

8.2.3.1 案例简介

辛集黄冠梨的种植历史可以追溯到 20 世纪 90 年代，当时辛集市引进了 50 多个梨品种，进行了梨品种结构改革，其中黄冠梨因为具有良好的适应性、抗病性和丰产性，在众多品种中脱颖而出，逐渐成为辛集梨的主栽品种，经过多年的选育和改良，已经形成了辛集黄冠梨的独特风味和品质。为了提高梨果的品质，辛集市采取了一系列措施，推行绿色生态化种植，严禁施用剧毒农药，增施有机肥，控制、防范农药残留。同时，引进了矮化密植梨技术，提高了梨树的抗病虫能力和产量，实现了机械化管理和采摘，节约了人力和成本。此外，建立了梨园社会化服务组织，为果农提供施肥、喷药、病虫害防治等统一的专业化服务，实现了标准化生产、规范化管理，降低了果农的劳动强度，提高了梨果的安全性和一致性。2003 年，辛集市的新城镇前杜村，4 亩半的黄冠梨收益 12 万元，创造了当时的奇迹。辛集黄冠梨的种植面积从最初的几百亩，发展到现在的 10 万亩，年产量达 30 万吨，年产值超过 10 亿元，成为辛集市的支柱产业之一。

辛集黄冠梨区域公共品牌的发展可以分为以下三个阶段：

第一阶段：品种调整阶段。这一阶段从 20 世纪 90 年代开始，辛集作为全国黄冠梨的试种基地之一，通过高接改造引进黄冠梨，逐步替代了原有的鸭梨、雪梨等低效品种，提高了果农的收入和市场竞争力。

第二阶段：产业升级阶段。这一阶段从 21 世纪开始，辛集市委、市政府出台了一系列优惠扶持政策，实施了梨产业提质增效工程，发展了市场畅销的绿宝石、水晶梨、黄金梨等新优梨树品种，建立了从生产、加工到销售的完整梨产业链，拓展了国内外市场，实现了梨果的"一季生产，四季销售"。

第三阶段：品牌化战略阶段。这一阶段从 2020 年开始，辛集黄冠梨品牌进行战略规划，设计了"喜欢清甜，就吃辛集黄冠梨"的广告语和"戴皇冠的梨"独特标识，打响了辛集黄冠梨的知名度和美誉度。同时，辛集市利用线上线下的多种渠道，与中国果品流通协会、新零售社群等合作，举办了中国梨产业年会、黄冠梨品牌战略发布会、新零售招商会等活动，实现了云端产销对接，为辛集黄冠梨的区域公共品牌建设和新梨上市打开了新的市场空间。

8.2.3.2 案例分析

（1）品种调整阶段。

黄冠梨是河北省农林科学院石家庄果树研究所于1977年以雪花梨为母本、21世纪为父本杂交培育而成的新品种。1978年播杂交种子并育得实生苗，1979年定植，1981年开始结果。1990年进行中试，1996年8月通过农业部鉴定，并于1997年5月通过河北省林木良种审定委员会的审定。黄冠梨的名称由来是因为成熟时果皮黄色，果面光洁，果点小，无锈斑，外观酷似金冠苹果。

辛集黄冠梨区域公共品牌在生产要素结构上体现了辛集市的区域资源优势。辛集属暖温带半湿润季风型大陆性气候，具有温和的气温、适中的降水、充足的日照和长的无霜期，这些气候条件适宜黄冠梨的生长，为辛集黄冠梨提供了良好的自然环境。辛集地处滹沱河故道，地势平坦，海拔为25.0~37.8米，土地肥沃，水源充足，灌溉条件优越，这些地形特征有利于黄冠梨的种植和管理，为辛集黄冠梨提供了优良的物质基础。辛集的土壤以沙性土壤为主，含有丰富的有机质、氮、磷、钾等养分，土壤pH值为6.5~8.2，土壤结构疏松，透气性和排水性好，这些土壤类型适合黄冠梨的根系发育，为辛集黄冠梨提供了良好的营养条件。综上所述，辛集黄冠梨区域公共品牌在第二阶段的发展，不仅得益于市政府的政策扶持和科技创新，也依赖于辛集市的区域资源禀赋，为辛集黄冠梨的产业升级奠定了坚实的基础。

辛集黄冠梨区域公共品牌在第一阶段的发展，主要面临以下几方面的困难和压力：由于黄冠梨的种植技术要求高，需要大量的人工、物资和设备投入，而且受气候、病虫害等自然因素的影响，生产成本逐年上升，利润空间缩小。辛集黄冠梨虽然有着优良的品质和风味，但缺乏有效的品牌宣传和推广，市场见产品不见品牌，消费者对辛集黄冠梨的认知度和忠诚度不高，品牌价值没有得到充分体现。

面对这些压力，辛集黄冠梨采取了一些对策和措施：辛集市委、市政府出台了一系列优惠扶持政策，实施了梨产业提质增效工程，发展了市场畅销的绿宝石、水晶梨、黄金梨等新优梨树品种，提高了梨果的品质和档次，满足了不同消费者的需求和喜好。辛集市加大了科技投入，与石家庄果树研究所等科研机构合作，建立了黄冠梨技术试验站，开展了黄冠梨的品种选育、栽培技术、病虫害防治、贮藏保鲜等方面的研究和推广，提高了梨果的产量和质量，降低了生产成本和损耗。辛集市设计了"喜欢清甜，就吃辛集黄冠梨"的广告语，并设计了"戴皇冠的梨"独特标识，打响了辛集黄冠梨的知名度和美誉度。同时，辛集市利用线上线下的多种渠道，与中国果品流通协会、新零售社群等合作，举办了中国梨产业年会、黄冠梨品牌战略发布会、新零售招商会等活动，实现了云端产销对接，为辛集黄冠梨的区域公共品牌建设和新梨上市打开了新的市场空间。

（2）产业升级阶段。

在辛集黄冠梨发展的第二阶段，由于黄冠梨的市场需求大，各地都开始种植黄冠梨，导致市场供过于求，价格下跌，辛集黄冠梨的市场优势受到挑战。由于黄冠梨的出口量大，一些国家和地区为了保护本地的果业，对黄冠梨实施了严格的检疫和质量标准，增加了辛集黄冠梨的出口难度和成本。辛集黄冠梨主要以黄冠梨为主，缺乏其他品种的搭配和补充，难以满足不同消费者的需求和喜好，也不利于延长销售季节。

辛集黄冠梨区域公共品牌在第二阶段的发展，得到了市政府的大力支持和推动。市政府制定了辛集黄冠梨产业电商发展规划和服务体系，大力培育了一批信息化程度高、示范带动作用强的梨果龙头企业，强势打造梨果电商协同发展示范区，持续做大做强阿里数农、美团、菜鸟等六大平台梨果直管仓。市政府积极引导企业注册梨果商标，对获得全国、省级驰名商标或名牌产品的企业，给予资金奖励。目前，全市梨果注册商标达17个，"天宇""杏园"被认定为河北省著名商标，"翠王""天华"等被认定为河北省名牌产品。市政府加大了科技投入，与石家庄果树研究所等科研机构合作，建立了黄冠梨技术试验站，开展了黄冠梨的品种选育、栽培技术、病虫害防治、贮藏保鲜等方面的研究和推广，提高了梨果的产量和质量，降低了生产成本和损耗。

辛集黄冠梨区域公共品牌在技术探索上做了多方面的努力，从栽培管理、土壤管理和施肥管理三个方面提高了梨果的产量和品质。在栽培管理方面，辛集市与石家庄果树研究所等科研机构合作，建立了黄冠梨技术试验站，开展了黄冠梨的品种选育、栽培技术、病虫害防治、贮藏保鲜等方面的研究和推广。辛集市还推广了黄冠梨的高密度栽培技术，利用矮化砧木和整形修剪，控制树势，提高单位面积的产量和品质。在土壤管理方面，辛集市采用了土壤检测和叶片分析的方法，根据黄冠梨的生长需求和土壤养分状况，制定了科学合理的施肥方案，实现了精准施肥。辛集市还推广了有机肥和生物肥的使用，提高了土壤的有机质含量和生物活性，增强了黄冠梨的抗逆性和品质。在施肥管理方面，辛集市利用滹沱河故道的水源优势，建设了灌溉设施，实现了黄冠梨的定时定量灌溉，保证了梨树的水分供应。辛集市还采用了滴灌、喷灌等节水灌溉技术，提高了水分利用效率，降低了灌溉成本。通过这些技术探索，辛集黄冠梨区域公共品牌在第二阶段的发展，不仅提高了梨果的产量和品质，也降低了生产成本和损耗，为辛集黄冠梨的产业升级奠定了坚实的基础（见表8-4）。

表 8-4　辛集黄冠梨品种调整阶段相关构念

形成基础	一级编码	二级编码	典型证据举例
压力	外部环境压力	贸易壁垒增加	辛集市加大了科技投入，与石家庄果树研究所等科研机构合作，建立了黄冠梨技术试验站，开展了黄冠梨的品种选育、栽培技术、病虫害防治、贮藏保鲜等方面的研究和推广，提高了梨果的产量和质量，降低了生产成本和损耗
		市场竞争激烈	辛集市利用线上线下的多种渠道，与中国果品流通协会、新零售社群等合作，举办了中国梨产业年会、黄冠梨品牌战略发布会、新零售招商会等活动，实现了云端产销对接，为辛集黄冠梨的区域公共品牌建设和新梨上市打开了新的市场空间。
	内部环境压力	品种结构单一	辛集市委、市政府出台了一系列优惠扶持政策，实施了梨产业提质增效工程，发展了市场畅销的绿宝石、水晶梨、黄金梨等新优梨树品种
		品牌认知度低	辛集黄冠梨品牌进行战略规划，设计了"戴皇冠的梨"独特标识，打响了辛集黄冠梨的知名度和美誉度
结构	生产要素结构	气候	辛集属暖温带半湿润季风型大陆性气候，年平均气温13.2℃，年降水量为500~600毫米，年日照时数为2600~2800小时，无霜期为200~220天。这种气候条件适宜黄冠梨的生长，为辛集黄冠梨提供了良好的自然环境
		地形	辛集地处滹沱河故道，地势平坦，海拔为50~70米，土地肥沃，水源充足，灌溉条件优越。这种地形特征有利于黄冠梨的种植和管理，为辛集黄冠梨提供了优良的物质基础
		土壤	辛集的土壤以沙性土壤为主，含有丰富的有机质、氮、磷、钾等养分，土壤pH值为6.5~7.5，土壤结构疏松，透气性和排水性好。这种土壤类型适合黄冠梨的根系发育，为辛集黄冠梨提供了良好的营养条件
行为	技术探索	栽培管理	推广黄冠梨的高密度栽培技术，利用矮化砧木和整形修剪，控制树势
		土壤管理	推广有机肥和生物肥的使用，提高了土壤的有机质含量和生物活性
		施肥管理	采用滴灌、喷灌等节水灌溉技术，提高了水分利用效率，降低了灌溉成本
绩效	区域核心产品	辛集黄冠梨品种形成	经过多年的选育和改良，形成了辛集黄冠梨的独特风味和品质

（3）品牌化战略阶段。

辛集黄冠梨区域公共品牌在发展的第三阶段，即品牌化战略阶段，面临着规模压力和质量压力，同时也在产品结构方面进行了积极的探索和创新。规模压力和质量压力是梨果产业发展的两大挑战，而产品结构是梨果产业发展的重要方向。

规模压力主要表现在如何扩大市场份额、提高销售收入、增加出口量、拓展新零售渠道等方面。由于各种外部因素的影响，传统的供销渠道和外贸受到阻碍，辛集黄冠梨需要寻找新的销售增长点，利用互联网、直播、电商等新型渠道进行线上交易和推广。同时，辛集黄冠梨还需要加强与国内外的果品流通协会、新零售社群、KOL等的合作，扩大品牌的影响力和知名度。为了应对规模压力，辛集黄冠梨区域公共品牌采取了多种措施，如参加A20新农展、举办高端公关宣传、建设黄冠梨交易中心等，提升了辛集黄冠梨的市场竞争力和品牌价值。

质量压力主要表现在如何保证梨果的品质、安全、绿色、特色等方面。由于消费者对农产品的品质要求越来越高，辛集黄冠梨需要不断提高梨果的品种、口感、色泽、营养等方面的优势，满足消费者的多样化需求。同时，辛集黄冠梨还需要加强梨果的标准化、贮藏保鲜、商品化处理、溯源管理等方面的工作，保证梨果的质量安全和可追溯性。为了应对质量压力，辛集黄冠梨区域公共品牌采取了多种措施，如建立辛集黄冠梨标准综合体系、打造黄冠梨国家级技术试验站、获得多项荣誉和认证等，提高了辛集黄冠梨的质量水平和品牌形象。

辛集黄冠梨区域公共品牌在生产方面，主要采取了以下措施：第一，推广新品种，发展市场畅销的黄冠梨、绿宝石、水晶梨、黄金梨等新优梨树品种，提高梨果的产量和品质。第二，实施梨产业提质增效工程，采用土壤检测、叶片分析、精准施肥、有机肥和生物肥的使用、病虫害防治等技术，提高梨树的生长条件和抗逆性。第三，利用滹沱河故道的水源优势，建设灌溉设施，实现黄冠梨的定时定量灌溉，保证梨树的水分供应，同时采用滴灌、喷灌等节水灌溉技术，提高水分利用效率，降低灌溉成本。这些措施使得辛集黄冠梨在生产方面具有了较强的优势和竞争力。

辛集黄冠梨区域公共品牌在管理方面，主要采取以下措施：第一，建立辛集黄冠梨标准综合体系，制定了黄冠梨的种植、采摘、储运、加工、销售等各个环节的标准，规范了梨果的生产和流通过程。第二，打造黄冠梨国家级技术试验站，与石家庄果树研究所等科研机构合作，开展了黄冠梨的品种选育、栽培技术、病虫害防治、贮藏保鲜等方面的研究和推广，提高了梨果的科技含量和创新能力。第三，完善社会化服务体系，建立了梨果专业合作社、梨果产业协会、梨果电商平台等组织，为梨农提供技术指导、信息咨询、市场对接、金融支持等服务，提高了梨果的组织化和市场化水平。这些措施使得辛集黄冠梨在管理方面具有了较强的规范性和效率（见表8-5）。

表8-5 辛集黄冠梨品牌战略化调整阶段相关构念

形成基础	一级编码	二级编码	典型证据举例
压力	规模压力	市场份额小	利用互联网、直播、电商等新型渠道进行线上交易和推广
		传统供销渠道受阻	辛集黄冠梨加强与国内外的果品流通协会、新零售社群、KOL等的合作，扩大品牌的影响力和知名度
	质量压力	如何保证梨果品质、安全、绿色	需要加强梨果的标准化、贮藏保鲜、商品化处理、溯源管理等方面的工作
		消费者要求提高	保证梨果的质量安全和可追溯
结构	产品结构	生产	实施梨产业提质增效工程，采用土壤检测、叶片分析、精准施肥、有机肥和生物肥的使用、病虫害防治等技术，提高梨树的生长条件和抗逆性
		管理	建立辛集黄冠梨标准综合体系，制定了黄冠梨的种植、采摘、储运、加工、销售等各个环节的标准，规范了梨果的生产和流通过程
		政策	获得全国、省级驰名商标或名牌产品的企业给予资金奖励、对引进的新品种给予补贴、对建设的冷库和灌溉设施给予财政支持等，降低了梨果的生产成本和经营风险
行为	技术创新	灌溉技术	建设灌溉设施，实现黄冠梨的定时定量灌溉，保证梨树的水分供应，同时采用滴灌、喷灌等节水灌溉技术，提高水分利用效率，降低灌溉成本
		施肥技术	精准施肥、有机施肥、生物肥相结合
	政府大力干预	专业合作社	建立梨果专业合作社，引导农户加入合作社，实现梨果的统一种植、统一管理、统一采摘、统一销售，提高农户的组织化程度和收益水平
		参与国家和省级项目及工程	参与了国家和省级的多个项目和工程，如农业供给侧结构性改革、乡村振兴战略、农业绿色发展、农业品牌建设等，为辛集黄冠梨的产业升级提供了政策保障和资金支持
	农户激励	技术指导	建立梨果专业合作社，引导农户加入合作社，实现梨果的统一种植、统一管理、统一采摘、统一销售
		电商平台	建立梨果电商平台，利用互联网、直播、电商等新型渠道，为农户提供线上销售的机会和平台，提高农户的销售效率和收入水平
绩效	区域核心能力	核心技术	黄冠梨的病虫害防治技术，通过采用生物防治、物理防治、化学防治等综合措施，有效防治了梨褐斑病、梨锈病、梨蚜虫、梨蚜蝇等主要病虫害，保证了梨果的质量安全
		产业布局	辛集市参加A20新农展、举办高端公关宣传等，进一步扩大辛集黄冠梨的知名度和影响力

8.2.4 案例发现

基于以上对辛集黄冠梨资料的分析，本文根据辛集黄冠梨区域公共品牌发展的三个阶段，即品种调整阶段、产业升级阶段、品牌战略化阶段，并依据 TSCP 逻辑，分析辛集黄冠梨区域公共品牌成长机制。在 TSCP 机制中，T（Tension）代表区域品牌成长过程中的压力，S（Structure）代表区域品牌成长过程中的结构，C（Conduct）代表区域品牌成长过程中相关主体所采取的行为，P（Performance）代表区域品牌成长过程中的绩效。

基于 TSCP 逻辑对辛集黄冠梨区域公共品牌发展的三个阶段的分析如下：

第一阶段：品种调整阶段。这一阶段是从 20 世纪 90 年代开始的，辛集作为全国黄冠梨的试种基地之一，通过高接改造引进黄冠梨，适应市场需求，提高果农收入，为梨产业转型奠定了基础。这一阶段的外部冲击主要是市场变化，导致传统的鸭梨、雪花梨等出现滞销，果农收入急剧减少。行业结构主要是以黄冠梨为主的特色梨果种植，具有较高的市场份额和产品差异化，但进入壁垒较低，竞争压力较大。企业行为主要是进行品种调整，改种黄冠梨，提高产品质量和附加值。经营绩效主要是增加果农收益，扩大市场占有率，形成了"黄冠梨乡"的美誉。

第二阶段：产业升级阶段。这一阶段辛集市委、市政府出台多项优惠扶持政策，实施梨产业提质增效工程，发展市场畅销的黄冠梨、绿宝石、水晶梨、黄金梨等新优梨树品种，加强科技创新和标准化建设，提升梨果产业的竞争力和抗风险能力。这一阶段的外部冲击主要是技术进步、政策支持、消费升级等，为梨产业升级提供了有利条件。行业结构主要是以黄冠梨为龙头的多元化梨果种植，具有较强的市场竞争力和品牌影响力，但也面临着其他地区梨果品种的竞争，以及消费者对梨果品质、安全、品牌等方面的更高要求。企业行为主要是进行产业升级，引进、培育高新技术项目，建立研发平台和院士工作站，注册商标和认证产品，打造龙头企业和品牌。经营绩效主要是提高梨果产量、质量、效益，增加就业、收入、税收，为经济社会发展做出贡献。

第三阶段：品牌战略化阶段。这一阶段辛集市政府结合中国果协梨产业年会召开契机，同步举办辛集黄冠梨品牌战略发布会，宣布辛集黄冠梨品牌战略正式启动，打响辛集黄冠梨区域公共品牌建设和 2020 年新梨上市"第一枪"。这一阶段的外部冲击主要是传统供销渠道和外贸受阻、直播带货、生鲜电商等新型渠道快速崛起，对梨产业提出了新的挑战和机遇。行业结构主要是以黄冠梨为核心的梨果产业链，具有较高的市场份额和市场集中度，但也需要进一步提升产品差异化和进入壁垒，增强品牌忠诚度和溢价能力。企业行为主要是进行品牌战略化，创意广告语和标识，推广线上线下渠道，承办梨产业年会，参加新农展，开展高端公关宣传，提升辛集黄冠梨知名度并扩大影响力。经营绩效主要是提升梨果品牌价值，拓展梨果销售市场，增强梨果消费者满意度，为梨果产业高质量发展赋能。

8.2.5 研究结论与政策建议

8.2.5.1 研究结论

辛集黄冠梨区域公共品牌的发展经历了从品种调整到产业升级，再到品牌战略化的过程，体现了区域品牌的适应性、创新性和战略性。这一过程与市场变化、技术进步、消费升级等外部环境的演变相适应，反映了区域品牌的敏锐洞察和灵活应变能力。这一过程也与区域特色、优势、资源等内部条件的优化整合相创新，反映了区域品牌的自主创新和持续改进能力。这一过程还与区域品牌的长远目标、愿景、使命等战略规划相契合，反映了区域品牌的前瞻性和战略性。辛集黄冠梨区域公共品牌的发展过程，是一个不断适应、创新、战略的过程，是一个不断提升区域品牌的核心竞争力和价值的过程。

辛集黄冠梨区域公共品牌的成长机制是在外部冲击、行业结构、企业行为和经营绩效之间形成了良性循环，实现了区域品牌的持续发展和价值提升。外部冲击是区域品牌成长的动力，它促使区域品牌不断调整适应市场需求和环境变化，寻求新的机遇和突破。行业结构是区域品牌成长的基础，它决定了区域品牌的市场地位和竞争优势以及区域品牌所面临的竞争压力和挑战。企业行为是区域品牌成长的手段，它体现了区域品牌的创新能力和执行力，以及区域品牌所采取的品种调整、产业升级、品牌战略化等具体措施。经营绩效是区域品牌成长的结果，它反映了区域品牌的效果和价值，以及区域品牌所带来的经济、社会、环境等多方面的贡献。辛集黄冠梨区域公共品牌的成长机制，是一个在外部冲击、行业结构、企业行为和经营绩效之间形成的动态平衡和良性循环的机制，是一个实现区域品牌的持续发展和价值提升的机制。

8.2.5.2 政策建议

（1）加大政策扶持力度。

为区域公共品牌建设提供资金、土地、税收等优惠，为区域公共品牌提供检验检测、认证认可、知识产权保护等公共服务。政策扶持是区域公共品牌建设的重要保障，它可以为区域公共品牌提供必要的资源和条件，降低区域公共品牌的成本和风险，增强区域公共品牌的信心和动力。政策扶持应该根据区域公共品牌的发展阶段和需求，制定相应的优惠政策和扶持措施，如提供财政补贴、信贷担保、土地使用权、税收减免等，为区域公共品牌的生产、加工、流通、销售等环节提供资金支持。政策扶持还应该建立完善的公共服务体系，如设立检验检测中心、认证认可机构、知识产权保护中心等，为区域公共品牌的质量管理、标准化建设、品牌保护等提供专业服务。

（2）加强区域公共品牌的协同发展。

推动区域内的梨果生产、加工、流通、消费等各环节的有效衔接，促进区域内的梨果产业链、供应链、价值链的整合优化。协同发展是区域公共品牌建设的重要途径，它可以为区域公共品牌提供有效的协作和配合，提高区域公共品牌的效率和效果，增强区域公共品牌的协调性和一致性。协同发展应该建立健全协调机制和沟通平台，如设立区域公共品牌联盟、协会、委员会等，加强区域内的梨果生产者、加工者、经销商、消费者等各方的信息交流和利益协调。协同发展还应该实施有效的整合策略和优化措施，如建立区域公共品牌的统一标识、统一标准、统一价格、统一包装、统一宣传等，提升区域公共品牌的形象和声誉。

（3）培育区域公共品牌的创新能力。

加强区域公共品牌的研发投入，引进、培育高新技术项目，建立研发平台和院士工作站，提升区域公共品牌的技术含量和附加值。创新能力是区域公共品牌建设的重要驱动，它可以为区域公共品牌提供新的技术和产品，提高区域公共品牌的产品质量和安全性，增强区域公共品牌的差异化和溢价能力。创新能力应该加大研发投入，如设立专项资金、奖励机制、人才培养等，激励区域公共品牌的科技创新和成果转化。创新能力还应该引进、培育高新技术项目，如利用生物技术、信息技术、农业技术等，改良梨果品种、提高梨果产量、延长梨果保鲜期等。创新能力还应该建立研发平台和院士工作站，如与高校、科研院所、行业专家等建立合作关系，开展梨果产业的前沿研究和技术推广。

8.3 辛集皇冠梨调研日志

调研时间： 2023 年 9 月 25~27 日
调研地点： 河北省辛集市、晋州市
调研人员： 耿献辉、潘超、沙雨晨、吴思璇、李娅闻

2023 年 9 月 25 日下午，天气晴

访谈辛集农业农村局副局长：吕润航。

1. 辛集黄冠梨概况

河北是梨果种植大省，同时也是梨果贮藏企业主要聚集区之一，无论是种植

面积还是产量均居全国乃至世界第一，其中尤以辛集产区为代表。辛集梨产区分布在黄河故道区域，位于整个华北平原平坦区域，较易形成大规模的商品化农业基地。区位地理上的优势，也让辛集得到了环京津、沿渤海的科技资源的倾斜。

20世纪90年代，辛集意识到梨的新市场变化，大力引进新品种多达50多个，率先开启河北的梨品种结构改革，并对梨树进行树体结构改造，减少主枝，降低树高，使树体光照得到改善、果品质量提升。随着市场的淘汰选择，黄冠梨这个品种因在辛集具有良好的适应性，不仅抗病，而且丰产，在这50多个品种中脱颖而出。2003年，在最早引种黄冠梨的新城镇前杜村，4亩半的黄冠梨收益12万元，黄冠梨由此逐渐成为辛集梨的主栽品种。

2. 品牌策划

政府出资148万元，和果品协会合作，2020年开品牌发布会，做品牌价值策划，品牌价值深化，以农机中心为主体，申报辛集皇冠梨地理标志，没申报下来，但是品牌已注册，有Logo，政府无区域公用品牌，有知名度，主要以企业品牌为主，2010年开始计划申报，三年时间内获得经销商认可，应用不太好，企业先用自己品牌再开始用辛集皇冠梨品牌，品牌授权应用四五家企业，农户未应用。

3. 品牌管理

辛集有果蔬行业协会，翠王公司会长单位，黄冠梨品牌主要是农机中心在管，是农业农村局隶属单位。

4. 品牌宣传

2021年在CCTV17宣传，连续三年出资50万元。小农户不能用品牌，还未考虑用品牌。

5. 梨保险

2023年受灾受害损失30%，一个村赔200万元保险公司不愿意保，政府劝保，保费太多种植户不愿意投保。以种植为主，销售给本地企业，本地企业规模大，发达。万吨以上有10多家。所有销售风险由企业承担，企业买断，农户收入稳定，对比赵县是一家一户入户直销，风险由农户自费承担。梨果出口必须有自己的基地，基地的管理主要是人员的管理。

6. 发展问题

高铁建设土地流转置换，相关政策不稳定：退耕还林和退林还耕。

没有合作协议，本地企业有固定的合作种植伙伴，长时间形成的信任，收购量大，农户可以自行决定卖给谁，企业以收购为主，基地种植为辅。出口按照高端市场要求市场，把生产标准给农户以此生产，无契约约束，收购价比市场高，外地 2.0 元，本地企业收购价 2.4 元，外地企业收购量有限。

氨制冷改为氟制冷，导致冷库废弃，储存量下降，产量大，存不下。一个村自建农户 300~500 吨，在自己的地里建，农业设施有地使用政策，质量管理，技术服务，技术培训农药使用，基地管理有企业自行组织种植户，2002 年起没有一起农残超标的，套袋后农药接触很少，不套袋也不超标，出口免检。

2023 年 9 月 26 日上午，天气阴

访谈翠王果品有限公司总经理：徐广达。

1. 公司概况

翠王果品有限公司是一家专业从事辛集黄冠梨种植、加工、销售、出口的企业，成立于 2010 年，位于河北省辛集市威县。翠王果品有限公司拥有自建基地 500 多亩，以及与特定果园的合作关系，保证了辛集黄冠梨的供应量和品质。翠王果品有限公司是辛集黄冠梨区域公共品牌的授权企业之一，遵循统一的包装、设计、标识、宣传等规范，维护了辛集黄冠梨的市场形象和信誉。

2. 品牌建设

翠王果品有限公司注重辛集黄冠梨的品牌建设，参与了由河北省农垦咨询有限公司设计的辛集黄冠梨品牌策划项目，采用了绿色和金色为主要配色，以及皇冠形状的梨为主要元素的包装设计。翠王果品有限公司还在每个包装上打上二维码，让消费者可以扫描查询到每个果实的溯源信息，增加了消费者对辛集黄冠梨的信任和满意度。翠王果品有限公司还通过微信、抖音等社交媒体平台进行了辛集黄冠梨的宣传和推广，提高了辛集黄冠梨的知名度和美誉度。

3. 销售情况

翠王果品有限公司的辛集黄冠梨销售范围覆盖了国内外多个地区和国家。在国内方面，翠王果品有限公司主要销往广东、福建等南方省份，福建销量最大，八九月为强势月份，这些地区有吃梨的习惯，对辛集黄冠梨有较高的需求和认可。在国外方面，翠王果品有限公司主要销往中亚、俄罗斯等国家和地区。

4. 电商渠道

翠王果品有限公司利用电商渠道拓展了辛集黄冠梨的销售市场和消费群体。

翠王果品有限公司在天猫、京东等电商平台上开设了自己的店铺，同时也作为核心供应商为其他大型自营板块或头部主播提供货源。翠王果品有限公司在电商渠道上统一使用了辛集黄冠梨区域公共品牌的配色、标识、Logo 等元素，保证了辛集黄冠梨在电商平台上的一致性和识别度。翠王果品有限公司还在直播中对辛集黄冠梨的产地、特色、功效等进行了介绍，吸引了消费者的注意和兴趣。

5. 发现的问题

区域公共品牌发展欠佳。政府牵头带动区域公共品牌发展，完成上层规划。农本咨询品牌设计，授权企业统一包装，设计，使用，而落实情况不如预期，仅在批发市场使用，商品进入商超销售时需要重新包装，仅写产地，弱化了区域公共品牌。综上所述，辛集黄冠梨区域公共品牌使用仅停留在批发端，未进入到消费端。

梨树生长过程中会遇到木栓病，导致果心空心或果心柱硬化，肉质粗糙、风味寡淡，耐贮性变差，贮藏期和货架期变短等问题。这些问题严重影响了辛集黄冠梨的产品品质和销售周期，降低了消费者的满意度和忠诚度。

出口市场开拓不足。翠王果品有限公司虽然是辛集黄冠梨出口的领先企业之一，并且通过河北海关成为河北省辛集市辛集黄冠梨中国特色农产品优势区的出口示范企业，但是其出口市场主要集中在中亚、俄罗斯等国家和地区，并没有有效开拓欧美等高端市场。同时，在东南亚市场也面临低价竞争、市场秩序混乱等问题。

2023 年 9 月 26 日下午，天气阴

调研辛集农技站、京东农场（辛集黄冠梨合作基地）。

1. 品牌管理

品牌申报：辛集黄冠梨地理区域公共品牌最初依托企业成立协会，后由政府职能部门农技站中心向省里申报商标。过程中曾因为历史资料不充分被驳回。

主要企业：使用辛集黄冠梨地理区域公共品牌的企业有以出口美加澳等中高端市场为主的企业"翠王果业"和其他几家大型企业如"裕隆""盛溢""兴源"，这些企业都被授予了辛集黄冠梨的地理区域公共品牌，目前河北 1/3 的梨企业都使用了区域公共品牌。

2. 品牌发展

1992 年，河北石家庄辛集市引进了雪花梨品种。

1997 年，开始对雪花梨实施改良嫁接。同时雪花梨的市场行情萎靡。此前也曾尝试用套袋法提升梨果品质。

2000 年以前，辛集黄冠梨的市场认可度非常低。

2000 年，当地政府调整梨果的种植结构以及当地的市场结构，辛集黄冠梨迎来了第一次巨大的丰收。黄冠梨的市场反应开始变好，因而当地梨果种植户的热情也被调动。梨果在种植结构和化肥农药使用比例调整后，病虫害减少，坐果率提高，果树成活率高，梨果的果形卖相也显著提高。经过当地经销企业的反馈，梨果不仅更加耐于储存，还有了更加稳定的品质。

2003 年，在品质口碑的作用下，辛集黄冠梨最高市场售价已经可以达到 3 元/斤。

3. 品牌模式

四品模式：品种、品质、品味、品牌。

种植推广：在河北省大范围推广种植辛集皇冠梨。

品牌宣传：2004 年第一次参加农产品梨展销会，之后每届都参加。

4. 品牌问题

第一，本地梨园面积自然萎缩。

第二，农村老龄化严重梨果种植后备力量不足。

第三，城市化工业化用地驱赶梨园用地。

第四，品牌认可度依旧不足。

2023 年 9 月 27 日，天气阴

访谈长城果品股份有限公司总经理：范光恩。

1. 对比两大区域公共品牌：晋州鸭梨和晋州黄冠梨

1.1 基本概况

晋州最先开始种植的梨树品种是鸭梨，河北晋州被称为"中国鸭梨第一乡"，具有 2000 多年的栽培历史。该果呈倒圆卵形，近果柄处有一鸭头状突起，形似鸭头，故名鸭梨。因主要在天津口岸出口，又称天津鸭梨。晋州鸭梨驰名中外，年产值 7.8 亿元，成为全国首个专属政府拥有的驰名商标（地理标志证明商标），被评为中国果品区域公用品牌 50 强、中国特色农产品优势区。

晋州黄冠梨以雪花梨为母本、21 世纪梨为父本，河北省农业科学院石家庄果树所 1986 年育成的杂交新品种。1992 年黄冠梨在晋州嫁接培育试验种植，通过长

城果品董事长任国强不断发展和推广，"黄冠梨"在晋州梨果产品中所占比例逐渐增大，晋州进行结构调整，雪梨剪完，鸭梨也剪了。原有 23 万亩，退耕还林后，现已发展种植面积 17 万亩。

1.2　区域公共品牌使用范围

晋州鸭梨地理标志产品保护范围为河北省晋州市东卓宿镇、周家庄乡、东里庄乡、总十庄镇、马于镇、营里镇、循环经济园区、桃园镇 8 个乡镇现辖行政区域。晋州市林果产业协会授权 50 家企业使用"晋州黄冠梨"国家地理标志证明商标。

1.3　区域公共品牌文化故事

孔融让梨、梨产河北。孔融让梨发生在孔宙任元城县令时。考虑当时的条件，所让之梨只能产于当地，而元、魏两县近临。因此让梨的梨产地在元城、魏县一带是有可能的。

1.4　品牌发展存在的问题

销售过程中去品牌化严重，消费者只能看到产地来源，进入商超和批发商，冠以商家自有品牌，如"盒马鲜生""百果园"等。

2. 晋州梨果种植品牌管理模式对比调查与龙头企业长城果品企业家访谈

2.1　企业概况

始建于 1990 年，是以生产、冷藏、加工、出口优质鲜梨为主的国家级重点龙头企业。

2.2　生产标准化

为培育品牌，晋州市不断制定和完善黄冠梨公害标准化栽培技术规程，组织建立了七大高效优质黄冠梨示范基地和三大有机果品基地，帮助果农建立储果冷库、果袋厂以及果品购销点，集体所有制果园连片进行种植，按照生产要求进行投入品使用。2020 年投资 3000 万元引进中国第一条梨果智能化加工生产线，能实现鲜梨四维智能化分级筛选，实现从外观、糖度等指标的标准化分级。

2.3　利益联结机制

长城果品和农户以合同形式进行双方利益联结，农户根据协议要求将果品卖给企业，或者企业出资补贴套袋 2 分，农户使用企业补贴的套袋只出资 1 分，套袋的梨果也由企业进行收购。企业收购时则主要以果品外形作为产品分级标准，对收购的果品进行分级计价，采取优质优价的定价方式，每年采购农户的梨果，分拣、称重、装箱发往全国各地。农户有了稳定的收入保障。农户每年收入从 1000 元增长到 20000 元。

2.4　梨果贸易

产品结构：不是每个品种都可以出口美国，鸭梨进入最早，由于黄冠梨黑点少、耐储存。现多以黄冠梨为主要出口品种。

产品品牌：在国际市场，晋州长城"芙润仕"品牌在美国具有非常优秀的口碑，长期客源稳定，参加国外展销会，认可度高。

产品市场：国内销往珠江三角洲广东深圳等地，国外出口到美国、澳大利亚、加拿大、欧盟、南非、东南亚等市场，发达国家地理距离，远洋市场，国内水果价格贵，一箱梨10美元，一箱苹果30美元。

市场定位：打造优质梨果，打入高端市场。

2.5 主要销路

"海陆空"：出口FOB价分为直销给国外市场商超如开市客、沃尔玛等，间接销售给进口商，货运交由第三方代理公司负责。线下经营实体店有沃尔玛、京东7fresh等、长城梨果占京东平台梨自营量的60%以上。

9 库尔勒香梨①

9.1 "小香梨带动大产业"库尔勒香梨发展之路

9.1.1 引言

库尔勒香梨种植历史悠久,可以追溯到2000多年前的汉代。《汉书·西域传》中记载了当时西域地区(包括库尔勒地区)的梨:"西域有美梨,园田所产,皆黄如鹅子。"库尔勒地区的气候和土壤条件非常适合梨的生长,为库尔勒香梨的种植提供了优越的自然环境。库尔勒地区位于新疆维吾尔自治区中部、天山南麓、塔里木盆地东北边缘,拥有干旱的大陆性气候,日照充足,昼夜温差大,还有丰富的灌溉水源,为梨树的生长提供了良好的条件。随着时间的推移,库尔勒地区的农民不断积累种植梨的经验和技术,逐渐形成了一套独特的种植、栽培和收获方法。这些传统的技术和知识代代相传,使库尔勒香梨的品质和口感不断提升和改良。近年来,库尔勒香梨作为地理标志农产品受到更多关注和保护,其悠久的历史和独特的品质也得到更广泛的认可和推崇。

库尔勒香梨是中国新疆著名的特产,也被誉为"中国最好吃的梨"。库尔勒市因其优质的土壤和气候条件,成为香梨生长的理想地区。这里的香梨以其肉质细腻、多汁、甜度高而闻名。库尔勒香梨是如何实现"小香梨大发展"的呢?如何在短短十几年的时间实现香梨产业链的集群式跨越式进步的呢?我们带着这些疑问,走进库尔勒香梨,共同探寻库尔勒香梨的奥秘。

---

① 本案例由南京农业大学经济管理学院教授耿献辉及研究生李小宁、李烨根据调研材料共同撰写。

9.1.2　库尔勒香梨的前世今生

库尔勒香梨从新中国成立发展至今，是农产品区域公用品牌建设成功实践的典型代表。在 2023 中国品牌价值评价信息中，库尔勒香梨品牌价值估值达 171.28 亿元，在梨类中第六年排名第一。库尔勒香梨作为中国的地理标志农产品，享有高度的声誉和市场认可度。地理标志农产品的认证和保护，使库尔勒香梨能够在市场上建立起独特的地域形象和品牌价值，为库尔勒香梨的定位和营销提供了有力支持，使其能够在激烈的市场竞争中脱颖而出。经过多年的发展，库尔勒香梨已形成良好的产业基础，品牌价值大幅提升，市场发展潜力巨大，特色产业优势更加明显，产业发展已进入快车道。库尔勒香梨产业集群建设以品牌塑造为引领，持续推进三产融合，库尔勒香梨带动乡村产业振兴的能力更强、促进农民增收作用更明显，实现年产值破百亿目标，成为全国鲜果产品产业化发展的典型之一。目前，新疆香梨种植面积百万亩左右，库尔勒香梨享誉国内外。

库尔勒香梨通过长期的品质保证和口碑积累，赢得了消费者的信任和喜爱。其产品的品质管理和品牌口碑建设的成功实践在果业品牌中长期居于前列，通过提供优质的产品和积极的用户体验来塑造良好的品牌形象。此外，库尔勒香梨作为中国地理标志农产品，得到了法律保护和市场认可，这为品牌赋予了独特的身份和价值，有助于和其他竞争对手区别开来。再加上完善的供应链管理，库尔勒香梨从种植、收获、包装到销售和分销，每个环节都做到了精细管理和互相协调。

自汉唐时期通过"丝绸之路"传入印度，库尔勒香梨至今已有 1300 年的栽培历史，为古老地方优良品种，因其皮薄肉细、酥脆无杂、清香宜人，被誉为"西域圣果、梨中珍品"。在 1924 年举行的万国博览会上参展的 1432 种梨中，库尔勒香梨仅次于法国白梨被评为银奖，被誉为"世界梨后"。从 1950 年起，库尔勒香梨曾多次在全国果品评比中夺冠，1957 年全国梨业生产会议上被评为第一名，1985 年又被评为全国优质水果，1999 年昆明世界园艺博览会上，库尔勒香梨获得金奖。自 1987 年进入国际市场以来，畅销不衰。

9.1.3　欣欣向荣，品牌发展再创佳绩

库尔勒香梨是库尔勒市的特色优势产业之一，自 2000 年以来，种植规模快速扩大，产业链也迅速扩展延伸，香梨生产基地初具规模，已成为新疆巴音郭楞蒙古自治州四大林果生产基地之一。截至 2022 年，库尔勒市香梨种植面积 41.2 万亩，占全州香梨种植面积的 84.7%，占全疆香梨种植面积的 41.8%，其中，集体果园 17.4 万亩，国有土地果园 23.8 万亩，种植分布在市域内 11 个乡镇、6 个公司（不包含新疆库尔勒香梨产业发展有限公司）和 1 个农牧园艺场，种植面积在 3 万亩

以上的有 5 个乡镇、公司，分别为阿瓦提乡 81207.74 亩、上户镇 57212.45 亩、托布力其乡 46786.41 亩，新疆阿瓦缇娜农业发展有限公司 45094.2 亩、哈拉玉官乡 34376.08 亩。

1996 年，库尔勒香梨成为中国第一件原产地地理标志产品；注册了"国家级库尔勒香梨原产地证明商标"；2004 年 12 月，被国家质检总局批准"库尔勒香梨地理标志产品"；2006 年 10 月，被国家工商总局商标局认定为"中国驰名商标"；2011 年，在中国著名农产品区域公用品牌评比中获得公用品牌第三名；2017 年，成功入选世界地理标志；2019 年，入选中国农业品牌目录、"中国农产品百强标志性品牌"，同年，"库尔勒香梨"地理标志证明商标荣获"2019 中国果品区域公用品牌价值评估值 100.92 亿元"；2020 年 12 月 25 日，"库尔勒香梨"荣获农业农村部农产品地理标志，并荣获"2021 中国果品区域公用品牌价值评估值 127.52 亿元"，在梨类中第四年排名第一，位居全国水果类第二；2021 年，入选国家地理标志产品保护示范区筹建名单；2022 年，库尔勒香梨品牌价值 161.20 亿元；2023 年，库尔勒香梨品牌价值升至 171.28 亿元，入选北京冬奥会指定水果，区域公用品牌价值连续 6 年持续上升，现已形成拓普、艾丽曼、沙依东、东方圣果、金丰利、盛牌、西域香妃等香梨知名商标。

9.1.4　小香梨带动大产业，放大产业价值

在产业链发展方面，全州从事香梨生产、贮藏、加工、经销、运输等企业（合作社）300 余家，在国内 295 个城市建立产品直销网点，形成了集生产、包装、贮藏、加工、运输、销售等为一体的产业化格局，产业链带动逾 20 万人增收致富。这表明库尔勒香梨产业已经形成了完整的产业链，从生产到销售都具备了一定的规模和效益。截至 2020 年，市域内从事林果产品贮藏保鲜企业已达 110 余家，主要分外氨制冷和氟利昂制冷保鲜库，贮藏保鲜容量达 65 万吨，其中，单体库容量最大为 18000 吨，最小为 1000 吨，库容超过 8000 吨的有 27 座。贮藏保鲜冷库在市域内 4 处地点相对集中，其中天山西路及上户镇共有 15 座，库容量 10.48 万吨；托布力其乡及沙依东共有 11 座，库容量 9.45 万吨；上户工业园区共有 5 座，库容量 3.68 万吨；其他分布在各乡场。截至 2023 年底，已有包装企业 36 家，规模以上企业 10 家，年生产香梨内包装 6000 万套以上，实现了自给自足并大量外销，形成了环塔里木盆地千万亩特色林果基地集储藏保鲜、包装、物流为一体的集散中心。

目前我国约有 121 家物流公司，较为知名物流公司有顺丰、德邦、京东、EMS 等。其中，顺丰物流运输及配送速度较快、服务质量相对较好，疆外陆运发货均价约为 4 元/公斤，疆内陆运 3 元/公斤。德邦物流性价比相对较高，疆外陆运发

货均价约为 3.5 元/公斤，疆内陆运 2.8 元/公斤。但是由于香梨属于生鲜水果的特殊性，绝大部分物流公司承诺包丢不包损且物流运费也实时变动，且在业务高峰期不能保障时效性。

9.1.5　结语

近些年，随着库尔勒香梨优势特色产业集群等项目的深入推进，库尔勒香梨品牌效益日益提升，品牌带动效益明显。基于扎根理论，本文构建了一个政府、协会、龙头企业和农户多方共同演化的分析框架，旨在分析库尔勒香梨区域公用品牌建设各主体的经验做法，探究库尔勒香梨区域公用品牌建设具体路径，以期为其他类似地区农产品品牌化路径提供借鉴和参考。

研究发现，通过政府的统筹规划和政策规制、香梨协会的组织运营和市场规范以及龙头企业的引领带动与农户的积极配合，库尔勒香梨实现了品牌、市场、产业和社会等多方面的良好效益。但是同时库尔勒香梨区域公用品牌在建设过程中也存在利益联结机制尚不完善，市场风险大；地域特征显现不够突出，品牌宣传方式有待更新；资源要素投入不够，社会化服务体系不健全等问题。

9.2　"库尔勒香梨"案例分析

9.2.1　品牌建设经验

库尔勒香梨原产新疆，为古老的地方品种，具有极强的地域性，为瀚海梨（新疆梨的原始种）与鸭梨的自然杂交种，其栽培历史距今已有 1300 余年，是新疆原产的优质特色品种，且以库尔勒市行政区域为主产区，栽种面积最大、品质最优。库尔勒香梨因具有味甜爽滑、香气浓郁、皮薄肉细、酥脆爽口、汁多渣少、耐久贮藏、营养丰富等特点，被誉为"梨中珍品""果中王子"。库尔勒市因盛产驰名中外的"库尔勒香梨"，由此得名"梨城"。库尔勒香梨是当地农业增效、农民增收的重要渠道，品牌带动效益明显，仅库尔勒香梨一项收入就占农牧民人均纯收入的 30% 以上。随着库尔勒香梨优势特色产业集群等项目的深入推进，库尔勒香梨品牌效益日益提升。"库尔勒香梨"区域公用品牌价值从 2018 年的 98.88 亿元，跃升至 2023 年的 171.28 亿元，连续 6 年在梨类中排名第一。

基于扎根理论，本文构建了一个政府、协会、龙头企业和农户多方共同演化的分析框架，旨在分析库尔勒香梨区域公用品牌建设的经验做法，以期为其他类似地区农产品品牌化路径提供借鉴和参考。

9.2.2 研究设计

9.2.2.1 方法选择和思路设计

扎根理论是著名社会学家 Glaser 和 Strauss 于 1967 年在共同出版的《扎根理论的发现：质性研究策略》一书当中提出的经典质性研究方法。该方法以问题为导向，通过开放式编码、主轴编码和选择性编码对资料进行分析，旨在从原始资料和实际观察中总结归纳，提炼概念，进而归纳出理论框架。

9.2.2.2 数据收集

原始资料的获取主要通过深度访谈记录一手资料和多渠道收集二手资料（见表 9-1）。

表 9-1　案例资料来源和收集方法

资料类型	资料来源	资料获取方法和主题
一手资料	对当地政府、香梨协会进行深度访谈，对生产经营主体进行参与式观察和半结构化访谈	分别对库尔勒市政府部门人员、产业园区梨产业办部门人员农户和企业主进行访谈
	其他	电话访谈、邮件沟通，参观种植基地等
二手资料	公开网络资料、年度总结报告、研究论文、新闻报道等	通过网络搜集库尔勒香梨相关政策文件、新闻报道、学术研究等资料

（1）一手资料的获取。

一手资料的获取分为三个阶段：第一阶段是针对库尔勒各级政府、库尔勒香梨协会的深度访谈。主要目的是全面了解库尔勒香梨生产、种植、品牌建设等相关情况，明确政府、协会、企业等利益主体在区域公用品牌建设中的角色与定位。第二阶段是针对种植大户、合作社负责人以及企业等生产经营主体的参与式观察与半结构化访谈。主要目的是识别、描述并验证生产经营主体情境、动因与品牌策略之间的关系。第三阶段是对访谈资料初步整理，通过电话回访、邮件沟通以及参观种植基地等方式，对第一阶段、第二阶段的访谈资料再次验证。第三阶段共计访谈 27 人，其中库尔勒各级政府工作人员 5 人，香梨协会工作人员 7 人，种植大户、合作社负责人以及企业总经理、员工 15 人。在经过受访者同意后，研究人员对访谈过程全程录音，最终本研究获得约 8.3 万字的访谈资料。

（2）二手资料的获取。

研究人员曾多次赴新疆库尔勒调研，通过库尔勒市政府、库尔勒香梨协会获取库尔勒香梨区域公用品牌运营的组织架构、经营模式、发展战略等文档资料，共计 3 万字。此外，为了更加全面地了解库尔勒香梨区域公用品牌相关情况，研究人员还通过网络获取库尔勒香梨相关政策文件、官方新闻报道、学术研究论文等 20 多篇。通过上述不同类型的资料来源互相补充、形成三角验证，共同支持数据资料的分析与理论构建，在最大程度上保障案例研究结论的可靠性和准确度。

9.2.3 统计分析及采用的方法

9.2.3.1 开放式编码

开放性编码是将整体化、长篇幅原始资料的拆分进行碎片化处理，将成段或长句的资料进行关键词提取和归纳，从中发现初始概念；然后按照资料原本出现的形态进行比较、分析，在初步概念化的基础上继续进行归纳、界定发现范畴，完成对资料的收敛分析。

政府在农产品区域公用品牌工作中承担领导和主持角色，对与政府管理人员相关的内容进行概念化和范畴化处理，共得到 21 个概念，提炼为 6 个范畴，包括政策支持、发展规划、宣传推广等（见表 9-2）。

表 9-2　政府主体行为范畴化处理

典例应用	概念化	初始范畴
库尔勒香梨香气浓郁、皮薄肉细、酥脆爽口、汁多渣少、色泽翠绿悦目等特性（A-1-15）	色泽风味	产品属性
特性富含葡萄糖、果酸、铁、维生素等成分，营养价值高	营养成分	
坚持市场导向，补齐发展短板，延长产业链条，做大做强库尔勒香梨区域公用品牌（A-5-7）	延长产业链	产业布局
推动文化、旅游、产业深度融合（A-2-17）	文旅融合	
引进了 3 家香梨精深加工企业，推出了香梨膏、香梨含片等多种产品（A-4-23）	开发新产品	
梨园一旦受灾每亩地最低可以获得保险赔付金额 850 元，最高为 1700 元（A-1-14）	受灾补贴	政策支持
加大财政投入力度，从上年开始，县财政每年挤出 3000 万元，设立农业发展基金（A-2-30）	财政投入	
出台了基地扶持、电商扶持、物流补贴等政策（A-3-30）	政策激励	
编制了《巴音郭楞蒙古自治州库尔勒香梨产业高质量发展促进条例》《库尔勒香梨产业发展十四五规划》等规范性文件，实现了高点起步（A-3-25）	引领文件	发展规划

典例应用	概念化	初始范畴
有了技术员的帮助,农户学会了科学种植,香梨的品质越来越好,收入一年比一年高(A-2-19)	技术服务	服务指导
在建园的时候进行修路、打井等,完善种植活动的基础设施(A-1-25)	基础设施服务	
鼓励和支持库尔勒香梨生产经营主体参加专业知识和技能培训(A-3-25)	技术培训	
举办香梨文化旅游节(A-4-49)	举办文化节	宣传推广
参加农业农村部、商务部以及新疆人民政府组织的展销大会,品牌推广到景区(A-5-13)	参加展销大会	
每年进行库尔勒香梨品牌推介系列活动(A-2-46)	举办活动	
线上抖音、天猫,东方臻选直播,协会会长做主播(A-1-17)	线上推广	

家庭农场、合作社和企业都是库尔勒香梨的生产者和提供者,同时也是区域公用品牌的使用者,都直接决定着品牌提供的梨果产品的安全与质量,也都具有通过品牌化建设获得更高经济效益的共同利益诉求。对搜集到的数据和资料中与市场主体相关的内容进行了资料提取与概念化和范畴化处理,共提取 15 个概念,提炼出 9 个范畴,其中包括市场定位、市场需求、品牌溢价等(见表9-3)。

表 9-3 梨果生产经营主体行为范畴处理

典例应用	概念化	初始范畴
主要面向梨果中高端市场(B-6-32)	中高端市场	市场定位
乐意使用"库尔勒香梨"品牌进行销售(B-2-15)	农户使用意愿	品牌认同
这里香梨的果型、甜度都非常不错,各地消费者对库尔勒香梨情有独钟(B-11-28)	消费者认同	市场认可
与全国各地的梨相比较,库尔勒香梨优点很突出,这几年疆外市场越来越大(B-1-19)	疆外市场	市场空间
库尔勒香梨作为新疆特色水果已成为消费者节日备货的热门水果。特别是近期市场需求旺盛(B-11-28)	需求旺盛	市场需求
现在库尔勒香梨的市场份额越来越高了(B-13-25)	市场份额	市场占有率
协会及各个种植产地通过感官、理化和安全三个指标,将 90~150 克的香梨分为 A、B、C 三个等级(B-12-34)	产品分级	分等分级
根据不同的果品等级采用不同的包装(B-3-29)	包装分级	
最优质的香梨是供出口的,A 级果主要销往广州、北京等大型超市,B 级果主要销往郑州、石家庄这样的省会中等城市,C 级果……(C-14-26)	销售分级	
自己的农产品打上库尔勒香梨区域公用品牌标签能获取更高收益(B-11-5)	收益提高	品牌溢价
抓住良好发展机遇,积极拓展香梨线上线下市场(B-4-34)	拓展市场	市场开拓

香梨协会充当着政府与农户、企业等生产经营主体的沟通与联系的桥梁，在政府的授权与扶持下具体负责香梨区域公用品牌的组织运营。对搜集到的数据和资料中与香梨协会相关的内容进行了资料提取与概念化和范畴化处理，共提取17个概念，提炼出6个范畴，其中既包括生产规范、规模种植，又包括发展规划等（见表9-4）。

表9-4 香梨协会行为范畴处理

典例应用	概念化	初始范畴
鼓励和支持库尔勒香梨生产经营主体采取直采直销、连锁经营、冷链物流、电子商务等，拓宽销售渠道（C-1-12）	多渠道运营	聚道建设
控制施肥、用药、残留、优化栽培技术（C-4-16）	控制要素投入	质量监管
在里面输入产品的种植、采摘和化肥农药的使用情况等信息以及主体等（C-6-51）	生产规范	
每批销售的产品均进行交收检验，合格方可入库（C-3-10）	交收检验	
为了维护库尔勒香梨的品质，州市两级政府联合相关部门，严格控制采摘时间（C-7-38）	控制采青	
从2016年开始采用多种方式全国持续打假400多起，源头控盘。多重保护我们的品牌（C-5-27）	持续打假	严防假冒伪劣
防伪追溯技术在保障香梨质量安全方面的应用已逐渐普及，越来越多的香梨有了"身份证"（C-3-52）	防伪追溯	防伪追溯
每年我们都会确定今年的收购指导价，给农户一个参考	发布指导价	价格指导
大力推动果园标准化、精细化管理，采用水肥一体化滴灌技术（C-7-40）	水肥一体化	统一标准化
从规范包装入手，各个产区种植的香梨全部打上"库尔勒香梨"的品牌标识，选择唯一印刷厂印刷包装（C-1-33）	规范包装	
这些政策措施、标准、规范、法规的出台有力促进了库尔勒香梨种植管理先进技术推广，持续提升香梨标准化生产水平（C-1-29）	标准化生产	
积极稳妥推进土地流转和适度规模经营，促进香梨产业化发展，提高优质果率（C-3-7）	规模化经营	

9.2.3.2 主轴式编码

主轴性编码是通过对开放编码的资料重新整合，在开放性编码之后属于二级编码。在这个阶段之后，会对从口语中提炼出来的初始概念分类聚集，分析编码，与此同时，对初始资料进行反复翻阅，以更准确地界定所使用概念的维度和性质。发现和建立各个范畴之间的联系，然后把这些初始概念汇总概括出11个主范畴，分为是：资源禀赋、统筹规划、政策规制、组织运营、市场规范、引领带动、农户行为、品牌价值、市场效益、社会效益、产业效益（见表9-5）。

表 9-5　主轴编码形成的主范畴

编号	主范畴	初始范畴
1	资源禀赋	自然资源、历史人文、产品属性
2	统筹规划	政策支持、发展规划、产业布局、营销推广
3	政策规制	违规处罚、违规整治
4	组织运营	统一标准化、搭建平台、服务指导、渠道建设
5	市场规范	严防假冒伪劣、价格指导、质量监管、分等分级
6	引领带动	市场开拓、市场定位、龙头企业示范
7	农户行为	科学种植、品牌认同
8	品牌价值	品牌知名度、品牌美誉度、品牌溢价
9	市场效益	市场空间大、市场需求高、市场占有率高
10	社会效益	增收致富、文旅融合
11	产业效益	规模扩大、产值提高

9.2.3.3　选择式编码

选择性编码是从开放式编码阶段与主轴编码阶段整理出的所有概念、范畴中发掘核心范畴的过程。核心范畴要能够将所有概念、范畴和主范畴概括在内，能够充分、系统地解释其他范畴，将这些范畴联结起来，并以"故事线"的方式描绘出范畴之间的关系，从而构建出理论框架。

本文主要探讨案例农产品区域公用品牌成功的原因——它们在建设过程中，政府、协会、企业、农户是如何作为的、怎样协调的、在体制机制上是怎样做的，与消费者行为是否有直接关系。根据范畴和主范畴的内涵对它们之间的联结关系进行了考察，通过不断地检验分析，发现可以用 6 个核心范畴来统领库尔勒香梨品牌效益提升的各个范畴，分别是：资源禀赋、政府行为、协会行为、企业行为、农户行为和品牌建设效益（见表 9-6）。其中，资源禀赋是库尔勒香梨品牌建设效益的基础，为品牌发展提供资源保障；政府作为农产品区域公用品牌的建设和推动者，是提升品牌建设绩效的外在驱动力；企业和农户作为农产品区域公用品牌的建设主体，是提升品牌建设绩效的内在驱动力；行业协会作为农产品区域公用品牌建设的重要参与者，是品牌建设绩效的中介力量。由此，通过对范畴之间关系和基本逻辑的梳理与分析，得到库尔勒香梨品牌成功的内在机制和理论模型。

表 9-6　选择式编码

编号	核心范畴	主范畴
1	资源禀赋	资源禀赋
2	政府行为	统筹规划、政策规制

续表

编号	核心范畴	主范畴
3	协会行为	组织运营、市场规范
4	企业行为	引领带动
5	农户行为	积极配合
6	品牌建设绩效	品牌效益、市场效益、社会效益、产业效益

9.2.3.4 理论饱和度检验

在对上述访谈的三级编码成功之后，最后还要对理论模型进行饱和度检验。扎根理论中饱和度的检验原则是指在原始资料语句中不再产生新的范畴且无法归纳出新的关系。三级编码的完成，还需要编码之外的样本材料进行检验测试，这就说明编码任务并没有就此完成。通过对新样本的资料进行拆解、分析、构建来对已形成的逻辑框架进行补充验证，直到没有新概念的出现，那么编码所形成的框架理论比较合理，因为此时已经达到饱和的程度。若有新的概念出现，则需要一直重复此前过程，直到新的概念出现为止。经过对多主体的访谈资料进行分析整合最终得到11个主范畴和6个核心范畴。至此，对核心范畴所蕴含的逻辑关系有了更加清晰的认知。通过图表对三个阶段的编码内容进行总结（见表9-7）。

表9-7 理论饱和度检验

核心范畴	主范畴	初始范畴
资源禀赋	资源禀赋	自然资源、历史人文、产品属性
政府行为	统筹规划	政策支持、发展规划、产业布局、营销推广
	政策规制	违规处罚、违规整治
协会行为	组织运营	统一标准化、搭建平台、服务指导、渠道建设
	市场规范	打击假冒伪劣、价格指导、质量监管、分等分级
企业行为	引领带动	市场开拓、市场定位、龙头企业示范
农户行为	积极配合	科学种植、品牌认同、积极参与
品牌效益	品牌效益	品牌知名度、品牌美誉度、品牌溢价
	市场效益	市场空间大、市场需求高、市场占有率高
	社会效益	增收致富、文旅融合
	产业效益	规模扩大、产值提高

9.2.4 库尔勒香梨区域公用品牌的多元主体协同共建机制

图9-1中的模型展示了在库尔勒香梨区域公用品牌建设过程中政府、协会、

企业、农户的做法（分别采取了哪些措施），政府是怎样协同起来引领行业协会、龙头企业、农户参与农产品区域公用品牌建设的，以及通过这些努力和建设措施取得了哪些品牌建设成效。研究发现，通过政府的统筹规划和政策规制、香梨协会的组织运营和市场规范以及龙头企业的引领带动和农户的配合，库尔勒香梨实现了品牌、市场、产业和社会等多方面的良好效益。

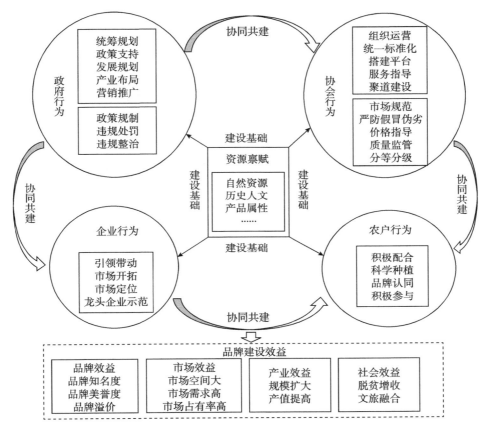

图 9-1 库尔勒香梨区域公用品牌建设机制及效应模型

9.2.4.1 政府统筹规划和政策规制

在库尔勒香梨区域公用品牌的建设中，政府是整个建设体系中的战略决策者，推动整个品牌的实施。库尔勒香梨区域公用品牌的产业化运作、财政补贴和土地流转等政策支持均需政府负责。库尔勒政府依托当地资源，找准农产品区域公用品牌建设方向，出台相应扶持政策，加大财政补贴力度，并优化产业布局，做出品牌发展规划，促进整个香梨产业的发展。同时，政府也出台相应的奖惩措施，引导香梨产业规范发展，让库尔勒香梨品牌在激烈的市场竞争中占有一席之地。区域品牌建设关键是建立品牌的知名度，库尔勒政府立足当地文化及生态环境优势，积极充分利用网络、电视、报纸等媒体来宣传推广库尔勒香梨区域品牌，塑造库尔勒香梨品牌形象，从而扩大库尔勒香梨品牌的知名度和美誉度。

9.2.4.2 协会组织运营和市场规范

协会是联系农户、市场、政府的桥梁和纽带，起到服务、咨询、沟通、监督的作用。库尔勒香梨区域公用品牌的组织运营、市场规范均由香梨协会承担。首先，香梨协会将分散的农户组织起来进行标准化生产，为协会会员搭建信息交易平台和销售渠道、提供技术培训、电商培训等服务，同时制定行业准入标准及产品质量标准体系等规范，如《库尔勒香梨地理标志证明商标管理规范》《巴音郭楞蒙古自治州库尔勒香梨协会团体标准》等，对加盟企业及个体会员进行严格、统一、规范的管理，确保产品质量能够保障区域品牌的有效可持续发展。

香梨协会同时还承担了规范市场环境的工作，对于行业内的有损区域品牌创建和维护的不正当行为进行管理，特别是对假冒伪劣行为的打击力度。自2016年起，香梨协会协助相关部门调查处理侵权、假冒案件400多起，规范了库尔勒香梨品牌产品市场，为库尔勒香梨区域公用品牌建设提供良好的市场环境。

9.2.4.3 龙头企业引领带动

龙头企业是农产品区域公用品牌建设的领头人和最大受益者。龙头企业作为区域品牌的引领主体，在库尔勒市政府强力扶持以及市场拉动作用下，以香梨为主的贮藏保鲜企业和营销企业得到迅猛发展，目前已经形成了新疆库尔勒香梨产业发展有限公司、新疆众力农产品有限责任公司、库尔勒金丰利冷藏有限公司、新疆源兴农业开发有限公司等一大批以香梨贮藏保鲜、营销为主的龙头企业。这些企业在库尔勒香梨区域公用品牌建设中充分发挥了"领头羊"作用，一方面，通过香梨品牌市场建设带动中小企业，吸引相关配套企业加入产业链中下游，使企业能够更好利用区域资源；另一方面，抓住良好发展机遇，"主攻"市场，做好香梨产品市场开拓和定位等工作，使企业品牌与区域公用品牌紧密相连，并借助库尔勒香梨区域公用品牌的力量发展企业品牌，提升企业品牌的可辨识度和消费者对品牌的认可程度，扩大自身的市场影响力。

9.2.4.4 农户的积极参与

农户是农产品区域公用品牌建设的基础。作为香梨产品的最初生产者，农户在当地政府政策的鼓励和引导下，积极参与香梨的种植，严格把控农产品质量，具有良好品牌意识和品牌认同感；同时，借助农业行业组织和龙头企业创造的条件和提供的农技帮助，农户积极改良品种，学习新技术，实现香梨的科学化、标准化种植，为库尔勒香梨区域公用品牌的建设提供产品质量保障。

9.2.5 库尔勒香梨品牌建设中存在的问题

9.2.5.1 利益联结机制尚不完善，市场风险大

库尔勒香梨产业的龙头企业和各经销企业虽与广大生产者存在利益联系，但

尚未形成利益共同体，国内外市场尚不成熟，生产和销售受国内外市场波动影响较大，经营和竞争尚存在无序和随意性。大批从事库尔勒香梨种植的果农处于生产经营链的上游，获取的市场信息失真或信息传递受阻的情况时有发生，遇到市场波动，订单的履约率不高，常常严重损害了果农的利益。

9.2.5.2　地域特征显现不够突出，品牌宣传方式有待更新

库尔勒香梨产地是古丝绸之路所在地，其独特的历史文化韵味没有得到有效传达。悠久的历史文化以及传奇故事仿若被蒙上了一层薄纱，不论是历久弥香的历史韵味还是形象鲜明的主人公都不见其身，被封存在这个小城里，库尔勒急需一个契机重新焕发生机。库尔勒香梨沁人心脾的香味恰好与其匹配，但是在库尔勒香梨品牌宣传中，缺少文化资源的融入，没有把库尔勒香梨区别于其他种梨果的差异性展现出来，品牌形象鲜明度不够。此外，库尔勒香梨宣传方式较为单一陈旧，通过推介会、展览活动等传统方式将库尔勒香梨推向市场，受众群体涉及面较窄，不利于产品曝光。特别是在这个新媒体时代，库尔勒香梨对新时代新兴的现代化品牌宣传方式敏感度较弱，没有组织性的网络直播，带动力度较弱，取得的成效收益不具备长远性，对消费者的消费需求、情感价值需求定位不够精准，没能抓住痛点，引发共鸣程度较低。

9.2.5.3　资源要素投入不够，社会化服务体系不健全

库尔勒香梨产业发展至今，已经建立了较为成熟的产业，在库尔勒香梨产业转型升级过程中，产品创新与技术创新投入不足，包括对库尔勒香梨新品种的研发投入、生产经营中的信息化资源投入以及品牌打造过程中的品牌营销投入等。库尔勒香梨作为水果类产业，差异化程度较小，消费者对于果类替代品可选择的可能性较多，真正意义上实现高顾客忠诚度的水果很少。同时，香梨社会化服务体系不健全，没有向区域性、互助性、联合性转型发展，在香梨新品种研发、标准化生产、果品分类定等、贮藏保鲜技术、品牌培育保护、产品质量认证、外销市场开拓、产业链延伸等环节上，社会化服务意识不强，未建立利益共享、风险共担的互助合作服务体系，面对自然风险和市场风险无措应对、无章可循，致使香梨种植户在生产、贮存、销售等环节存在决策的盲目性，使广大果农抵御风险的能力不足，直接导致香梨产业发展受阻。

9.2.6　对策建议

9.2.6.1　加大培植龙头企业，实行库尔勒香梨产业化发展

积极促成跨行业专业组织出现把分散的果农组成农工贸一体化联盟组织，来解决不断加剧的大市场与小生产的矛盾。为了进一步提升库尔勒香梨品牌影响力和市场竞争力，培育集香梨生产、保鲜、包装、加工、销售于一体的龙头企业集

团，充分发挥龙头企业在加快推进库尔勒香梨标准化生产和管理体系建设方面的作用，以公司化的管理模式构筑集批发交易、分类选拣、贮藏保鲜、精深加工、包装配送在内的新型市场体系，研发新的香梨精深加工产品，延长香梨产业链，促进库尔勒香梨产业化发展，减少市场风险。

9.2.6.2 抓住区域品牌特点，加大品牌营销

品牌文化是品牌的灵魂与核心，也是使成熟品牌更具有持久生命力和市场优势的制胜法宝。一方面，库尔勒香梨拥有悠久的种植历史和独特的文化底蕴，追溯库尔勒香梨文化渊源，在品牌建设过程中体现区域个性化差异，彰显区域特色，体现区域优势，以区域发展需要为纲，以政府、农业行业组织、龙头企业和农户为建设主体，集中区域优势资源，凸显品牌的独特性。另一方面，全方位提升品牌宣传深度和广度，加强品牌宣传管理，提高品牌知名度，打开产品销路，实现品牌快速推广。

9.2.6.3 加大政府扶持力度，强化社会化服务体系建设

加大政府扶持力度，制定落实香梨产业扶持政策。进一步加强香梨产业公共服务体系建设，充分发挥政府部门、高校、科研机构等公共部门在社会化服务体系中的作用，大力支持香梨协会构建完善的组织机构，扩大并延伸功能，渗透到香梨的生产、贮藏、加工和销售多个领域；培育扶持香梨专业合作社和家庭农场，引导更多的果农参加合作组织，推进合作社上规模、上水平，促进社员技术互助、信息交流、果品营销和品牌创建等，实现从无序生产到有序经营、从追求产品数量到追求质量、从小农分散生产到规模化集中生产的转变。

9.3 "库尔勒香梨"调研日志

调研时间：2023 年 9 月 14~16 日
调研地点：新疆库尔勒市
调研人员：耿献辉、李小宁、李烨

2023 年 9 月 14 日

1. 基本情况

（1）调研内容：了解库尔勒香梨的生长环境，实地调研库尔勒香梨的种植、管理及病虫害防治过程以及梨园的相应基础设施和种植优化过程。

（2）库尔勒香梨的生长环境：首先，新疆土地辽阔，适宜规模化种植与生产，

吸引了大批内地农场主入驻新疆，加入库尔勒香梨的种植队伍。其次，新疆昼夜温差大，日照时间充足。最后，新疆土地虽然呈现盐碱性和沙土地，但是沙土地种植由于沙土之间缝隙较大，有利于梨树根部呼吸，而且新疆气候条件，梨树树冠生长不宜过大，有利于梨树结果。

（3）梨园情况概括：主要分为老式梨园和新式梨园。首先，大部分梨园采用嫁接形式产果。同时库尔勒林草局大力提倡激励农民提高土壤有机质含量，使用有机肥。由于化肥农药的不规范使用，梨树的枝枯病是近几年导致库尔勒香梨减产的重要原因。其次，受气候影响，2022 年的霜冻导致库尔勒香梨今年的果实呈现冻花现象，出现大批量的次等果，经销商压低次等果价格。最后，即使库尔勒当地林草局制定了相关种植标准化规范和地方法律法规，但是，农户落实情况不到位。由于市场化因素，很多经销商倾向于选择自行管理种植果园，导致了大面积违规，滥用农药化肥现象严重。

（4）农机具：由于梨的果型不一，难以实现机械化分拣，目前梨园大部分是人工修剪枝叶与分拣，人工成本较大。已有数字化机器人进入重点梨园内，实现实时监控。

（5）灌溉方式：大水漫灌、水肥一体化滴灌和天山雪水漫灌。

（6）施肥方式：有机肥和农作物化肥。

（7）储藏情况：有冷库，现在完全可以做到季产年销。

（8）销售情况：受气候影响较大。

（9）销售价格：4~5 元/公斤，受天气影响和市场波动制约，收购价格波动较大，且没有政府补贴。

2. 品牌管理

（1）产品质量。大力推广玉露香、新梨 11 号等优质新品种，鼓励种植农户使用有机肥增加土壤有机质含量，减少枝枯病等严重病虫害问题。

（2）品牌推广。综合运用线上线下组合拳推广模式，线上与京东、淘宝、小红书、抖音等头部电商平台或者关键意见领袖及头部主播合作，实现库尔勒香梨的重复推广与定期复盘；线下与经销商签订长期订购合同，同时联合公安部门对假冒伪劣产品线下打假，与律师等司法机构进行维权与知识产权保护。

（3）政府引导。以三产融合为目标，举行库尔勒香梨节、库尔勒香梨姑娘、库尔勒香梨旅游采摘、库尔勒香梨文创产品等。另外，大力实施农技推广服务和农业社会化服务模式，引导家庭农场主、农村合作社、种植大户和龙头企业参与相关梨业提质增效大会，重点解决问题农场的关键问题，发挥能人效应，加强生产主体与研发主体的强链接关系。

（4）行业协会。行业协会制定统一的种植规范标准，同时为会员企业提供相应的品牌规范服务，利用数字化服务招商引资，对接内地资本化经销商和龙头企业，大力推广库尔勒香梨的影响深度和广度。

（5）龙头企业。以品牌高端化为破局目标，对接高端市场，推进品牌溢价和母子品牌的关系。

3. 存在的问题

（1）数字化转型程度较低，仍大面积进行人工分选与采摘。

（2）制定的标准难以实施，市场化因素波动大难以调控，政府部门间协同性较低，梨业属于林业和草原局不属于农业农村局，农业的相关补贴梨产业享受不到，梨果树的森林化种植政策难以在实际中实现与发展。

2023 年 9 月 15 日

调研内容：品牌管理和使用主体访谈。

政府（库尔勒市前农业农村局局长）、协会（库尔勒香梨协会会长）、企业（库尔勒香梨产业发展有限公司、新疆众力）、家庭农场主。

政府——库尔勒市前农业农村局张局长

1. 库尔勒香梨的发展历史和现状

自 2000 年以来，种植规模快速扩大，产业链也迅速扩展延伸，香梨生产基地初具规模，已成为新疆巴音郭楞蒙古自治州四大林果生产基地之一。截至 2022 年，全市香梨种植面积 41.2 万亩，结果面积 35.02 万亩，其中集体果园 17.2 万亩，国有土地果园 23.8 万亩，香梨种植总户数 2.2 万户，其中种植面积 50 亩以上的种植大户有 1040 户，种植积达 9.4 万亩。林果专业合作社 182 家、家庭农场 15 家、精深加工企业 3 家。

2. 政府在库尔勒香梨品牌建设中承担的工作

专项资金支持、建立科技示范园、电商扶持，主导溯源体系建设、水肥一体化建设、引进新品种，提整梨产业结构等。

3. 品牌建设和管理措施

2018 年开始重视品牌建设，政府主导推广孔雀河畔等企业品牌，出资 200 万元与百果园、京东等建立推广协议。每年政府出资参加品牌营销会议、农产品展销会。文旅融合，举办丰收节等。

协会——库尔勒香梨协会盛会长

1. 协会在品牌建设中承担的角色

申请库尔勒香梨地理标志品牌，负责库尔勒香梨区域公用品牌授权，建立大数据生产监控平台和交易平台，管理库尔勒香梨地理标志品牌的申请使用，打击假冒伪劣产品，打造库尔勒香梨追溯平台，普及溯源码的使用。

2. 品牌建设和管理措施

对1162个品牌实行会员制管理，建立库尔勒香梨品牌团体标准和管理办法，监督不合规的品牌冒用问题，采用多种手段打击假冒产品。对产品包装的商标标识、编号等进行统一规定。通过线上抖音等网络平台直播以及线下的方式对品牌进行宣传，电商扶持补贴等。

3. 品牌管理中遇到的问题

第一，品牌有知名度，但是美誉度和忠诚度尚未做起来，1176个品牌只有76个品牌形成重复购买。第二，知识产权认识度太低，打假成本高。跨区域打假难度高，诉讼费用高。第三，品牌推广成效不高。政府重种植，轻品牌。在品牌推广建设中的支持力度不足。

图9-2　库尔勒香梨所获荣誉

企业——库尔勒香梨产业发展有限公司李总

1. 公司香梨种植、管理和销售概况

流转土地 8.3 万亩，进行库尔勒香梨的传统种植，主要供货给批发商，供货渠道不稳定，主要销往北京、浙江、广东。

2. 公司产品核心竞争力

第一，政府背书，公司品牌孔雀河畔政府注册。第二，规模化种植，标准化管理，产业化运营，产品供应稳定，质量有保障。第三，引进了国内最先进的品控风险线，实行数字化品控管理。

3. 品牌定位与管理

孔雀河畔定位为中高端市场，根据不同的规格分级包装，产品可溯源。

4. 存在的问题

品牌单一，市场占有率低，公司初成立，旗下目前只有孔雀河畔一个品牌；创名牌意识弱，没有形成高端知名品牌；自然灾害频发，自然灾害对香梨产业的影响非常严重，直接影响其产量、品质和经济效益。

企业——新疆众力农产品有限责任公司董女士

序号	标准	等级	规格	毛重(kg)	净重(kg)	零售价(不含税)	备注
			2023年新疆库尔勒香梨产业发展有限公司香梨销售基准价格体系				
1	精品标准	旗舰	140g-160g	3kg	15粒	298.0	带礼盒装
2		至尊	120g-140g	3kg	15粒	198.0	带礼盒装
3	精品标准	旗舰	140g-160g	3kg	16粒	168.0	
4		至尊	120g-140g	3kg	16粒	128.0	
5	普通标准	一帆风顺	140g-160g	3kg	2.5kg	75.80	
6				5kg	4.2kg	106.80	
7				7kg	5.8kg	142.80	
8		双喜临门	120g-140g	3kg	2.5kg	72.80	
9				5kg	4.2kg	104.80	
10				7kg	5.8kg	140.80	
11		三羊开泰	160g-180g	3kg	2.5kg	74.80	
12				5kg	4.2kg	104.80	
13				7kg	5.8kg	140.80	
14		四季平安	100g-120g	3kg	2.5kg	55.80	
15				5kg	4.2kg	75.80	
16				7kg	5.8kg	101.80	
17		五谷丰登	180g以上	3kg	2.5kg	77.80	
18				5kg	4.2kg	111.80	
19				7kg	5.8kg	149.80	
20	负特	负特	100g-160g	3kg	2.5kg	29.90	引流款
21		负特(优)	160g以上	3kg	2.5kg	34.90	引流款
22	二级梨	二级梨	80g-100g	3kg	2.5kg	33.80	
23	雪吻梨(底部雪吻)		100g以上	3kg	2.5kg	35.90	通箱装
24	雪吻梨(果面雪吻)		100g以上	3kg	2.5kg	35.90	

图 9-3 库尔勒香梨销售基准价格体系图

1. 近五年梨的储存、管理和销售状况

包括生产规模、加工模式、管理模式、品牌建设和销售市场等。

2. 生产经营中遇到的困难

成本太高。储存成本、包装成本、运输成本、两次筛选且纯人工挑选，工人工资高。

3. 质量管理

进行成分检测和产品分级，目前产品大致分为五个等级。

农户——家庭农场主

1. 种植生产情况

种植经验 20 年，种植规模 240 亩，年产量 350 吨左右。主要种植品种为库尔勒香梨，价格为 2.5~5 元/斤，品质好的梨售卖价格在 5 元/斤左右。

2. 生产经营中遇到的问题

第一，供应商不稳定，受到梨果质量影响。第二，价格波动大，梨果质量和价格受气候影响，霜冻梨价格要下降 1~2 元。第三，种植成本高，农药化肥成本、浇水成本、电费、地下水资源费等。第四，产销不对等。价格完全由收购商决定，农户完全处于被动地位。

3. 品牌使用情况

使用库尔勒香梨区域公共品牌，不使用的话根本卖不出去，没有创立自己的品牌。

2023 年 9 月 16 日

开会讨论调研情况，探讨库尔勒香梨品牌建设的问题，搭建库尔勒香梨案例分析框架；确定案例分工，制定案例撰写计划和进度安排。

返程。

1. 调研总结

主要问题概括：

（1）库尔勒香梨品牌的宣传力度不够，重种植、轻宣传。

（2）信息溯源普及率低，仅 20% 左右品质差异较大。

（3）广大果农的思想观念没有彻底转变，仍然存在重产量、轻质量的现象。

（4）果品采摘销售分级不规范。虽有果品分级标准，但绝大多数果品混级采摘销售，没有做到优质优价。

（5）产品包装的分等分级杂乱，缺少小包装、礼品盒、精品包装，与批发市场、超市、卖店等多元化的需求不相适应。

2. 品牌建设

库尔勒香梨的品牌知名度较高，但是品牌的影响力、美誉度和忠诚度有待提高。

3. 品牌管理

政府端的管理缺乏，且管理模式单一。

4. 对策建议

（1）加大宣传力度，采取线上线下组合模式。

（2）提高信息溯源普及率。

（3）加快农技推广服务模式创新，转变农户小农思想。

（4）规范产业流程，提高果品销售规范。

10 阳信鸭梨^①

10.1 小鸭梨、大品牌、强产业：阳信鸭梨区域公用品牌建设

10.1.1 引言

产业兴则农村兴，农村兴则国家旺。2023年4月19日，山东"阳信鸭梨"登上新华网推出的大型融媒体报道《乡味》，拥有悠久历史的"中国鸭梨之乡"再次出现在人们的视野。鸭梨种植历史已有千年之久的"鸭梨之乡"在今天依然焕发着勃勃生机。

阳信鸭梨品牌建设成就斐然，曾先后被国务院发展研究中心、中国经济林协会授予"中国鸭梨之乡"称号；荣获中国农业博览会金奖、国家绿色食品A级认证、原产地地理标志证明商标、山东省名牌农产品等金字招牌。它还位列中国著名农产品区域公用品牌百强，并荣获2019年全国绿色农业十佳果品地标品牌。2021年被评为"山东地标名片"和"山东地理标志优质产品"，进一步彰显行业内的卓越地位。

阳信鸭梨之所以能够保持经久不衰，其成功秘诀值得深究。阳信县是如何在激烈的市场竞争中站得稳、立得住，形成自己独特的优势？数十年来，如何保持卓越品质，实现集梨果生产、产品深加工、文旅观光于一体，三产融合的产业体系？又是如何处理品种更新替换与老梨园保护之间的矛盾？这一系列问题将引导我们深入探寻阳信鸭梨的品牌发展之路。

---

　　① 本案例由南京农业大学经济管理学院副教授王艳及研究生姜曼婷、张嵘浩、潘超根据调研材料共同撰写。

10.1.2 阳信鸭梨的品牌发展

阳信鸭梨，外形呈倒卵形，因梨梗基部突起状似鸭头而得名，外形美观、色泽金黄。阳信鸭梨有超过 1300 年的栽培历史，始于隋唐，盛于明清。在唐朝初期，土生梨种就进入人工栽培，宋末明初开始园林生产和商品经营，并初具规模，明永乐年间"所栽梨树块块成行，果实累累，四方闻名"。清末民初，已有人"打洋梨"，指将阳信鸭梨肩挑车推送往登州（烟台）码头，然后送往东南亚一带。

郭家村本是阳信县的一个村，1985 年，该村选送的鸭梨参加农业部优质水果比赛，一举夺魁，获得金奖，从此阳信鸭梨声名鹊起，彼时经县政府研究决定，郭家村更名为"梨园郭"。1996 年，阳信县被中国国务院发展研究中心等单位联合命名为"中国鸭梨之乡"。

随着当地梨产业聚集，鸭梨种植技术以及产品口碑的不断积累，阳信鸭梨这一区域公用品牌应运而生。2006 年，"阳信鸭梨"地理标志证明商标获准注册，这也意味着"阳信鸭梨"作为区域公用品牌正式诞生；2013 年，阳信鸭梨获农业部地标产品证书；在 2014 中国农产品区域公用品牌价值评估中，"阳信鸭梨"品牌价值为 26.60 亿元，梨类排名第一；2016 年 9 月，阳信鸭梨通过中国森林认证管理委员会认证，成为国内梨系列唯一获此认证的产品，这标志着阳信鸭梨获得出口欧盟等 43 个国家自营出口权利，阳信鸭梨的知名度进一步提升；2020 年 1 月，"阳信鸭梨"获 2019 年全国绿色农业十佳果品地标品牌；2021 年，阳信县组织参加了中国（阳信）梨产业品牌建设新闻发布会（济南）、中国（阳信）梨产业创新设计大赛颁奖典礼（济南），阳信鸭梨被评为首届"山东地标名片"和"山东地理标志优质产品"。

在阳信鸭梨数十年的发展中，当地始终重视品质管控，将质量置于首要位置。通过政府的质量跟踪，技术培训，有机肥推广，以及后期质量监管，阳信鸭梨保证了其优良品质，杜绝以次充好。在社会层面，通过企业、合作社与农户之间的生产合同，形成市场化的品质约束机制，同时通过对农资门市的管控，约束指导化肥农药使用，全方位打造梨果品质。

10.1.3 阳信县梨产业发展情况

10.1.3.1 梨果生产种植情况

阳信县位于山东省西北部，地理坐标位于北纬 37°，县域面积 793 平方公里。当地地貌类型属于黄河冲积平原，地形以微坡平地、缓岗和浅平洼地为主。阳信县属于季风性大陆气候，四季分明，历年年均气温 12.3℃，年均日照时数为 2704.2 小时，年均日照百分率为 65%，光照充足，果实成熟期昼夜温差大，在梨果生产方面具有得天独厚的自然地理条件，是优质果品生产核心区域。

阳信县现有梨栽培面积 10 余万亩，集中分布于金阳街道，零星分布于信城街道、河流镇、流坡坞镇、劳店镇等其他乡镇。总产量稳定在 20 万吨，其中鸭梨产量超过 14 万吨，约占梨果总产量的 70%，年度梨果总产值达 9 亿元。

阳信县具有重视技术创新的优良传统。20 世纪 50 年代，阳信镇梨园郭村人朱万祥担任本村梨树队负责人，带领阳信人民潜心研究鸭梨生产技术，历经 55 个春秋，打破了"桃三杏四梨五年"的历史定论，解决了梨树"大小年"问题，推出了"鸭梨 3 年结果，5 年丰产，8 年亩产超万斤"的新技术，使阳信鸭梨达到了高产稳产，实现了质的飞跃。其本人也由于在梨果生产技术方面的突出贡献而被授予"省农民科技状元"的称号。

如今，阳信县更加重视科研合作与技术创新，不断夯实技术基础，实现科技引领，依靠科技助推梨产业高质量发展。阳信县不断深化与中国农业科学院郑州果树所、山东省果树研究所合作，2021 年与中国农业科学院郑州果树研究所签订为期三年的战略合作协议，挂牌成立了中国农业科学院郑州果树研究所博士工作站，2019 年 6 月至今开展专题培训和技术指导 12 次，培训梨农 1200 余人，印发栽培技术规程、病虫害防治技术规程等 20000 余份覆盖阳信县 859 个村集体经济组织、重点培养 16 名本土专家和 9 家科技示范园。在县农业农村部门，先后实施鸭梨丰产高效科研项目十余项，推广应用鸭梨病虫害农药减量控制技术，年减少农药 30% 以上，节约成本近亿元，保证了果品安全。成功培育了富硒、sod 等功能鸭梨，2006 年，阳信富硒鸭梨获准认证。阳信鸭梨的科技贡献率达 95% 以上，科技成果转化率达 90% 以上。

积极引进新品种，优化品种结构。依据市场调查和种植大户意向调研，基于中国农科院郑州果树所、山东省果树研究所等科研基础，阳信县引进新品种红酥蜜、红酥宝、山农酥等进行示范推广。在阳信鸭梨品牌建立初期，鸭梨产量占阳信梨生产总量的 90%，但种植户在市场效益的驱使下，也在尝试扩大新品种的种植规模。目前，鸭梨的种植面积已经降低到总面积的 50%~60%，产量约占当地梨果总产量的 70%。阳信县先后引进早中晚熟品种 60 余个，经国内外知名专家评选，早酥梨、新梨七号、丰水梨、黄金梨等优良品种得到重点推广，发展面积达 15000 多亩。其他成规模面积种植的梨品种有秋月、黄冠、玉露香、中梨一号等品种，有品种权的有红酥蜜、红酥宝、山东酥。另有丑梨、鲜美、阿巴特等品种零星种植。

推行标准化生产。当地成立鸭梨研究所，构建了县乡村三级技术推广网络，编制发行《阳信鸭梨栽培技术规程》地方标准，大力推广阳信鸭梨标准化生产技术，建立阳信鸭梨国家农业标准化示范区 10000 亩，省、市级经济林标准化示范基地 20800 亩，绿色食品认证基地 35000 亩，2019 年以来建设密植省力化新型栽培高效示范园 720 亩，形成了适合当地现代梨园的栽培管理技术及园区管护模式。

推广新技术、新模式。与郑州果树研究所、国家梨产业技术体系泰安试验站合作，采取一村一策模式开展"飞机授粉"，全县完成无人机授粉 370.8 亩，实现平均亩节本 420 元。推广梨园生草、纺锤形树形、宽行密植、水肥一体化、农药减量等新技术 2 万余亩，经济、社会、生态效益显著。大力发展智慧果园，建立梨园防灾救灾监测网络，区域气象指标监测系统，通过专家判断病虫灾害情况。

老果园改造、提质增效。梨树老化会导致产量和品质的下降，当地按照"保老、建新、促长"的工作思路，积极推进老梨园提质增效。对于老梨树，当地政府通过下拨专项资金，用于老梨树的精细化管理，对百年以上的老梨园，给予每株每年 100 元的古树名木保护费。通过采用轻简化栽培管理技术，改良土壤、改良树型、减施化肥、减喷农药、减少用工、提高果品品质、提高果农收入，提高果业经济效益与果园生态效益，实现老梨园增产、提质增效。

10.1.3.2 梨果加工产业发展情况

近年来，阳信县依托 10 万亩优质鸭梨资源优势，大力推动发展梨深加工，提升了农产品的附加值，促进特色鸭梨产业发展。全县现有梨精深加工企业 5 家，年加工能力 4 万吨，主要产品为梨醋、醋饮、梨膏、梨酒、梨花茶等。

积极培育梨产业示范合作社和龙头企业，推动梨果加工产业发展。全县现有梨果种植、储藏、销售、加工等专业合作社 53 家，其中县级示范社 10 家、市级示范社 3 家、省级示范社 2 家；现有家庭农场 13 家，其中县级示范场 4 家、市级示范场 3 家。2020 年至今阳信县涉梨企业和合作社，获评市级示范社 1 家、获评省级示范社 1 家、高新技术企业 1 家、市级果业高标准示范园 4 家、市级重点龙头企业 1 家。

全县有涉梨企业 10 家，其中梨深加工企业 5 家，产值达 2 亿多元；梨初加工、贮藏保鲜企业 3 家；梨初加工、旅游企业 1 家；梨线上销售企业 1 家。全县拥有恒温库 186 座，储藏能力 12 万吨，增加产值 9600 多万元。2020 年扶持成立梨深加工企业 1 家，即唯美梨醋（山东）食品科技公司，一期产量 1000 吨梨醋。据唯美梨醋（山东）食品科技有限公司负责人张红霞介绍，唯美梨醋采取周期性生产方式，大约每 100 天为一个生产酿造周期，一个周期生产 350 吨左右，全年生产 1000 吨左右梨醋，预期年销售额可达 3000 万元。"梨果经过破碎，形成梨浆，梨浆经过 100 多天的发酵，糖分慢慢没有了，转化为梨酒，然后再经过制醋过程，加入醋酸菌，就可以转化为梨醋。"唯美梨醋所生产的梨园秋歌收藏款果醋、梨园秋歌旗舰款果醋在第十七届中国林产品交易会上获得金奖。

当地梨产业的发展，也为梨果的销售解决了后顾之忧。"上年我和村民种植的鸭梨一部分就地高价卖给了唯美梨醋，给我们带来了实惠"，金阳街道办事处梨园郭村"全省农村科普带头人"朱元华说。其种植的 30 余亩梨树，梨果年产高达10 万公斤，每年如何卖出去成为最大的心事，梨加工产业的发展，既帮助梨农缓解了销路的问题，又带动了当地经济的发展。

与电商平台合作，共同打造"阳信鸭梨"品牌。阳信县政府与京东签署了一项战略合作协议，共同打造电商供应链标准体系，致力于塑造"阳信鸭梨"为区域公用品牌，广泛传播其声誉。京东生鲜通过全方位整合资源，为整个品牌建立标准体系，实现产品的统一标准、标识、包装、宣传和销售，确立了清晰的品牌形象。京东还将站内外优势资源整合，通过 618、超级品牌日等大促活动以及七鲜超市等线下门店活动，形成线上线下多维度的品牌营销模式。这不仅扩大了品牌的知名度，还确保了阳信鸭梨在市场上的广泛认知。同时，京东还将建立阳信鸭梨的准入规则，精确保证市场上销售的鸭梨都是高质量的产品，从而进一步巩固了阳信精品鸭梨品牌的声誉。

京东通过打造可持续发展模式，与乡村产业带共同发展。从脱贫攻坚到乡村振兴，农业发展迎来新的转折点。此次京东生鲜与阳信政府的合作不仅解决了阳信鸭梨的生产和销售问题，更将电商培养成为当地农产品销售的重要方式。通过京东生鲜在地方产业带项目中的宣传推广，提升当地鸭梨产业的品牌知名度，助力当地农产品实现可持续发展。目前，区域公用品牌授权企业及合作社共有 17家，其中重点发展 5 家，1 家鲜果龙头企业阳信华星果菜有限公司，4 家深加工企业。

10.1.3.3　农旅融合发展情况

自 1990 年开始，阳信县每年都会在梨花盛开的季节举办梨花会，至今已经连续举办了 34 届。此外，自 2017 年开始，每年鸭梨采摘旺季当地都会举办梨王争霸赛，至 2022 年已经成功举办了 5 届。主产区金阳街道因其在休闲农业与乡村旅游方面的卓越表现，先后获得"全国休闲农业与乡村旅游示范点""第四批全国一村一品示范村镇""山东省旅游强乡镇""山东省旅游小镇""山东省农业旅游示范点""山东省自驾游示范点"等荣誉。

阳信县金阳街道不仅在梨产业上有着丰富的资源优势，而且近年来在推进乡村振兴战略中取得了显著成就。围绕农业及百年梨园的资源优势，金阳街道大力发展梨产业，并成功打造了一系列生态农业观光园区，其中包括百年梨园、王集采摘园等。通过推进现代农业与乡村旅游的有机融合，金阳街道在助力乡村振兴和可持续发展方面发挥了积极作用。

阳信县还在梨产业的推广中注重文化传承，设立了阳信县梨文化生态博物馆，成为山东省首家致力于展示梨文化、梨生态和梨产业的综合性博物馆。这一做法不仅将梨产业与文化相结合，还为阳信县树立了独特的产业品牌。

10.1.4 品牌建设情况

10.1.4.1 整合资源，多主体协同推进品牌创建、管理和运营

在阳信鸭梨的品牌建设过程中，政府、行业协会、龙头企业依托自身功能特点，在品牌建设中多方合作，实现品牌发展成果的共建共享。

政府引领，多方协同促进产业升级与品牌建设。政府通过进行质量跟踪、技术推广、有机肥替代、后期质量监管维持梨果品质，以合作社、农资门市为抓手，层层渗透，并且通过新品种的培育和引进，促进产品结构调整，实现品质升级。在品牌宣传、能人培训及技术推广方面，政府也是引领者和带头人。2020年政府培育梨高新技术企业一家，扶持成立梨加工企业1家，支持引领标准化果园建设，对标准化果园建设提供资金支持。

2020年由政府引导成立行业协会，目前，协会共有企业14~15家，成员60~70人。行业协会既是企业、合作社及农户之间技术交流、信息共享的平台，也是政策执行情况反馈，辅助政府决策的渠道。除协会外，当地还发挥党建的带头引领作用，由县委组织部牵头成立产业党建联盟，该组织相较于行业协会规模较小，但是包括种植、农资、有机肥场、深加工等20余家企业，定期进行会议沟通，反映梨生产销售需求，进行政策反馈。

在企业、合作社与农户之间，运用市场化手段进行品质约束，带动散户进行品质管理。企业和农户之间形成了相互促进的关系：在阳信的梨果收购商以本地企业为主，企业会事先与农户约定如何进行管理，以及品质达到怎样的标准才符合收购条件。在生产过程中，收购商也会到农户的果园里走一走，看一看，对农户提供需要的技术指导。从成本收益的角度来看，农户为提高品质所额外付出的成本约提高了10%，但收益却可以增加一倍以上，在效益的激励下，农户会自发地进行精细化管理以提高梨果品质。农户和企业之间的有效合作，弥补了政府监管能力的不足，在生产者多为合作社、家庭农场以及散户的背景下，以效益为切入点，通过企业和农户之间的相互促进，实现了品质保障。

自2022年以来设立的梨产业专项发展资金使用取得良好效果，成功孵化了一批优质项目。通过对标准梨园、新品种基地进行补贴，目前补贴实际到户的有11万元，有意向的乡镇做出方案计划后，申报项目提交政府审核，政府进行质控监管，荣誉类项目一般当年进行补贴，水肥、新建园等项目类三年连续达到标准，验收后进行补贴。项目补贴覆盖范围广泛，已经形成项目库，项目库保持动态管理，有进入和退出机制。

10.1.4.2 提升品质，倍增效益，全过程把控农产品质量安全

品质是阳信鸭梨的核心竞争力，阳信鸭梨的优秀品质，一方面来自当地自然

地理条件带来的天然优势，另一方面也来源于社会各方的共同建设。为了做好阳信鸭梨的质量管理，当地制定了《阳信鸭梨栽培技术标准》，规范农户种植。严格检测果品品质。全方位进行农资保障，做好用什么和怎么用的问题。质检科对化肥，农药等农资进行严格检查，从源头上控制用什么化肥农药，农资门市也会下地跟踪实际使用情况和需求，并针对化肥农药的使用进行培训和指导。得益于严格的农资管控与老百姓科学种植意识的提高，目前当地在农资使用上更加科学规范，梨果的品质得以保证，也实现了生态绿色发展。当地还对授权企业的果品品质进行定期的质量检测与质量跟踪，对达不到质量要求的，会取消品牌使用授权。

在专项扶持资金的基础上，阳信县大力推广水肥一体化，使用有机肥代替传统化肥，对使用有机肥的农户进行补贴。目前，对农户来说，使用有机肥与传统化肥的成本基本接近，但是效果却更好。此外，当地积极开展与科研机构的合作，推广先进技术和梨园管理经验，为品质的维持提供技术保障。

除了政府的大力推动外，市场自发形成的品质约束机制也起到了十分重要的作用。当地收购商（大多为当地企业），基于人际信任、与农户口头约束品质等级要求，化肥农药使用情况，区域联合生产保障农资供应与技术管理，实现品质的基本稳定，收购价格高 15%~20%，远远超过因品质提升而增加的成本。

10.1.4.3　注重声誉，打造口碑，全方位推广鸭梨品牌

阳信县依托万亩梨园，通过打造文旅融合项目，招徕游客观阳信梨花，品阳信鸭梨，尝阳信牛肉，累计吸引游客达 100 万人次。数字化手段的运用也为阳信鸭梨的推广提供了新思路，使其品牌影响力进一步扩大。

文旅融合活动推动产业发展。阳信县以万亩梨园为依托，打造了"梨花节""丰收节""梨王争霸赛"等文旅活动，吸引了大量游客。这些活动通过展示阳信梨花、品尝阳信鸭梨和阳信牛肉等方式，将游客的注意力引向阳信鸭梨产业，为当地农业注入了新的活力。

数字化手段助力品牌推广。在数字化时代，阳信当地采用了多种数字化手段，例如，设计梨小阳和梨小信的 IP 形象，制作表情包，并通过在济南召开形象发布会等方式，成功塑造了阳信鸭梨的形象。农户也积极利用网络平台如拼多多、抖音等进行销售，有的甚至请当地小网红进行直播带货，通过各种渠道扩大了阳信鸭梨的品牌影响力。

京东合作助推"阳信鸭梨"品牌。与京东展开战略合作是阳信县政府的一项重要决策，通过与京东中国特产·阳信馆和"牛县优品"等地方龙头企业的合作，以及与北京京东世纪贸易有限公司的联合，形成了"政府+平台+龙头企业+农户"的合作模式。通过共建电商供应链标准体系、线上线下品牌发布、梨产品赋能等多方面合作，提升了"阳信鸭梨"区域公共品牌的影响力和产品品牌的溢价。

多形式宣传推介，提升市场认可度。为提升"阳信鸭梨"区域公共品牌的知名度，阳信县政府注重利用新闻媒体、短视频平台等多形式进行宣传推介，突出阳信鸭梨和阳信鸭梨企业的优势。此外，阳信县积极参与高层次农产品博览会和推介会，使"阳信鸭梨"更多地走向全国，扩大地理标志农产品的对外美誉度和市场认可度。通过赴其他地区学习梨产业品牌发展的经验，阳信县政府提高了地理标志商标运作的能力。这种跨地区的学习与交流，促进了阳信鸭梨品牌的不断优化与提升。

10.1.5 品牌治理

10.1.5.1 品牌授权精细化管理

对品牌授权的严格管控是阳信县区域公用品牌治理过程中的一大亮点。阳信县很好地平衡了区域公用品牌建设过程中授权数量与监管质量的关系，目前授权可以使用区域公用品牌的企业及合作社有 17 家，政府再通过这 17 家授权单位，将品牌的带动作用传递给更为广泛的农户，使阳信鸭梨的品牌溢价效应得以充分释放。

谨慎对待外地企业授权。青岛平度一家企业想要授权使用阳信鸭梨地标，考虑到外地企业监管困难，无法保证品质，最终并未将品牌授予外地企业使用。这体现了政府对品牌形象和质量的高度关注，维护了品牌的独特性和高标准。

此外，当地还曾经出现过果品盗用事件。外地客商前来收购阳信鸭梨，然后贴外地品牌销售，这反映出阳信鸭梨品质优越，但是知名度不够的缺点。发生这一事件之后，阳信当地加强了农资、生产、销售各个环节的多级市场监管、监督抽查。对于授权的单位，规定必须打上阳信鸭梨的标识后再出售，对于收购商使用的包装及相关标识也进行严格的规制。

10.1.5.2 以质量促声誉

阳信鸭梨的品牌声誉更多是来源于优秀的品质。当地鸭梨曾出口一批货到沙特，获得了良好的评价，但是后来有的出口商将阳信鸭梨与其他地方的鸭梨混装，品质得不到市场认可，最终失去了出口的机会。品质和品牌声誉之间是息息相关的，阳信鸭梨在品牌建设中，始终重视声誉的维护，通过增强农户品质意识，多种途径激励企业维护品牌声誉，通过品质来支撑品牌，品牌的经济效应反过来激励果农提高品质，以此来实现公用品牌的良性发展。

10.1.5.3 以品质赢得竞争

随着人们生活水平的提高，对水果的需求也日益增加，相应的各类不同种类的水果以及水果新品种层出不穷，阳信鸭梨作为有着优质悠久历史的水果品类，在市场上不仅面临同类品种的竞争，也面临各种新品种的竞争。但是，面对竞争激烈的市场环境，当地并没有仅仅以市场短期利益为导向，盲目地引进和种植新品种，而是以当地多年来的技术积累和历史积淀为基础，推行"保老促新"的政策，在保护好传统品种的基础上，适度引进新品种。面对外地品牌对阳信鸭梨品牌的冲击和竞争，当地始终没有放松对品质的管控，本地鸭梨必须通过每道程序检查后方能上市，严格的品质管控守住了阳信口碑，也赢得了市场的认可，目前阳信鸭梨广销全国大多数省份，许多外地果商对阳信鸭梨的品质赞不绝口。

10.1.6 依托品牌建设，促进梨产业发展，实现农民增收与乡村振兴

作为阳信县代表性农产品之一，阳信鸭梨的发展不仅关乎农民的"小钱包"，更关乎整个阳信县乡村振兴"持久战"和农村经济发展。随着品牌建设的发展，当地的产品获得了更多的品牌溢价，横向对比来看，授权后的鸭梨每斤能比未授权的梨果售价高出0.3元，品牌溢价使得农民因此获得了更高的收入。同时，品牌的带动效应也促进了当地梨加工、储藏、销售、收购等企业的发展，促进了乡镇企业的发展，带动了农村就业，也在一定程度上解决了梨果销路的问题，实现了阳信县产业结构的优化升级。依托当地梨园资源，开展梨花会、梨花节等活动，大力发展旅游业，阳信实现了一二三产业的融合发展，既增加了当地农民收入，又为乡村振兴注入了活力。高品质的梨果是品牌建设的基础，品牌建设的成效促进了产业发展，实现了农民增收，为乡村振兴打下了坚实基础。

10.1.7 品牌建设中存在的问题

阳信县在品牌建设与产业发展中取得了相当的成绩，但是也面临着诸多挑战与难题。当地梨果种植主要以散户为主，组织化集约化程度较低，鸭梨生产的效益不高，存在优质不优价的情况，降低了农户种植积极性。受到市场效益的影响，农户发展新品种的意愿较强，鸭梨的种植面积在逐渐下降。另外，当地人员外出务工较多，存在空心化、老龄化问题，农忙时期雇工成本较高。受到水资源约束，梨园用水指标不足，灌溉问题难以解决。

销售渠道以地头销售为主，渠道单一，限制了梨果价值的提升。受耕地红线约束，靠规模来增加产值非常困难，因此阳信县只能向品质和品牌要效益。在品牌推广方面，当地缺乏有效的宣传途径，阳信鸭梨虽然品质优秀，但是知名度较低，消费者对品牌的了解程度不够。当地主要依靠传统的途径进行宣传，宣传途径较为单一，限制了品牌影响力的发挥。在品牌建设方面，阳信鸭梨这一品牌没有向全产业链覆盖。

此外，区域公用品牌为"阳信鸭梨"，局限在了鸭梨单一品种上，其原因是确定品牌名称时，鸭梨产量占阳信梨产业总量的90%，但现在鸭梨占比已降为

50%～60%。当地培育和引进了许多新的梨果品种，通过发展加工制造业研发出一系列梨加工制品，新品种和加工品如何分享区域公用品牌建设的成果仍需要思考。

10.2 "阳信鸭梨" 案例分析

10.2.1 引言

自 2017 年起，中央一号文件连续提出积极建设农产品公用品牌，从国家的纲领性文件中不难看出，政府在农产品区域公用品牌建设中扮演的是挑大梁的角色。

在农产品区域公用品牌建设中，应突出政府的关键作用。江旺龙等（2009）在公用品牌创建中偏向于强调政府的关键作用，认为市场机制自身不可能杜绝区域品牌体系内的机会主义与短期行为，区域品牌管理必须有政府权威的介入，以政府为主导制定行业质量标准，严格质量监管，对违规者实施严厉制裁，这是区域品牌信誉的保障。由于政府在组织、公正、信息、制度安排等方面的独到优势，因而在区域公用品牌经营中政府应该发挥主导作用。周启荣和叶滨（2021）等认为，政府在品牌建设中扮演了引导者、推动者、服务者、监管者 4 种角色，主要通过制定战略决策、建立机制制度、统筹协调资源、搭建服务平台和实施规范管理 5 方面对农产品区域公用品牌建设发挥作用。在农产品品牌整合中，政府扮演了倡导者、规划者、扶持者、管理者和服务者五种角色，因此农产品品牌战略整合需要在政府的支持和规范下才能顺利完成（罗高峰，2010）。政府在农产品区域公用品牌建设中占据主导地位，龙头企业和行业协会则是在政府的引领下发挥作用（王卫和佟光霁，2011）。"地方政府主导+合作社运营+龙头企业参与"是农产品区域公用品牌建设的适用模式，其中地方政府应制定政策保护和支持合作社运营区域品牌，合作社应联结农户共同提升区域品牌，龙头企业应为区域品牌建设提供资金和技术支持（李大垒和仲伟同，2017）。

农产品区域公用品牌建设涉及多个主体和多项决策，具有一定的复杂性和系统性。已有研究基于理论分析和定量分析对农产品区域公用品牌建设中政府的作用进行了讨论，缺乏基于微观视角以政府作用为主导的区域公用品牌建设模式的分析。本文聚焦农产品区域公用品牌中政府发挥作用的模式，运用扎根理论的定性分析方法解构"阳信鸭梨"品牌的运营管理，剖析以政府为主导的农产品区域公用品牌发展模式的内涵。

10.2.2 研究设计

研究以阳信鸭梨为案例，采用扎根理论研究方法，运用半结构访谈、实地调研和文档资料收集的方式，对以阳信鸭梨为代表的区域公用品牌开展研究，并对案例选取与介绍、扎根理论研究的方法和数据收集的合理性进行论证，以期弥补理论与实践的缺口。

10.2.2.1 案例选取与介绍

案例选取是研究开展的基础，典型案例有助于准确把握现象和理论之间的关系。本文秉承"研究对象与研究主题相匹配"的案例选取原则，选取阳信鸭梨公用品牌作为研究对象，调查分析政府在区域公用品牌建设中所发挥的作用。"阳信鸭梨"是在山东省阳信县政府组织下创建的，由山东阳信鸭梨研究所注册，当地政府进行管理和运营，多主体参与共建的一个农产品区域公用品牌。在该品牌创建、运营的过程中，政府发挥了主导性作用，取得了一定的品牌建设绩效。因此，本文选取"阳信鸭梨"作为研究政府在区域公用品牌建设中作用的研究对象。

10.2.2.2 扎根理论研究方法

为了使区域公用品牌建设中政府作用问题的研究过程更加科学，研究结论更加可信，本文将采用扎根理论研究方法，全面、翔实地探究区域公用品牌建设中政府的作用。扎根理论（Ground Theory）自 1967 年由巴尼·G. 格拉斯和安塞姆·施特劳斯提出后，形成多种流派（李凌汉和娄成武，2021）。这是一种从下往上建立实质理论的方法，即在系统收集资料的基础上寻找反映社会现象的核心概念，然后通过这些概念之间的联系建构相关的社会理论（陈向明，1999）。

本文将采用贾旭东（2023）提出的"中国管理扎根研究范式"对问题进行研究。具体研究思路为：首先通过对阳信县进行深入访谈，获取一手质性资料，同时查阅相关文献进行比较，确定研究问题；其次利用扎根理论分析方法，对资料展开质性分析；最后根据扎根分析结论，提炼政府在区域公用品牌建设中发挥作用的模型，并分析模型中不同因素间的彼此依存关系，系统解释政府职能与区域公用品牌建设的内在联系。

本文主题为政府在区域公用品牌建设中的作用，其中案例情况多样化较为复杂，且涉及利益相关者主体众多，导致相关资料数量众多，因此本文选择通过运用数据编码对大量资料进行初步概念化和范畴化凝练，最终获得理论凝练。

10.2.2.3 数据收集

为尽量确保样本材料的真实、全面、可靠，本文采用深度访谈、实地考察与文档资料相结合的方式开展扎根理论分析。

（1）访谈展开。

课题组在 2023 年 9 月 12~14 日，到山东阳信进行实地调研。在到访之前，事先与阳信县当地负责人进行联系。通过线上沟通，组织当地的农业农村局负责人、鸭梨研究所及相关企业、农户代表进行预约访谈，事先告知访谈的目的和内容以做好相应的数据材料准备。深度访谈中使用手机录音和手写提要记录了整个访谈过程。随后调研组对访谈笔记、录音文字识别进行整理核对并整合录入电子文档，最终共获得约 1.5 万字的采访资料。

访谈提纲如表 10-1 所示，主要包括阳信的梨产业的基本状况、品牌发展、品牌建设、品牌治理及其他问题。

表 10-1　阳信鸭梨半开放式访谈提纲

访谈主题	主要内容提纲
基本情况	经营主体、销售情况、龙头企业
品牌发展	品牌价值、核心竞争力、品牌带动效应
品牌建设	品牌管理、质量管控措施
品牌治理	品牌授权和使用、品牌声誉、品牌竞争
其他问题	品牌亮点、品牌聚集效应、发展困境

（2）文档资料。

通过赴阳信县进行调研访谈，获取有关阳信县梨产业发展概况、品牌建设等相关资料，深入了解其区域公用品牌建设模式，最终得到约 1.5 万字的资料。为了获取准确且全面的资料，研究小组还通过互联网收集了新华网、阳信县政府官网等报纸、网站关于阳信鸭梨区域公用品牌建设的新闻报道十余篇；这些文档资料有助于对政府在区域公用品牌建设中的作用进行更完整的刻画与分析（见表10-2）。

表 10-2　案例资料来源和收集方法

资料类型	资料来源	资料获取方法和主题
一手资料	实地调研、观察和开展访谈	对阳信县进行实地考察，对区域公用品牌发展及政府作用进行数据调研和半结构化访谈
	其他	线上沟通
二手资料	公开网络资料、年度总结报告、研究论文、新闻报道等	通过网络搜集阳信鸭梨相关报道、学术研究等资料

在全面收集语料的基础上，本文对语料进行了整理和归类，形成访谈调查、

官方文件和网络资料的三角互证，以保证语料的真实性和准确性。

10.2.3　数据分析与模型构建

10.2.3.1　开放式编码

在进行开放性编码时，首先将整体化、长篇幅原始资料拆分，进行碎片化处理，将成段或长句的资料进行关键词提取和归纳，从中发现初始概念。通过对阳信鸭梨区域公用品牌建设记录资料进行多次整理，排除主观判断影响，从中抽象出 56 个概念。在此基础上，借助 Nvivo 软件对访谈资料进行开放式编码，共发掘出 7 个范畴，如表 10-3 所示。

表 10-3　部分开放式编码示例

典例引用	概念化	初始范畴
2019 年 6 月至今开展专题培训和技术指导 12 次，培训梨农 1200 余人	专题培训与技术指导	技术培训与推广
要是光靠政府能培训几个？我就算培训 20000 人，30000 人也不能时时刻刻搞服务，政府抓住这几个合作社、农资门市，通过他们再分别渗透到每个农户，从县乡，合作社，我们的农户、大户是这种相互渗透，相互关联的网络	通过合作社、大户推广技术	
咱们省果树院，咱们阳信是国家梨产业技术体系示范县，小 20 年了，他们每年来我个几次，包括技术培训，下果园搞技术指导，这一块接触都很密切	外部技术支持	技术合作
坚持标准化种植，出台印发了《阳信密植梨优质简约栽培技术规程》《阳信鸭梨简约优质高效栽培技术方案》《梨树夏季管理》《雨后果树管理技术意见》等技术意见	政府制定技术规程	制定技术标准
农资门市并不是卖出农药、肥料之后就不管了，他们经常到树园子里查看，看看咱们用的药或者用肥料起到啥效果了	农资门市进行农资售后指导	农资使用指导
依据市场调查和种植大户意向调研，基于中国农科院郑州果树所、山东省果树研究所等科研基础，引进新品种红酥蜜、红酥宝、山农酥等进行示范推广	引进新品种破解品种老化难题	新品种引进
第二个，就是搞一些暗访活动，针对我们的小商小贩，包括沿街、地头。还有我们县局和市场执法的隐性的巡逻	暗访活动	明察暗访
鸭梨下树的时候，有政府部门印制的一个标志性的贴图，我们必须抽检合格才能贴上，对于质量这一块，我们把控得很严的	监督抽查	
我们会和市场监管局联合执法，每年都要对我们本地的果商包括沿路果商进行监管，对本地的果商我们关注他打的哪些牌子，他的包装，我们会有阳信的标志，会给他贴上	农业农村局与市场监管局联合执法	联合监管

10.2.3.2　主轴式编码

主轴式编码的主要目的是发现和建立主要范畴间的各种联系，从而展现资料中各部分的有机关联。本文经过不断比较、分析后将开放式编码的 56 个初始范畴整合归纳为 19 个主范畴。在这个过程中，范畴之间的逻辑关系逐渐显现并趋于具体。

10.2.3.3 选择式编码

选择性编码是在开放性编码、主轴性编码的基础之上，将主轴性范畴进一步总结上升从而形成核心范畴，通过开发故事线进而描绘整体行为现象。通过结合相关理论和研究，将前面得到的主轴性范畴进一步归纳凝练，形成核心范畴。在此之后需要对各阶段形成的概念、初始范畴、主范畴、核心范畴之间的关系进行系统性分析和检验。通过不断地检验分析，研究者发现可以用 4 个核心范畴来统领分析政府在区域公用品牌建设中作用所涉及的各个范畴。核心范畴整理如表10-4 所示。

表 10-4　选择式编码

编号	核心范畴	主范畴
1	品牌建设	品牌授权管理、品牌宣传推广、优化服务
2	品质管控	标准化体系、技术推广、科研合作、农资管控、品种升级、强化监管、政策支持
3	产业扶持	发展统筹规划、引导行业协会、加强人才培育、建设基础设施、推动产业升级
4	品牌建设绩效	品牌溢价、品牌声誉、产业升级、农民增收，乡村振兴

（1）品牌建设。

在梳理阳信鸭梨区域公用品牌建设基础上，分析出政府对于阳信鸭梨公用品牌建设的主要作用在于品牌授权管理、优化服务以及品牌宣传推广三个方面，以此为基础构建品牌建设的主范畴，据此作为政府在公用品牌发展中的作用之一。

（2）品质管控。

在阳信鸭梨这一区域公用品牌发展过程中，逐渐形成了以品质管控为核心的品牌竞争力。阳信县政府从多方面打造品质管控模式，本文通过分析与比较，总结出"标准化体系""技术推广""科研合作""农资管控""品种升级""强化监管""政策支持"7 个主范畴来概括当地政府的品质管控模式。

（3）产业扶持。

产业是品牌的支撑，阳信县积极扶持当地梨产业发展，不断拉长、拉深梨产业链，建立了从种植、加工、储藏、销售再到观光旅游，一二三产业融合发展的产业体系。本文将阳信县扶持产业发展的举措概括为"发展统筹规划""引导行业协会""加强人才培育""建设基础设施""推动产业升级"5 个主范畴，进行深入研究。

（4）品牌建设绩效。

在政府对品牌建设、品质管控以及产业扶持的基础上，阳信鸭梨区域公用品牌建设取得了许多成就，本文将这些品牌建设绩效概括为"品牌溢价""品牌声誉""产业升级""农民增收、乡村振兴"4个主范畴。

10.2.4　政府作用分析

10.2.4.1　理论基础

农产品区域公用品牌建设需要政府、企业、合作社、农户以及行业协会等各个主体的共同参与，就品牌的设立、运营与发展等方面达成共识，以确保公用品牌能够持续健康地发展。但是在品牌建设的过程中，各主体容易"群龙无首"，在品牌运营过程中，区域公用品牌作为一种俱乐部物品，具备排他性和非竞用性的特点，在使用的过程中，容易出现"搭便车"现象进而损害区域公用品牌的声誉。政府职能理论能够有效地解决"群龙无首"的问题，也能通过监管职能的实现解决品牌使用者以次充好，损害品牌声誉的问题。

政府职能，简单而言就是指政府应承担的职责和应发挥的功能，并且其职责与功能是有机统一的。早在15世纪便有关于政府职能的研究，但是受时代的局限，当时的研究主要侧重于政府的社会管理职能。之后，美国经济学家萨缪尔森在前人的基础上，把政府职能扩大到社会经济领域。他提出，政府职能是对"市场失灵"的有效补充和完善，是政府对市场经济进行宏观调控的必要手段。政府职能研究的一个重要方面就是政府和市场之间的关系及其相互作用，而政府在国家经济运行和社会管理方面的理论研究成果也是本文重要的理论研究基础。

品牌是市场经济高度发展的产物，农产品区域公用品牌则是品牌研究课题下的一个分支。农产品区域公用品牌是农业经济高度发展的产物，在农产品品牌加持下，能有效地提高农产品的商品附加值，进一步提升单品利润。从区域公用品牌的发展过程来看，政府在品牌建设初期起到了品牌培育和创建的作用，在品牌创建后又起到了管理和维护的作用。中国农产品多为小农生产，生产较为分散、集约化程度不高，虽然一个地区可以依托独特的自然资源和产业资源形成区域内的农产品资源优势，但是农户、合作社以及企业之间难以自发地进行整合，打造出区域公用品牌，品牌建立后也可能由于市场机制的失灵而造成品牌运营的无序与混乱，这就需要政府这只"看得见的手"进行调节，规范品牌的发展，对各种资源进行有针对性的配置并对品牌的发展提供源源不断的动力。

2017~2023年，中央一号文件连续数年都对农业品牌化建设提出了指导性意见，从国家的纲领性文件中不难看出，在我国的农产品区域公用品牌建设过程中，政府扮演的是挑大梁的角色，政府职能应该在农产品区域公用品牌建设的过程中承担并发挥主导作用。

10.2.4.2 作用机制分析

在案例剖析提炼的基础上,首先对阳信鸭梨公用品牌基本情况进行梳理,进而对阳信鸭梨品牌建设中政府作用的 4 个核心范畴和各主体之间的关系进行分析,将政府在区域公用品牌建设中的作用解构为品牌建设、品质管控、产业扶持,通过其共同作用相互补充,最终实现品牌建设绩效。如图 10-1 所示,从初始范畴到主范畴再到核心范畴,项目组最终得到了政府在品牌建设中发挥作用的模式。

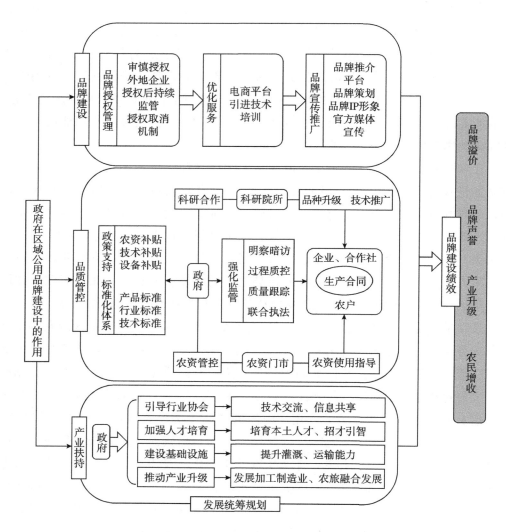

图 10-1 政府在区域公用品牌建设中的作用

(1)政府主导品牌建设。

在品牌建设过程中,企业的授权管理由政府来掌控,政府通过控制授权企业的数量实现监管能力与果品质量的匹配。对已经授权的企业设立退出机制，授权后政府会对被授权企业进行持续的监管，果品质量抽检不达标的将会被取消公用品牌授权，得益于当地政府的严格监管，目前尚未出现被取消授权的企业。对于外地企业，当地政府本着质量优先的原则，一般不给予授权，因为对外地企业进行质量管控的难度要高于本地企业，果品质量难以得到有效保障。在当地严格的授权管理制度下，阳信鸭梨获得了良好的口碑，但是也存在授权规模较小，制约品牌发展的现象，当地也在积极探索授权与监管的平衡点，力求实现产品质量与品牌影响力的双赢。

当地政府也在积极优化服务功能，曾多次与科研院所合作，邀请专家对农户进行技术培训，并且牵头与电商平台合作，例如，通过政府引荐，政府、当地企业与京东合作打造了一年"阳信果"，政府搭台之后，当地企业开始独立与大型电商平台合作并取得了良好业绩。

在品牌的宣传推广上，政府搭建了品牌推介平台，并且尝试过进行以乡镇为主体的品牌策划，设立了阳信鸭梨的品牌 IP 形象"梨小阳""梨小信"并在济南召开形象发布会，不断扩大阳信鸭梨的品牌知名度与影响力。但是，当地的宣传方式仍以传统模式为主，以政府为主导，接下来应该扩大网络渠道的宣传力度，同时激发社会活力，多方协作展示真实、立体的阳信品牌形象，进一步提升品牌影响力。

（2）政府严抓品质管控。

良好的品质管控机制是阳信鸭梨的核心竞争力，当地政府整合多方资源，全方位打造了阳信鸭梨的品质管控机制。首先，政府联合科研机构制定了包括产品标准、行业标准及生产技术标准在内的标准化体系，以此为基础当地不断强化监管，通过多部门协作，对果品的质量进行跟踪监管，对生产过程进行质量控制，以精细化的监管督促果农及企业自觉提升品质。其次，政府利用遍布城乡的农资门市对农资使用从源头上进行治理，并指导农民科学使用农资，解决农民"用什么"以及"怎么用"的问题，推广有机肥替代传统化肥，使果品品质得到极大提升。通过与科研机构的合作，引进和培育新品种，并对生产技术进行培训和推广，实现品质升级。针对农户的具体需求，当地政府对农资、生产设备以及生产技术进行资金补贴，以激励农户更新设备，引进新技术，实现节本增效，为维持品质提供物质保障。

当地政府还利用市场的力量进行品质约束，当地收购企业、合作社以及果农之间，形成了一种基于信任的口头生产合同关系，梨农对效益的感受要比品质更加直观，当地收购企业会与果农约定收购标准，并对生产过程进行监督，对达到收购标准的，梨农能获得更高的收购价格，以此来实现对散户品质的管控。

政府扶持产业发展。品牌的发展离不开产业的支撑，产业、产品与品牌是三位一体的。阳信政府大力扶持当地梨产业的发展，梨产业已经成为阳信经济的支柱性产业之一。政府引导成立行业协会，为企业、合作社及农户提供了一个技术交流与信息共享的平台，同时，协会还可以及时对政府政策的实施进行反馈，政府通过行业协会，能够助力产业的良性发展。人才对于产业的发展至关重要，当地同时注重培育本土人才和吸引外来人才，为梨产业发展储备了人才。针对当地物流体系不完善、用水指标不足等问题，政府加强基础设施建设，通过修建水利工程、路网建设的举措，提高灌溉能力与交通运输能力，破解制约当地梨产业发展的难题；同时大力发展加工制造业，拉长、拉深产业链，生产出梨醋、梨膏、梨花茶等加工制品，极大地增加了梨产业附加值。此外，通过举办梨花节、梨花会等活动，吸引近百万人次参观，实现了农旅融合发展。

10.2.5　研究结论与启示

随着乡村振兴、农业供给侧结构性改革以及农业产业转型升级的不断深入，以农产品区域公用品牌建设为代表的品牌农业正在蓬勃发展，各地政府都在积极推动农产品区域公用品牌建设。这一过程中，由于农产品区域公用品牌的区域性、公共性、外部性、价值性特征，要求政府在其中发挥作用，而不是仅仅靠市场这只"看不见的手"。为实现乡村振兴的目标，政府需找准自身定位并正确履行职能，充分发挥作用助力农产品区域公用品牌高质量发展。

本文以"阳信鸭梨"为例研究农产品区域公用品牌建设过程中的政府作用，通过扎根理论的研究方法，对阳信鸭梨进行了深入挖掘和系统归纳，通过开放性译码、主轴译码、选择性译码等步骤，提炼出品牌建设、品质管控、产业扶持和品牌建设绩效共4个核心范畴，并进一步理清政府如何在区域公用品牌建设过程中发挥主导作用的3条路径，梳理核心范畴之间的关系，构建出以政府为主导的区域公用品牌发展模式的模型。

研究结论如下：

第一，政府在农产品区域公用品牌建设中扮演着监管者、推动者等角色。"有为政府"是农产品区域公用品牌建设的重要支撑。

第二，政府在公用品牌建设过程中主要通过品牌建设、品质管控与产业扶持3种手段来促进区域公用品牌的发展，并且在品牌建设中，上述三者是三位一体的。

因此，研究政府在区域公用建设中的作用时，我们得到如下启示：

第一，政府要加强顶层设计，切实推动农产品区域公用品牌建设。农产品区域公用品牌建设面临的最大难题是部分企业"搭便车"。受利益驱使，中小企业竞相申报，会导致个别产品因质量等问题破坏整个品牌形象。政府需要时刻牢抓"品控"，严格执行清退机制，同时严卡进入门槛，全方位破题"公地悲剧"。

第二，加大对农业产业集群的支持力度。农产品区域公用品牌的形成基础是拥有一定的产业集群。政府作为公共产品的提供者，应积极推动农业产业集群的形成和发展。

第三，发展区域公用品牌要激发市场活力，政府主导品牌建设、扶持产业发展可以在一定程度上促进品牌发展，但是品牌的持续健康发展离不开企业的带动作用，政府与市场协同发力是品牌建设的关键所在。

10.3　阳信鸭梨调研日志

调研时间：2023 年 9 月 12~14 日
调研地点：山东省阳信县
调研人员：王艳、潘超、张嵘浩、姜曼婷

2023 年 9 月 12 日

下午抵达泰安，与山东省果树研究所关秋竹老师、焦慧君老师交流阳信鸭梨生产情况。

2023 年 9 月 13 日

抵达阳信，与阳信农技推广中心、阳信鸭梨研究所（阳信鸭梨品牌注册人）、鸭梨合作社、生产示范户、企业代表座谈。

地点：阳信县农业农村局 305 会议室。

参会人员：阳信县农业农村局农业技术推广中心赵菲主任、阳信鸭梨研究所王清敏所长、李炳峰所长、阳信县金阳果树种植专业合作社朱元华社长、生产合作社李荣平、梨加工企业石康元、中润集团代表、泰安果树所关秋竹。

1. 阳信鸭梨产业基本情况

（1）种植面积：山东省共种植梨树约 56 万亩，阳信县种植约 10 万亩，其中鸭梨占主导，为总面积的 50%~60%。

（2）主产区：金阳街道、信城街道、河流镇、流坡坞镇、劳店镇等地。

（3）经营主体：98% 散户，合作社 56 家，家庭农场 36 家（实际 13 家经营较好）。

（4）销售：阳信鸭梨以地头销售为主，目前电商销售非常少。本省销售占30%~50%。

（5）品种：鸭梨、新梨七号、早酥、丰水、黄冠、秋月等，有品种权的红酥蜜、红酥宝、山东酥。

（6）品质：通过增施有机肥，包括控药、控量等技术，进一步提高了鸭梨品质。阳信鸭梨口感和质量很受欢迎，比河北鸭梨贵2~3角/斤。

（7）管理：县—乡—村—户四级。

（8）产值：年产20多万吨，9亿元产值，出口额1.2亿元。

（9）基建：冷库186座，建设智慧果园监测网络，进行气候监控、虫害防治，为生产提供参考资料和数据。

（10）加工品：梨醋、梨膏、梨酒、梨花茶等。

（11）农旅：建设万亩梨园、梨文化博物馆，举办32届梨花会、丰收节、梨王评比。

（12）企业情况：授权企业（合作社）17家，重点发展5家，1家鲜果龙头企业阳信华星果菜有限公司，4家深加工企业。中化化肥企业和阳信当地开展合作。加工企业收购次果做成梨产品，加工后使用企业品牌，不使用区域公用品牌。

（13）制约：受耕地红线影响，无地发展梨。包装、储藏、运输成本较高，生产集约化程度低。

2. 品牌发展

（1）品牌建立：2006年国家工商总局注册"阳信鸭梨"，2013年获农业部地标产品证书。

（2）品牌价值：2014年品牌价值评估26.6亿元，此后未进行相关评估。

（3）阳信鸭梨品牌核心竞争力：品质管控。政府进行质量跟踪，开展技术培训，使用有机肥，后期质量监管，严格要求农残、药残、使用的药剂，确保阳信鸭梨的品质，杜绝以次充好。

（4）政策："保老促新"：稳定鸭梨面积，发展新品种。

（5）《阳信梨产业高质量发展三年行动方案》（2021），支持新设备采用、水肥一体化改造等；建标准园50%~60%资金由政府扶持。

（6）补贴：新品种基地100亩以上，每亩补助200元；百年老梨园，每年每株补助100元。由有意向的乡镇做出方案计划后，申报项目提交政府审核，政府进行指控监管，三年达到标准要求后对其进行补贴。

（7）技术管理：成立阳信鸭梨研究所，现为农业农村局农业技术推广中心下属单位，有编制人员，专项服务鸭梨发展。

3. 品牌建设

品牌建设过程中，政府、协会、龙头企业之间的关系是怎样的？他们在品牌建设中分别承担了哪些工作？

（1）政府：①进行质量跟踪、技术推广、有机肥替代、后期进行质量监管。②主导品牌宣传、能人培训、技术推广（如水肥一体化、标准化建设等）。③引进红酥蜜、红酥宝、山东酥等品种，调整梨产业结构。④2020年培育梨高新技术企业1家；扶持成立梨深加工企业1家。⑤对标准化果园建设提供资金支持。⑥利用合作社、农资门市，层层渗透，关联、扩散到每一个具体的农户。

（2）协会：2020年引导成立协会（民间组织），企业14~15家，成员60~70人；大户进行技术、企业销售交流。

（3）产业党建联盟：由县委组织部牵头，规模小，包括种植、农资、有机肥场、深加工20多家，定期进行会议沟通、反映梨生产销售需求，政策反馈。

（4）龙头企业/合作社：以订单收购方式对产品质量提出要求，带动散户进行品质管理。如云健网络，收购梨果供货京东。中润集团作为县属国有企业，自建果园，进行专利产品引进、水肥、基建投资，承担推动梨产业发展、轻简化、现代梨园建设等工作。

2022年以来梨产业发展专项资金的使用情况如何？资金使用效果如何？梨产业发展项目库优质项目孵化情况如何？

对标准梨园、新品种基地等进行补贴，目前补贴实际到户有11万元。由有意向的乡镇做出方案计划后，申报项目提交政府审核，政府进行指控监管。荣誉类当年补贴，水肥、新建园等项目类三年连续达到标准，才能补贴。项目范围广泛，已经形成了项目库，项目库保持动态调整。

4. 品牌策划和品牌定位

阳信鸭梨区域公用品牌只用于鲜果，未涵盖产业链，区域公用品牌作用不明显；

鸭梨区分品质，收购价格区间为1.7~3.5元，品质好的梨销售卖5~7元。

4.1 合作社、龙头企业和农户对接的主要合作模式

（1）当地企业—农户，口头协议，约定质量、农药、化肥等，来年按标准收购，无合同约束。

（2）生产型合作社—农户，仅技术支持，能人指导。

（3）农资、生产、销售型合作社—农户，农资提供、技术指导、按标准收购，无协议，能人指导+带动增收，统一生产标准和品质把控。

（4）京东指定标准—当地电商中介（云建网络）—合作社或农户。

4.2　品牌建设带动当地农户收入提高情况

（1）纵向比较不明显，价格波动大，利润变动；横向对比周边有增收。

（2）政府推广轻简化、低价提供有机肥，降低农户成本。

（3）阳信鸭梨品牌带来的溢价超过 2~3 角/斤。

4.3　阳信鸭梨质量管理（产品标准或者质量控制）有哪些措施

标准：《阳信鸭梨技术栽培标准》。

（1）农资保障：质检科对化肥、农药等农资严格检查，源头控制，农资门市下地跟踪实际使用情况和需求。

（2）推广水肥一体化：使用有机肥替代传统化肥，有补贴，实际使用成本接近，且效果好。

（3）当地收购商：基于人际信任，口头约定品质等级要求、农药化肥使用情况，区域联合生产保证农资供应与技术管理，品质基本稳定，大户品控高，收购价格高 15%~20%。

（4）检测果品品质，对不满足标准的取消授权。

4.4　智能化、数字化技术

梨园防灾救灾监测网络（病虫、墒情、气候），区域气象指标监测，专家判定。

4.5　采用了哪些数字化手段推广阳信鸭梨品牌

（1）金阳街道设计了梨小阳和梨小信的 IP 形象，制作表情包，在济南召开了形象发布会。

（2）一些农户到网络平台（拼多多、抖音）销售，个别请当地小网红直播带货。

（3）京东通过当地企业（云健网络）联结合作社或农户。

4.6　文旅融合发展给阳信鸭梨品牌带来了哪些效益

依托万亩梨园举办"梨花节"、"丰收节"、梨王争霸赛；观阳信梨花、品阳信鸭梨、尝阳信牛肉，吸引游客 100 万人次。

5. 品牌治理

5.1　地理标志商标授权和使用中存在什么问题

区域公用品牌为"阳信鸭梨"，局限在了鸭梨单一品种上，其原因是确定品牌名称时鸭梨产量占阳信梨产业总量的 90%，但现在鸭梨占比已降为 50%~60%。地理标志产品叫作阳信鸭梨，但实际上包括其他品种，应该也在这个地理标志范围之内。

区域公用品牌没有拓展到全产业链。

鸭梨果品盗用事件：河北来收购阳信鸭梨，以河北鸭梨包装销售。此后，阳信当地加强了农资、生产、销售各个环节的多级市场监管、监督、抽查，关注收购商包装和使用的品牌。

青岛平度一家企业想要授权使用阳信鸭梨地标，考虑到外地企业监管困难，不能保证品质，最终未授权。

5.2　如何激励授权企业维护品牌声誉，确保区域公用品牌良性发展

开展质量跟踪，政府监督、抽检、宣传等；严格执行阳信鸭梨栽培省技术标准、病虫害防治、绿色农业防控标准等，保证阳信梨的品质。

5.3　如何应对外地品牌对阳信鸭梨品牌的冲击和竞争

坚持品质，本地鸭梨必须通过每道程序检查后上市销售。

6. 其他问题

6.1　阳信鸭梨品牌建设的亮点

坚持全方位把控鸭梨品质。

6.2　阳信鸭梨品牌建设中有哪些亟待解决的问题

（1）作为区域公用品牌没有拓展到全产业链，授权较少，小而精的路线。

（2）对外宣传成本高，途径较单一。

2023 年 9 月 14 日

讨论调研情况，探讨阳信鸭梨品牌发展和鸭梨产业发展问题。确定案例写作重点和框架，制定案例撰写计划与分工。

返程。

调研总结

1. 阳信梨产业发展的主要问题

（1）以散户为主，组织化、集约化程度低，鸭梨生产效益相对低，降低农户种植积极性，发展新品种意愿相对更强。

（2）自然灾害多、劳动成本高，外出务工多，留守老人年龄大，农业用水指标不足，果园灌溉难。

（3）销售渠道单一，以地头收购为主，限制了梨果价值实现。

（4）受制于用地指标，梨产业规模难以扩大。

2. 阳信鸭梨区域公用品牌

（1）阳信鸭梨栽培历史悠久、具有丰富的文化资源和深厚的历史底蕴，品牌

基础好。

（2）以政府为主导，政府通过提供技术培训、质量监督、过程控制、资金扶持、政策引导、宣传推广等方式推动了品牌建设。

（3）宣传手段较为传统、宣传途径相对较少，品牌影响力有限。

3. 对策建议

（1）推广轻简化、标准化生产，减少人工成本。

（2）适当增加品牌授权数量、扩大品牌影响力，在监管与授权量间找到平衡点。

（3）分等分级→优质优价→渠道选择。

（4）发挥品牌作用，塑造品牌核心竞争力——品质。

参考文献

［1］Calbolii. Geographical Indications of Original the Crossroads of Local Development, Consumer Protectionand Marketing Strategies ［J］. IIC-International Review of Intellectual Property and Competition Law, 2015, 46（07）：760-780.

［2］Crozetm, Headk, Mayert. Quality Sorting and Trade：Firm-level Evidence for French Wine ［J］. The Review of Economic Studies, 2012, 79（02）：609-644.

［3］Hai jiao PHY. The Influence of the Brandimage of Green Agriculture Products on China's Consumption Intention-The Mediatingrole of Perceived Value ［J］. PloSone, 2023, 18（10）：e0292633-e0292633.

［4］Xianhui QZZEW. Consumer Preferences for Agricultural Product Brandsinan E-commerce Environment ［J］. Agribusiness, 2022, 38（02）：312-327.

［5］Yang B L. Isconsumers' Willingness to Pay Premium for Agricultural Brand Labels Sustainable? Evidence from Chinese Consumers' Randomn-priceauction Experiment ［J］. British Food Journal, 2022, 124（13）：359-374.

［6］卜利花, 丁生喜. 青海省 GDP 三次产业贡献率的动态趋势研究 ［J］. 中国商论, 2016（01）：159-161.

［7］蔡东玲. 信任品市场的集体声誉研究 ［D］. 成都：西南财经大学, 2021.

［8］陈文珂. "新会陈皮" 农产品区域公共品牌发展的影响因素研究 ［D］. 沈阳：东北农业大学, 2023.

［9］陈向明. 扎根理论的思路和方法 ［J］. 教育研究与实验, 1999（04）：58-63+73.

［10］程虹, 黄锋, 聂枭镒. 区域公用品牌价值的衡量方法——基于 "潜江龙虾" 案例的研究 ［J］. 宏观质量研究, 2022, 10（03）：1-21.

［11］程杰贤, 郑少锋. 农产品区域公用品牌使用农户 "搭便车" 生产行为研究：集体行动困境与自组织治理 ［J］. 农村经济, 2018（02）：78-85.

［12］崔艳阳. 黑龙江省地理标志农产品区域公共品牌价值评价研究 ［D］. 哈

尔滨：哈尔滨商业大学，2022.

[13] 董存仁．从宁陵酥梨滞销谈河南省农产品市场竞争力提升［J］．农产品加工，2016（16）：68-70.

[14] 董银果，钱薇雯．农产品区域公用品牌建设中的"搭便车"问题——基于数字化追溯、透明和保证体系的治理研究［J］．中国农村观察，2022（06）：142-162.

[15] 樊丽明，石绍宾，张靖会．农民专业合作社供给"俱乐部产品"及其经济效应［J］．财政研究，2011（01）：15-17.

[16] 费小冬．扎根理论研究方法论：要素、研究程序和评判标准［J］．公共行政评论，2008（03）：23-43+197.

[17] 耿献辉，牛佳，曹钰琳等．农产品区域公用品牌维护及可持续发展机制——基于固城湖螃蟹的案例研究［J］．农业经济问题，2023（04）：78-91.

[18] 何向东．金川县雪梨产业一二三产业融合发展研究［D］．成都：西南财经大学，2022.

[19] 何颖．农村发展理论的研究述评［J］．商场现代化，2017（10）：1-5.

[20] 黄凯．农产品地理标志品牌建设实践与思考——以广安蜜梨为例［J］．特种经济动植物，2023，26（03）：179-180+194.

[21] 黄启发，钱丹晴，方静．农产品区域公用品牌建设促进乡村共同富裕的实现路径——江苏省句容市丁庄村的例证［J］．江苏大学学报（社会科学版），2023，25（05）：60-69+85.

[22] 贾旭东，解志文．基于扎根范式的企业家核心能力研究［J］．管理学报，2023，20（01）：1-13.

[23] 贾永华，李晓龙，许泽华．关于玉露香梨优质丰产栽培技术的应用现状及发展趋势研究［J］．智慧农业导刊，2023，3（05）：54-57.

[24] 江旺龙．区域品牌经营中政府职能定位的经济学分析［J］．商业时代，2009（26）：21-22

[25] 兰勇，张婕好．农产品区域公用品牌研究回顾与展望［J］．农业经济，2019（09）：126-128.

[26] 李冰鑫．基于扎根理论的农产品区域公用品牌培育模式研究——以浙江"丽水山耕"区域公用品牌为例［J］．重庆文理学院学报（社会科学版），2021，40（03）：1-11.

[27] 李大垒，仲伟周．农业供给侧改革、区域品牌建设与农产品质量提升［J］．理论月刊，2017（04）：132-136.

[28] 李道和，叶丽红，陈江华．政府行为、内外部环境与农产品区域公用品

牌整合绩效——以江西省为例［J］. 农业技术经济，2020（08）：130-142.

［29］李佛关，叶琴，张燚. 农产品区域公用品牌建设的政府与市场双驱动机制及效应——基于扎根理论的探索性研究［J］. 西南大学学报（社会科学版），2022，48（02）：82-94.

［30］李凌汉，娄成武. 政策性诱致：一个农村产业创新的解释框架——基于S省农村农产品创新现象的多案例扎根分析［J］. 中国地质大学学报（社会科学版），2021，21（02）：103-118.

［31］李新建，杨红，曾玲等. 参与农产品区域公用品牌提升的三方演化博弈［J］. 中国管理科学，2022，30（08）：196-209.

［32］李亚林. 湖北省农产品区域品牌发展研究：现状、原因及发展对策［J］. 湖北社会科学，2010（10）：66-69.

［33］梁俊峰. 农产品区域公用品牌建设过程中政府协同治理研究［D］. 绵阳：西南科技大学，2023.

［34］路红霞. 政府主导下的"山西小米"区域公共品牌建设研究［D］. 太原：山西大学，2020.

［35］罗高峰. 农产品品牌整合中的政府角色研究——以浙江省景宁惠明茶为例［J］. 农业经济问题，2010，31（04）：75-79+112.

［36］吕斯嘉. "精河枸杞"地理标志保护与运用过程中参与主体行为及合作机制研究［D］. 石河子：石河子大学，2023.

［37］乔怡迪，吴祎炀，卞佳玲. 区域公用品牌价值提升路径研究——无形公共资产视角［J］. 宏观质量研究，2023，11（05）：16-32.

［38］沈曼琼，王海忠，刘笛等. 市场信号对信任品采纳的影响研究：基于自我建构的调节效应［J］. 外国经济与管理，2019，41（11）：99-113.

［39］孙艺榛，郑军. 农产品区域公用品牌建设文献综述［J］. 农村经济与科技，2018，29（01）：6-8+17.

［40］唐珂. 品牌强农与乡村振兴［J］. 农产品市场周刊，2018（19）：10-13.

［41］汪博文，董雯怡，闫琦，肖铭燊，朱熠晟，耿献辉. 发展现代农业促进农村集体经济发展的路径——基于江苏省太仓市东林村的案例调查［J］. 江苏农业科学，2023，51（11）：250-260.

［42］王华琪. 山东省农村一二三产业融合发展评价研究［D］. 长春：吉林大学，2023.

［43］王静. 河南省产业贡献率研究［D］. 成都：西南交通大学，2012.

［44］王伦，张诗含，宦锦瑶等. 区域公用品牌与价值共创视角下茶企品牌高端化研究——以杭州狮峰茶叶有限公司为例［J］. 管理案例研究与评论，2023，

16（05）：538-549.

　　[45] 王卫，佟光霁．基于博弈分析的区域农产品品牌建设主体确定研究[J]．经济师，2011（01）：20-21.

　　[46] 魏文川，方姗．基于生命周期理论的农产品品牌塑造理论[J]．农业经济，2011（03）：32-34.

　　[47] 翁胜斌，李勇．农产品区域品牌生态系统的成长性研究[J]．农业技术经济，2016（02）：113-119.

　　[48] 谢鹏，蔚露，王红宁等．不同产区玉露香梨果实品质特性综合分析[J]．果树学报，2023，40（11）：2371-2380.

　　[49] 许朗，高珊，许才明．农产品区域公用品牌发展现状、问题及对策建议[J]．江苏商论，2020（01）：8-11.

　　[50] 叶滨，吴杨伟．"有为政府"和"有效市场"在农产品区域公用品牌建设中的作用研究——以"巴味渝珍"为例[J]．乡村科技，2023，14（09）：62-66.

　　[51] 张峰，蒋志琴，陈小光等．库尔勒香梨产业发展因素分析及对策建议[J]．中国农学通报，2021，37（34）：159-164.

　　[52] 张峰，李养义．库尔勒香梨产业发展现状与对策建议[J]．西北园艺（综合），2020（06）：3-5.

　　[53] 张香梅．基于文旅融合视野的宁陵酥梨品牌营销策略[J]．食品研究与开发，2023，44（20）：229-230.

　　[54] 张燚，秦银燕，王领飞等．加强农产品区域公用品牌建设的政府与市场"双强引擎"研究[J]．财经论丛，2022（03）：90-101.

　　[55] 赵晓华，岩甾．绿色农产品品牌建设探析——以普洱市为例[J]．生态经济，2014（11）：93-96

　　[56] 郑军南．我国奶业产业组织模式的演化及其选择：理论与实证研究[D]．杭州：浙江大学，2018.

　　[57] 周发明．中外农产品流通渠道的比较研究[J]．经济社会体制比较，2006（05）：116-120.

　　[58] 周立，李彦岩，罗建章．合纵连横：乡村产业振兴的价值增值路径——基于一二三产业融合的多案例分析[J]．新疆师范大学学报（哲学社会科学版），2020，41（01）：63-72+2.

　　[59] 周启荣，叶滨．农产品区域公用品牌建设中的政府角色研究——以浙江丽水市为例[J]．南方农机，2021，52（17）：101-103.

　　[60] 朱蓉，赵佳鑫，肖建强．独舞还是共舞：合作社二元性与区域公用品牌[J]．管理评论，2022，34（03）：255-267.